Das Praetorium mit erhaltenen Bauteilen unter dem des Römisch-Germanischen Museums), ⑧ Das Nord-errasse errichtet), ⑨ Töpferbezirk unter dem jetzigen senhausen und An den Dominikanern). Die römischen Friedhöfe lagen außerhalb der Stadtsiedlung an den ehemaligen Fernstraßen (Severinstraße–Bonner Straße, Luxemburger Straße, Aachener Straße, Gereonsdriesch, Eigelstein). Das Grabmal des Poblicius (jetzt im Römisch-Germanischen Museum). wurde am Chlodwigplatz gefunden. Bei den jüngsten Ausgrabungen im Kölner Martinsviertel traten die Ruinen römischer Lagerhäuser auf einer der Stadt vorgelagerten, ehemaligen Rheininsel zutage.

Stöver · Haldavo steigt auf

Hans Dieter Stöver

Haldavo steigt auf

Ein Ubier
im römischen Köln

Historischer Roman

J. P. Bachem Verlag Köln

Die Illustration auf den vorderen Vorsatzseiten zeigt das römische Köln um 200 n. Chr., nach einer Zeichnung von Erich Saalfeld (Ausschnitt), aus: Ute Kaltwasser, Die Kölner in der Römerzeit, Sonderdruck des Kölner Stadt-Anzeiger (DuMont-Schauberg-Verlag, Köln). – Der Stadtplan auf den hinteren Vorsatzseiten ist gezeichnet von Arnold Wolff nach Deutsche Grundkarte 1:5000 Köln, Altstadt; Otto Doppelfeld, Die römische Stadtmauer in Köln, Kölner Untersuchungen ...) Die Kunstdenkmäler des Rheinlandes, Beiheft 2), Essen 1950, Abb. 21; B. (Barbara) Precht, Plan in: Römer am Rhein, Katalog des RGM, Köln 1967, S. 80, 351; Hansgerd Hellenkemper, verbesserte Karte nach B. Precht, Kjb. 13, nach S. 102.

CIP-Titelaufnahme der Deutschen Bibliothek

Stöver, Hans Dieter:
Haldavo steigt auf: ein Ubier im römischen Köln; historischer Roman / Hans Dieter Stöver. – 1. Aufl., 1.–4. Tsd. – Köln: Bachem, 1990
ISBN 3-7616-0999-X

Erste Auflage · 1990

Einbandentwurf:
Bettina Hartmann, Köln
Satz und Druck: J. P. Bachem, Köln
Reproduktionen: Willy Kühl, Köln
Einband: Hunke & Schröder, Iserlohn
Printed in Germany
ISBN 3-7616-0999-x

Inhalt

Wissenschaftliche Beratung:

Dr. Michael Gechter

Friannius

I

Wie ein unansehnlicher Vorhang hing der Regen über der Ebene. Es nieselte schon seit Stunden. Das nasse, kalte Dunkel der Nacht war einem schmutzigen, trüben Grau gewichen. Verwaschen und konturlos hatte der neue Tag begonnen, als ob er sich mit Vorsatz hinter dem schweren Gewölk versteckte.
Die Sicht reichte keine Meile weit, und die sanft im Westen ansteigenden Hänge der Eifel blieben verborgen. In tieferen Senken, wo die Bäche in weiten Windungen zwischen Erlen und Weiden ihren Weg suchten, schwebten Nebel, die sich nicht von der Stelle bewegten. Die Trägheit der Luft senkte sich, zusammen mit der nassen Armseligkeit der stumpfen braunen und olivgrauen Erdtöne, schwermütig auf die Landschaft.
Voraus, weit im Westen und jenseits der Nebelbank, tauchte auf dem holprigen Landweg ein Karren auf, zweirädrig, hochgelagert, ohne Verdeck, und seine mannshohen Speichenräder senkten sich mal links, dann rechts in eine lehmgelbe Pfütze, so daß alles auf dem Wagen, auch die beiden Gestalten, in einem ständigen Hin und Her, Vor und Zurück begriffen waren. Sie hatten während der ganzen Zeit geschwiegen, tief vermummt in ihren Umhängen; nun rief der eine plötzlich:
»Verdammter Mist! Das hat ja noch gefehlt!«
»Was is'n?« fragte der andere schläfrig und zwinkerte, um sich die Feuchtigkeit aus den Augen zu drücken. Ein großer, vierrädriger Wagen rollte langsam vor ihnen her, beladen mit Säcken, über die eine große Plane gegen den Regen gespannt war. Sie hörten die Kommandos des Fuhrmanns, der neben dem klobigen Gefährt herging und in regelmäßigen Abständen mit der Peitsche auf die Zugtiere einschlug. Es waren Ochsen.
»Mist!« stieß der eine der beiden, der die Zügel der Maultiere hielt, noch einmal hervor und wies mit der Hand voraus: »Sechs Ochsen! Und davor noch zwei Wagen!« Sie waren mit Holz beladen, zum Teil

schweren Stämmen, und es war klar, daß sie mit ihrem leichteren Wagen nicht vorbeikamen, ohne ins freie Feld auszuweichen. Aber ein Blick nach rechts und links ließ sie sehr schnell Abstand davon nehmen. Der Boden der Felder, auf denen das Wintergetreide gut im Saft stand, war nach dem Dauerregen nur noch Morast. An manchen Stellen hatten sich teichgroße Pfützen gebildet. Man würde Schwierigkeiten haben, mit dem erforderlichen Tempo abseits der festen Straße an den vier Wagen vorbeizukommen, die über eine Strecke von fast einer Viertelmeile die Fahrbahn in Anspruch nahmen. Es war auch keine Ausweichstelle in der Nähe.
»Naja, lohnt sich auch nicht mehr. Sind gleich da.«
Der Bauer nickte sich selbst beruhigend zu, räusperte sich und spuckte gezielt zur Seite.
»Da nutzt nur eins, Ruhe bewahren!« Er schaute nach rechts und sprach endlich seinen Fahrgast an: »Sag mal, wie heißt du eigentlich?«
»Friannius«, erklärte der andere und sah weiter geradeaus.
»Friannius! Aha, also Ubier?« Der Name war in der Gegend häufig.
»Ja. Warum?« fragte Friannius zurück, obwohl er genau wußte, worauf der andere anspielte. Sie, die Ubier, siedelten hier zwar schon in der dritten und vierten Generation, doch es gab immer noch winzige Reste der alten eburonischen Bevölkerung, die Caesars Massaker vor 150 Jahren überlebt hatten.* Als der Bauer spürte, daß Friannius keine Lust zu näheren Erklärungen hatte, drang er nicht weiter in ihn. Doch gaben ihm gewisse körperliche Merkmale zu denken. Er hatte mehrere Narben gesehen, im Gesicht, an den Armen, und der Mann ging, wie nur die Jungs von der Truppe gingen: selbstbewußt, aufrecht, ruhig. Auch der Mantel, den er um Schultern und Kopf gehängt hatte, ähnelte dem Cucullus, dem Militärmantel. Nur zu gerne hätte er gewußt, was er denn in der Gegend wollte, wieso er allein reiste, woher er kam, wohin er wollte. Und so machte er sich selbst seinen Reim: Wahrscheinlich einer von denen, die in römische Dienste getreten waren. Wie nannten sie sich ... Er bewegte unmerklich die Lippen und suchte nach einem Namen:
»Au ... Auxi ... Auxili ...«
»Auxiliartruppe!« nickte Friannius, wandte zum erstenmal den Kopf nach rechts und lächelte kurz. Der Bauer registrierte noch einmal die

Schmarren und Narben im unrasierten Gesicht des Mannes, den er auf fünfzig schätzte.
»Naja«, grinste der Bauer. »All die neumodischen Namen! Auxili ...«
Er verhedderte sich erneut, und Friannius wiederholte: »Auxiliartruppe!«
»Aber du trägst keine Waffe!« fuhr der Bauer fort.
»Das war einmal.«
»Veteran?«
»Sicher.«
Nun hätte er allerdings lange und spannende Geschichten erzählen können, von den Kämpfen mit den nördlich der Donau hausenden Stämmen. Zu jedem Schmiß, zu jeder Narbe im Gesicht, an den Beinen, den Armen und am Körper könnte er lange Berichte geben, voll von Erinnerungen an Schmerz und Schweiß, an hechelnden Atem, an Heulen, Fluchen, Winseln und Schreien. Aber er schwieg.
»Woher kommst du?« Die hartnäckige Neugier des Alten ging ihm auf die Nerven, aber er hatte ihn mitgenommen, bei dem Wetter immerhin eine Wohltat.
»Mainz.«
»Mainz? Is' aber'n gewaltiger Umweg!«
»Sicher. Hatte bei Iuliacum* zu tun. Privat.«
»Hm.«
»Ja. Eine Erbschaftssache.« Er war auf dem Schiff eines befreundeten Händlers rheinabwärts bis Köln gefahren und von da auf dem Landweg nach Westen. Er erklärte es dem Alten, und der darauf:
»Hat sich's wenigstens gelohnt?«
»Wird sich noch zeigen.«
Er hatte keine Lust, über die Verwandtschaftsverhältnisse seiner Frau zu reden. Der Fall war kompliziert. Dabei ging es noch nicht einmal um größere Summen. Eine lästige Sache.
»Eine lästige Sache!« sagte er. »Wie immer, wenn keine direkten Erben da sind.«
»Kenne das«, nickte der Bauer und wußte prompt eine längere Geschichte aus seiner Verwandtschaft zu erzählen.
»Und was machst du hier?«
»Meinen Bruder besuchen.«

»Wo?« »Beim Vorgebirge. Weiter oben.« Er wies mit der Hand in südöstliche Richtung. Der Bauer nickte, fragte aber nicht weiter, denn vor ihnen tauchten mehrere Gebäude auf: Tolbiacum – Zülpich.

II

Der freie Platz vor der Mansio glich einem gerade gepflügten Feld. Im breiigen Schlamm zogen sich tiefe Furchen der Wagen und Transporte kreuz und quer hin, denn von diesem Punkt aus erreichte man nach allen Seiten größere Siedlungen am Rhein, einzelne Gehöfte in der Ebene und Dörfer im Norden und Nordwesten. Schon vor 50 Jahren hatte man hier die Straßenstation angelegt, und von diesem Kreuzungspunkt aus überwachte man die nach allen Seiten abgehenden Straßen.

An einer Stelle des Platzes war eine Ladung von lehmigem Kies verteilt worden, aber er hatte sich bereits wieder mit dem Schlamm vermischt.

»Sauerei!« schimpfte Friannius, als er vom Wagen kletterte und mit den Sandalen bis zu den Knöcheln im Dreck einsank. Dann hob er die Hand, ließ sich vom Bauern den Beutel reichen:

»Also dann ... Danke für die ...«

Ihm fiel nicht das richtige Wort ein, darum nickte er kurz und freundlich nach oben. Der Bauer hob die Hand zum Gruß:

»Schon gut. Ich muß weiter. Vielleicht seh'n wir uns mal wieder ...«

Er schlug mit der kurzriemigen Peitsche auf die Maultiere ein, und sie setzten sich mit einem Ruck in Bewegung. Friannius stand neben der Spur des Karrens und verfolgte einen Augenblick lang, wie er sich von ihm entfernte und mit dem Umriß der sitzenden Gestalt allmählich im Niesel verschwand.

Dann blickte er an sich herunter: »Mist! Verdammter ...!«

Er schaute sich um, suchte Stellen, an denen der schmierige Schlamm weniger hoch lag, fand aber nur eine Wagenspur in der Nähe, in der sich schon das Regenwasser zu sammeln begann. Er erreichte sie mit einem Satz und ging, Fuß vor Fuß setzend, um sein Gleichgewicht bemüht, so schnell wie möglich auf den Gebäudekomplex zu. Endlich

erreichte er in dessen Nähe festeren Boden, eine gestampfte Schicht aus Kies und Lehm, zwar auch schon aufgeweicht, aber gangbar, weil hier keine Wagen kreuzten.
Er blieb stehen und wandte sich um. Der Dunst und die Nebelschwaden schienen dünner geworden zu sein. Er schaute nach Nordwesten. War dort der Himmel heller? – Seine Kindheit fiel ihm ein. Der Geruch alten, feuchten Holzes neben der Scheune. Dieser einmalige Modergeruch, den er nie als unangenehm empfunden hatte. Er hatte ihn in der Nase, obwohl er wußte, daß er hier nicht sein konnte. Lächelnd schüttelte er den Kopf und schaute zu den verschiedenen Straßen und Wegen, die von hier abzweigten. Die großen Transporter mit dem Weizen waren längst vorbeigezogen. Sonst näherte sich im Augenblick niemand. Wer eben konnte, suchte bei dem Wetter ein Dach, einen Tisch, was Warmes.
Er drehte sich langsam um, musterte das Gebäude. Nichts hatte sich seit seinem letzten Hiersein verändert. Das Dach stand weit über zum Platz hin, bedeckte schützend den hölzernen Umgang, der von einer primitiven Balustrade begrenzt war. Vom Dach tropfte das Wasser auf den Lehmkies und hatte die weißen und grauen Steine blank gewaschen. Der Platz und die Gebäude lagen etwa zehn bis fünfzehn Fuß über der Ebene. Bei gutem Wetter hatte man von hier einen schönen Rundblick, im Westen bis zu den sanften Hängen der Eifel.
Langsam schritt er auf den Eingang zu, nahm die drei ausgetretenen Steinstufen mit einem Satz und befand sich endlich auf trockenem Holzboden. Das Gebäude stand auf einem Fundament aus Naturstein, das etwa in Hüfthöhe in Fachwerk überging. Einige kleine Fenster verteilten sich rechts und links vom Eingang. Sie ließen sich schieben und waren zum Teil verglast.
»Na, wenigstens haben sie keine Säcke davorhängen!« brummte er. Die Wand zwischen den groben Eichenbalken war weiß gekalkt, und es sah ganz so aus, als ob dies erst kürzlich durchgeführt war, denn nirgends blätterte die Farbe, und der hochspritzende Dreck hatte den unteren Teil noch nicht wieder verdorben.
Von rechts näherte sich ein schwarzer Hund. Er mußte um die Ecke der Balustrade gekommen sein. Er trottete heran, blieb in drei Schritt Entfernung kritisch witternd stehen, schnupperte zu ihm hin und

beobachtete ihn. Er mochte Hunde, hatte nun aber keine Lust, in dem nassen Zeug, frierend und hungrig, das Tier zu kraulen. So brummte er beiläufig etwas wie »Feiner Hund ... Brav ... Du hast's gut ... Hund müßte man sein ...«

Mit kräftigen Tritten stampfte er den Dreck von den Füßen. Er sah den Reisigbesen neben dem Eingang an der Wand, machte aber keine Anstalten, die Lehmbrocken damit wegzukehren. Dann zog er den Cucullus, den derben Umhang, über den Kopf und schlug das Wasser mit kräftigen Schlägen heraus. Entsetzt wich der Hund vor dem Tropfenregen zurück und trollte sich.

Friannius hängte sich den Mantel locker um, ließ aber den Kopf unbedeckt. Der Regen hatte nachgelassen, er würde bald ganz aufhören. Er registrierte es mit einem Kopfnicken. Dann trat er zur Balustrade und schaute in die Runde. Gleich links das Amtslokal der Benefiziarier. Er hatte nicht die besten Erinnerungen an Angehörige dieser Truppe, die auf allen Poststationen Dienst taten. »Stubenhengste!« entfuhr es ihm. Wichtigtuer! dachte er. Hielten sich für was Besonderes, weil sie von der Verpflichtung zum bewaffneten Kampf an der Front ausgenommen waren. Saßen jetzt faul und träge in ihrem Quartier, würfelten vielleicht, während er ... Er preßte die Lippen zusammen und schluckte.

Rechts bemerkte er jetzt auch den Brunnen mit seinem aus Grauwacke gemauerten Kranz, darüber die Rolle, an der ein leerer Holzeimer im Winde baumelte. Die Tränke für die Zugtiere befand sich weiter weg bei den Ställen, eine große Wanne aus glatt behauenem Sandstein. Irgendwo da hinten mußte auch der Misthaufen sein, denn seine Ausdünstungen kamen mit den Böen des Westwindes herüber. Friannius legte sich den Mantel wieder enger um die Schultern, griff sich seinen Beutel und betrat das Haus.

Unangenehmer, feuchter Mief schlug ihm entgegen, als er in den Schankraum trat; eine ordinäre Mischung aus Küchendünsten, billigem Wein, Bier und Schweiß. Dazu noch der penetrante Gestank, den die rußenden Talglichter auf den Tischen verbreiteten. Ohne ihr schwaches Leuchten hätte man freilich in dem düsteren Raum kaum etwas erkennen können, denn das fahle, milchige Licht, das durch die verdreckten Fenster hereinkam, reichte nicht. Er blickte sich um,

suchte und fand schließlich einen Tisch, an dem nur ein älterer Mann mit eisgrauem kurzem Bart saß, in der hinteren rechten Ecke. Alle anderen Tische waren besetzt. Bauern, Reisende, Trinker warteten hier im Trockenen ab, daß der Regen aufhörte.
Ohne Gruß schritt Friannius zu dem Tisch, stellte seinen Beutel an die Wand, hängte seinen Mantel an einen Nagel in dem Balken daneben und setzte sich zu dem Alten, der kaum von ihm Notiz genommen hatte. Er rieb sich die Hände warm, knetete sie eine Weile, wobei er sich im Raum umschaute. Alles machte einen ziemlich heruntergekommenen Eindruck. Der Wirt hinter der Theke hatte das Gesicht eines Spitzbuben. Blitzschnell taxierte er Neuankömmlinge und ordnete sie bestimmten Vorurteilen unter. Der Ton, mit dem er den bedienenden Mädchen seine Anweisungen gab, mehr noch seine Miene, ließen den kalten Geschäftsmann erkennen, der nur auf seinen Vorteil bedacht ist.
Ein Mädchen kam, fragte nach seinen Wünschen. Er schaute hoch, sah in ein hartes, erfahrenes Gesicht, dem ein Mann so leicht nichts vormachen konnte, spürte, wie auch sie ihn einordnete.
»Was Warmes!« brummte er.
Sie nannte verschiedene heiße Getränke, Suppen, eine Art Glühwein, und er entschied sich für Letzteres.
»Bleibst du über Nacht?«
»Nein. Ich muß gleich weiter.«
Ihre Blicke trafen sich, und er meinte ein gewisses »Schade« zu erkennen. Er mußte sparen. Die Reise war teuer genug. Vielleicht ein andermal. Er sagte es: »Vielleicht ein andermal.«
Sie lächelte ihn kurz an. Als sie sich entfernte, entging ihm nicht das Auf und Ab ihrer Hüften. Er seufzte.
»Sie ist noch nicht lange hier.« Unvermittelt redete der Alte neben ihm. Auch er war ihr mit den Augen gefolgt. »Keine ist so nett und zuvorkommend. Aber das verlieren sie mit den Jahren ... Jaja ...« Er mümmelte mit seinem zahnlosen Mund eine Weile, als ob er auf einem Stück Speck herumkaute. Friannius aber hatte keine Lust, mit dem Alten über das Mädchen zu reden. Er reagierte nicht, nickte noch nicht einmal. Der Alte schien das gewöhnt zu sein, aber er wandte sich dem neuen Gast zu, und ehe er sprach, bewegte er die vertrockneten

Lippen einige Male, seine Stimme kam schwach, gebrochen und leise: »Früher war hier alles anders ... Aber seit der neue Wirt ... Nimmt die Leute aus ...« So redete er eine Weile tonlos nörgelnd vor sich hin, und Friannius ließ ihn gewähren. Er kannte das. Immer wenn er früher mit Kameraden in militärischem Habit in eine fremde Kneipe kam, begannen diese zahnlosen Alten daherzureden. Er hörte schon nicht mehr zu, sondern bedankte sich freundlich bei dem Mädchen für das warme Getränk und zahlte sofort, steckte das Wechselgeld umständlich in seinen Brustbeutel.

Erst als der Alte seine Frage wiederholte, nahm er wahr, daß er ihn meinte: »Wohin geht's denn, Kamerad?«

Statt einer Antwort fragte Friannius zurück: »Bist du mit dem Wagen unterwegs?«

»Ja.«

»Woher?«

»Aus Bel ... aus Belgica Vicus.*« Er mußte husten, denn er hatte sich beim Reden verschluckt. Während Friannius ihm kräftig den Rücken klopfte, bis die Kehle wieder frei war – der Alte hatte dabei einen puterroten Kopf bekommen –, überschlug Friannius die Wegstrecke. Das war zwar ein geringer Umweg, aber er hatte keine Lust, bei dem Wetter zu Fuß über unbefestigte Wege zu marschieren.

»Bist du aus Belgica?« fragte er.

»Ja, sicher.« Der Alte hüstelte noch einmal. »Und du?«

Friannius nannte ihm die Lage des Gehöfts am Hang des Vorgebirges. Daraufhin nickte der Alte, starrte ihn an, sein Auge wanderte über die Einzelheiten seines Gesichts, und dann fragte er:

»Hieß dein Vater ... Haldavo?«

»Ja.«

Der Alte nickte. »Habe ihn gut gekannt. War ein ordentlicher Mann. Könnte ja heute noch leben, wenn da nicht die ... die Sache mit dem Aufstand ...«

»Du meinst die Bataver*! Vor ein- ... vor zweiunddreißig Jahren!«

»Jaja. Ist das schon so lange her! Jaja ...« Er nickte mehrmals, versank in Erinnerungen, nannte Einzelheiten des Aufstandes, der den gesamten Nieder- und Mittelrhein in Mitleidenschaft gezogen hatte. Er kannte auch die Geschwister von Haldavo, zwei Brüder, die beide in

den damaligen Wirren umkamen. Schließlich, nach einer ganzen Weile ungestörten und detailreichen Erzählens und sich Erinnerns, sagte der Alte:
»Du kannst mit mir fahren, wenn du willst.«
Friannius nickte und bezahlte auch das Getränk des Bauern. Dann erhoben sie sich, der Alte umständlich und mit den Händen an der Tischkante Halt suchend, Friannius voller Kraft und Schwung. Auch an einigen anderen Tischen erhoben sich Gäste, denn der Regen hatte aufgehört. Im Westen hellte es endlich auf. Vielleicht war die fünftägige Regenzeit zu Ende.
Erleichtert stellte Friannius fest, daß der zweirädrige Karren einer von der leichten Art war, weniger zum Transport von Gütern als von Personen gedacht. Aber das Maultier fehlte. Er folgte dem Bauern in Richtung Schmiede. Das Tier stand bereits davor, mit einem Strick an einen Mauerring gebunden, und fraß Hafer aus dem Umhängesack. Der Alte begutachtete das neue Eisen an der linken Hinterhand und erklärte zu Friannius hin: »Ohne die Eisen ha'm sie auf den Steinstraßen in kurzer Zeit die Hufe kaputt.«
Dann trat er in die Schmiede, um das Beschlagen zu bezahlen. Beim Hinausgehen drückte er dem Gesellen noch ein Trinkgeld in die Hand, und der Bursche machte die Andeutung einer Verbeugung. Dann schirrten sie das Tier ein, kletterten auf den Wagen und brachen auf.
»Warum läßt du hier beschlagen?« fragte Friannius, als sie schon eine halbe Meile auf dem Weg nach Belgica Vicus gefahren waren.
»Der Schmied ist besser. Das Eisen auch.« Er deutete durch sein weiteres Schweigen an, daß er von den Schmieden in Belgica nicht viel hielt. Vielleicht lag er auch im Streit mit ihnen.
Unterwegs schwieg der Alte meist, und das war Friannius recht. Wo auch immer der Weg es erlaubte, ließ der Bauer das Maultier traben. Seine wenigen Bemerkungen kehrten wiederholt in die Vergangenheit zurück. Er hatte viele Freunde in den Wirren des Bataveraufstandes verloren, und er schien damit nicht fertig zu werden.
Friannius hielt sich in Belgica nicht lange auf, nahm auch das Angebot des Alten zu einem Imbiß nicht an, denn er wollte den Rest seiner langen Reise möglichst schnell hinter sich bringen. Er kannte den

Ort, denn als Kind war er öfters mit dem Vater und dem älteren Bruder Haldavo hier gewesen. Es hatte sich nicht viel verändert, außer daß am Ortsausgang einige neue Häuser und Werkstätten standen. Unter den neuen Gebäuden, die sich ausschließlich an der Durchgangsstraße am ansteigenden Eifelhang entlangzogen, waren mehrere Herbergen. Und eine neue Schmiede stand am unteren Ende.
»Lohnt sich das alles hier?« Friannius wies auf die neuen Unterkünfte.
»Hm. Glaub schon. Auch wenn die Brüder nur am Jammern sind. Kennst das ja! Es gibt mehr Durchreisende. Jedes Jahr mehr. Auch mehr Wagen. Und immer mehr Händler kreuzen hier auf. Na, da gehen oft Speichen kaputt, da brechen Achsen, weil die so viel draufladen, wie's geht. Ohne Rücksicht auf Wagen und Tiere!«
Sie sahen einem hochbeladenen Wagen nach, der sich nach Westen entfernte, hörten noch lange die Flüche des Fuhrmanns und die Schläge der Peitsche, mit der er auf die Ochsen eindrosch, denn die Straße hatte hier über eine halbe Meile eine ziemliche Steigung zu überwinden.
Der Wagen hatte vor einer Schmiede angehalten, und sie wurden abgelenkt von den Kommandos des Meisters in der düsteren Werkstatt.
Die Gesellen waren dabei, ein ausgebessertes Wagenrad in einen neuen Eisenring zu zwingen, eine Arbeit, die ebenso Kraft wie Fingerspitzengefühl verlangte. Der Meister war noch nicht zufrieden mit der Paßgenauigkeit des Reifens und ließ das Feuer in der Esse neu schüren. Zwei Knechte bewegten die mächtigen Blasebälge, ein anderer legte Holzkohle nach, und nach wenigen Augenblicken loderten die Flammen mächtig züngelnd in die Höhe. Doch wartete der Meister, bis sie kleiner wurden und allmählich in jenes weiße Strahlen übergingen, das Zeichen für die erreichte Hochglut.
»Wohnst du hier?« fragte Friannius.
»Nee«, der Alte schüttelte den Kopf. »Weiter oben, auf der Höhe!« Er wies mit der Hand in die Richtung, und Friannius nickte.
»Wenn du länger bleibst«, fuhr der Bauer fort, »kannst du mal bei mir reinschauen. Mein Enkel will zur Legion. Keiner kann's ihm ausreden.«

»Mal sehen«, meinte Friannius. »Ich weiß nicht, wie lange ich bleibe.« Sie hoben die Hände, sagten »Vale!« und trennten sich.

III

Friannius machte sich zügig auf den Weg und folgte der langen Hauptstraße, die in einer abschüssigen Geraden durch den Ort verlief. Er kannte die Ebene. Fast zwanzig Jahre lang war sie seine Heimat gewesen. Jeder Baum war ihm bekannt, jede Buschgruppe; er wußte, wo abends die Falken in den Aufwinden rüttelten, wo die Bussarde standen, die Habichte kreisten.

Die Straße wurde offensichtlich erst vor kurzem neu mit Kies befestigt. Es war eine Nebenstrecke. Aber er ging an sich lieber auf festgestampftem Kies als auf unregelmäßig verlegten Platten. Er schätzte, daß er für die zehn Meilen* zwei Stunden brauchte, wenn er zügig voranschritt. Vielleicht würde ihn ein schnelles Gespann überholen und mitnehmen. So wandte er sich alle halbe Meile um, doch es näherte sich niemand. Vielmehr überholte er ein Ochsengespann und vereinzelte Fußgänger, die er kurz grüßte, im übrigen hielt er sich separat.

Bald überquerte er die Arnefa*, später noch andere kleine Bäche, passierte Einzelgehöfte und sah schließlich den mit Buschwerk und Baumgruppen bestandenen Hang vor sich, auf dessen höchstem Punkt der Hof lag.

Unten weideten einige Schafe. Das Gras war schon im Saft, und die Weiden trugen ihr zartes frühes Grün. Amseln huschten in die Hecken, als er vorbeiging. Zwei Elstern flatterten keckernd auf und verschwanden in den hohen Pappeln beim Bach.* Die Knospen der Apfelbäume würden sich bald öffnen, wenn dem Regen ein paar warme Sonnentage folgten. Als Junge war er hier mit dem Bruder im Geäst geklettert, gerade dann, wenn Haldavo, der Vater, es ihnen verboten hatte.

Mit Schwung machte er sich an den Aufstieg und kam nicht ins Schwitzen, denn er war immer noch gut in Form. Er registrierte es mit Genugtuung. Auf der Höhe angelangt, wandte er sich um und wurde mit einem der schönsten Panoramablicke belohnt, den er kannte. Lange hatte er diese Landschaft entbehrt. Vor fünfzehn Jahren war er zum letztenmal hier gewesen. Weit schweifte der Blick über die hintereinandergestaffelten Berge der Arduenna Silva*. In der Ferne weiße Dünste, den Wäldern entstiegen neblige Schwaden. Weit im Westen, am Ende der Ebene, war die Wolkendecke aufgerissen, und einer gewaltigen Strahlenkrone gleich standen die Sonnenstrahlen über dem Land. Wie Schnee leuchteten die Nebel in den Senken. Ähnliches hatte er nur im Süden, im Vorland der Alpen gesehen. Sein Blick wanderte langsam nach links, folgte den weichen Linien und Kurven der Hügel, blieb eine Weile an einem markant herausragenden Berg hängen. Er kannte ihn. Von dort hatte man einen Blick über zwanzig, dreißig Meilen nach Norden und Osten, weithin bis auf die steilen Spitzen der Sieben Berge auf der anderen Rheinseite. Rechts vor ihm dehnten sich in der fruchtbaren Ebene die Felder, auf denen schon das Wintergetreide in dunklerem Grün stand. An manchen Stellen sah er Bauern beim Eggen.

Er nickte sich zu. Fünfzehn Jahre hatte er dies alles nicht mehr gesehen, und doch war es ihm einen Augenblick lang, als sei er erst gestern weggegangen. Voller Staunen wurde er sich bewußt, wie sehr er in diesem Flecken Erde seine Wurzeln hatte. Er war ein einfacher Mann, und er wußte, daß er einem andern diese tiefen Gefühle nicht mitteilen konnte, doch war eine große Demut in ihm. Lange ruhte sein Blick auf der Landschaft, dann wandte er sich um und ging mit festem Schritt weiter.

Das Gehöft lag etwas zurückversetzt von der Kante des Hanges. Während er bedächtig ging, nahm er alles Alte und Neue wahr: Die Hecke, die das gesamte Areal einfaßte, war nun dicht wie eine Mauer. Vereinzelt sah er Rinder hinter dem dornigen Bewuchs. Die meisten hatten sich zum Wiederkäuen niedergelassen und mahlten bedächtig mit den Zähnen. Er betrat den Anfahrtsweg, und es war ihm, als ob er durch das Haupttor auf die Principia eines Militärlagers zuging. Die Ähnlichkeit in der rechtwinkligen Anlage und Aufteilung des Geländes war frappierend, es fehlten nur die Unterkünfte rechts und links des Weges; hier waren Weiden, von derben Holzzäunen eingefaßt.

Er passierte die beiden Brunnen, die gleich rechts und links hinter dem Zaun lagen. Der innere Teil des Anwesens lag offen vor ihm: voraus das Haupt- und Wohnhaus, Fachwerk auf Steinsockel, rechts und links gerahmt von vorstehenden Eckgebäuden. Zwischen ihnen ein breiter Portikus, der im Sommer Schatten spendete und an nassen Tagen, wie heute, den Regen abhielt. In der Mitte des Platzes, direkt vor dem Haus, ein reizvoll von kurzgehaltenen Hecken gefaßtes Bassin. Das war neu. Links davon ein überdachter Brunnen. In all diesen Dingen war die ordnende Hand des Besitzers zu erkennen. Auch der Brunnen in der Nähe hatte ein neues Dach bekommen.
Während er langsam weiterging, fiel ihm die Höhe der Nußbäume auf, er hatte sie kleiner in Erinnerung. Nun ragten ihre Kronen schon über das Dach des Fachwerkhauses, in dem die Familie des Alluo wohnte.
Ob er noch lebte? Er mußte weit über die Siebzig sein! Hinter den Bäumen meinte er Kindergeschrei zu hören.
Rechts und links neben dem Hauptgebäude die beiden Speicher. Ein Tor stand offen, und jemand machte sich darin zu schaffen. Langsam näherte er sich dem Hause, und er hatte den Vorbau fast erreicht, als dort ein mittelgroßer Hund mit Schlappohren aufsprang und sich laut kläffend bis auf fünf Schritt näherte. Friannius redete ruhig auf ihn ein und ging vorsichtig an ihm vorbei und auf das Haus zu. Der Hund knurrte wieder, kläffte erneut, als sich eine Frau von vielleicht fünfundvierzig Jahren im Türrahmen zeigte und neugierig Ausschau hielt nach der Ursache des Lärms. Sie hielt mitten in der Bewegung inne:
»Friannius!« Ihr Gesicht rötete sich. Sie stürzte ihm entgegen, umarmte ihn, ließ ihn los, sah ihn an, lachte. Auch er lachte. Er hatte sie immer gemocht, die Frau seines Bruders. Er kannte sie seit seiner Jugend. Sie war etwas jünger als er und stammte von einem benachbarten Hof.
»Aiva!« sagte er endlich, und: »Gut siehst du aus!«
Dabei entging ihm nicht, daß die Jahre der Arbeit und Sorgen ihre Spuren auf ihrem Gesicht hinterlassen hatten. Sie hielt sich auch leicht gebeugt. Aber ihr Wesen war geblieben, ihre zupackende, direkte, von Natur heitere Art, die aus den Augen strahlte.

»Wo sind die andern? Wie geht es Freiatto?« Er meinte den Bruder. »Und die Kinder! Atto! Er müßte doch ...«
»Er ist zweiundzwanzig.« Sie lächelte. »Er ist ein Mann geworden!«
»Und mein Bruder, was ...?« Er hielt inne, als er sah, wie sich ihr Gesicht überschattete.
»Was ist mit ihm?«
Sie schaute nach rechts, nach links, kam näher und sprach leise und eindringlich: »Es geht ihm nicht gut.«
Friannius erschrak: »Was Ernstes?«
Er kannte den Bruder nur als kerngesunden Mann, in Wind und Wetter draußen und von bester körperlicher Konstitution. Er, Friannius, hatte als Kind viel öfter gekränkelt.
»Fieber. Es will nicht weichen. Er hat sich im letzten Winter eine schwere Erkältung geholt und sie nicht richtig auskuriert.«
»Liegt er?«
»Ja. – Aber komm!« Sie zog ihn am Ärmel zum Haus. »Bei den Göttern! Das wird ihn freuen!« Sie lachte lautlos.
Ihm fiel auf, daß es im Hause still blieb. Bei seinem letzten Hiersein vor Jahren waren die Kinder des Bruders herausgestürmt: Atto, damals sechs, Lellua, drei Jahre, und die kleine Freiannia hatte Aiva auf dem Arm getragen. Die beiden älteren waren nun erwachsen, Lellua wahrscheinlich längst verheiratet und außer Haus.
Sie traten über die eichene Schwelle ins Haus, und wieder war es ihm, als ob er in seine Kindheit zurückkehrte. Nichts hatte sich verändert. Zentrum der Familie und des Hauses war die große Halle, deren Decke von mächtigen Balken getragen wurde. Sie nahm den größten Teil des Gebäudes ein. In der Mitte der aus Ziegeln gemauerte Herd. Darüber hing an einem Haken, der wiederum an einer Kette eingeklinkt war, der große Bronzetopf mit Wasser. Friannius sah ihn, lächelte und nickte. Es war wie immer. Wenn man leise lauschte, konnte man das heimelige Singen des Wassers hören, wenn es kurz vor dem Sieden war. Der Rauch des Feuers zog durch einige offene Fenster ab. Auch im Innern waren die Balken des Fachwerks sichtbar. An einigen Stellen der Wand bröckelte der Lehm; der gestampfte Boden, fest wie gegossener Beton, war sauber gefegt. In einer Ecke standen zwei mächtige Truhen, in denen die bessere Kleidung

aufbewahrt wurde. In der Nähe der Feuerstelle an der Rückwand mehrere Holzregale. Darauf Becher und Krüge, auch Teller und Schüsseln verschiedener Größe. Von Wand zu Wand war eine Leine aus Hanfschnur gespannt, an der quadratische und rechteckige Tücher hingen. In einer Nische entdeckte er die alte Wiege, nun leer, aber wohlversehen mit den notwendigen Kissen und Tüchern; wahrscheinlich für das Kind von Lellua, wenn sie zu Besuch kam.
Der ganze Raum strahlte einen eigentümlichen Geruch aus, wie ihn nur sehr alte Häuser besaßen, und es war besonders der schärfere Dunst der verräucherten Balken, der sich über alles andere legte. Tief atmete ihn Friannius ein und ließ ihn langsam wieder entweichen.
Längst war sein Blick in die rechte hintere Ecke gewandert, wo sich die einfache Schlafstatt der Eltern befand: Stroh, auf dem Boden ausgebreitet und mit Fellen und Decken zu einem breiten Lager gerichtet.
»Schläft er?« fragte Friannius leise, und Aiva kniff die Augen zusammen, um besser sehen zu können: »Ich weiß nicht«, flüsterte sie zurück.
Doch da kam schon eine matte Stimme vom Lager:
»Wer ist gekommen?«
Die beiden gingen langsam hinüber, vorsichtig die Schritte setzend, als ob sie den Liegenden nicht erschrecken dürften.
»Schau mal, wer gekommen ist!«
Sie schob Friannius zum Lager, und er beugte sich über den Liegenden.
»Was sind denn das für Sachen, Bruder!«
Ihre Blicke trafen sich, die Augen Freiattos weiteten sich, und sein Mund zuckte mehrmals. Friannius erkannte im Halbdunkel die aufgesprungenen Lippen, die bleiche Stirn, die eingefallenen Wangen. Er ging in die Knie, kauerte sich neben den Kranken und lächelte ihn an. Freiatto lächelte müde zurück und versuchte sich zu erheben, doch kam ihm der Jüngere zuvor, er beugte sich über ihn und umarmte ihn herzlich, hielt ihn so eine ganze Weile. Tränen der Wiedersehensfreude traten ihm in die Augen. Dann lösten sie sich, Friannius griff sich den in der Nähe stehenden dreibeinigen Hocker und ließ sich darauf nieder.

»Was sind denn das für Sachen!« wiederholte er. »Es ist Frühling, und du legst dich hin zum Faulenzen!«
So ging das eine Weile hin und her mit launigen Anspielungen auf die Krankheit. Der Kranke bemühte sich, seinen Zustand herunterzuspielen, doch Friannius erkannte sehr wohl, daß die Verfassung des Bruders ernster war, als er zunächst gedacht hatte. Schließlich fragte Freiatto:
»Wo kommst du her?«
»Von Zülpich.«
»Von Zülpich!«
»Ja. Es war sicher ein Umweg ...« Und er erklärte ihm, warum er den weiten Weg nach Norden auf sich genommen hatte.
»Stromabwärts bist du ja mit dem Schiff am schnellsten. Ich hatte Glück, einen Kahn zu finden, der bis nach Köln fuhr. Na, du kennst das ja ...«
»Sicher. Und das bei dem Wetter! – Wie lange bleibst du?«
»Hängt von mir ab.«
»Urlaub?«
»So kann man's nennen.«
»Fein«, nickte Freiatto und versuchte zu lächeln. »Das muß gefeiert werden!«
»... wenn du wieder auf den Beinen bist!« mahnte der Bruder.
»Das wär ja noch schöner!« rief Freiatto.
Und zu Aiva: »Er ist müde und verstaubt von der langen Reise. Laß ihm ein Bad richten!«
»Natürlich.«
Aiva ging nach draußen, rief den Namen einer Magd und trug ihr auf, das Feuer zu schüren, den großen Kessel mit Wasser zu füllen, eine Holzbütt bereitzustellen und Badetücher auf die Hocker zu legen, während sie selbst in die Speisekammer ging, um für den bevorstehenden Abend ein kleines Festessen vorzubereiten.
Während dessen saßen die Brüder eine Weile schweigend nebeneinander und hingen Erinnerungen aus ihrer Jugend nach, bis schließlich Friannius den Kopf hob und fragte: »Wie war die Ernte?«
Daraufhin kratzte sich Freiatto am Kopf und erklärte: »Werden wohl wieder normalen Gewinn machen in diesem Jahr.«

»Wieso? Du hast den besten Acker hier! Kenne da schlechtere Böden!«
»Ja ja, aber die letzten Winter waren naß. Da ist uns einiges an Winterroggen* weggefault, weil das Wasser lange auf den Feldern stand. Habe aber im letzten Jahr hier oben auf der Höhe noch Land dazugelegt ...«
»Gekauft?«
»Gekauft, ja.« Er nickte voller Überzeugung über die Richtigkeit der Erwerbung. »Da haben sich eine Menge Leute nicht mehr hochrappeln können ... nach den Wirren ...«
»Verstehe. Die Bataver. Dabei ist das schon dreißig Jahre her!«
»Sicher. Aber du weißt, wie die Leute am Boden hängen. Geben erst auf, wenn sie hungern müssen. Naja, habe hier oben jetzt gute Erträge.«
»Da war doch früher dichter Busch!«
»Ja. Ha'm wir gerodet. Knochenarbeit! Baum für Baum, Knubben für Knubben! Aber bester Boden! Kein Stein drin! Erst ab zwei Fuß Kies – kein Lehm wie unten.«
»Werde mir's morgen ansehen ...«
»Werde mitgehen!«
»Kommt nicht in Frage: Würdest dir den Tod holen bei der nassen Kälte!«
Freiatto widersprach nicht, sondern brummte: »Könntest recht haben, Bruder.« Dann wandte er sich ihm ganz zu, musterte eine Weile sein müdes Gesicht, die zernarbten Wangen und fragte: »Und du? – Siehst aus wie einer, der oft den Tod gesehen hat!«
Friannius nickte ernst: »Durchaus, ja. Gewöhnst dich aber dran. Ist jetzt ja auch zu Ende.«
»Heißt das ...?« Freiattos Blick wurde wacher. »Heißt das, du ...?«
»Ja. Seit fünf Jahren außer Dienst. Hatte immerhin fünfundzwanzig Jahre auf dem Buckel!«
»Fünfundzwanzig ...« Freiatto lauschte dem Klang der Zahl eine Weile mit offenem Munde. »Na, dann hat dir der Kaiser doch eine schöne Abfindung gezahlt!«
Friannius lächelte; sein Bruder war Bauer, und so stand ihm die Sicherheit, das Monetäre im Vordergrund. Freiatto hielt seit jeher die

Hand auf dem Geld. Friannius hob die Hand und sagte leichthin: »Na, soviel war's auch nicht.«
»Aber bestimmt mehr als unser Vater Haldavo bekommen hat!«
»Das mag schon sein. Aber die Welt ist eine andere als damals. Alles hat seinen Preis.«
Freiatto nickte. Zugleich begann er zu überlegen, warum der Bruder plötzlich bei ihm auftauchte. Nicht, daß es ihm unangenehm war. Sie hatten sich immer gemocht, konnten jahrelang getrennt sein – wenn sie sich zufällig trafen, war es, als ob sie nur ein paar Tage getrennt gewesen waren. Gesprochen hatten sie nie viel miteinander; jeder wußte stets, was er vom anderen zu erwarten hatte. Geheimnisse waren selten zwischen ihnen gewesen. Er versuchte es mit einem Umweg:
»Du warst lange nicht hier.«
Der Satz enthielt den Vorwurf, daß der Bruder schon früher hätte hereinschauen können. Friannius verstand den Tadel und erklärte: »Ging nicht, Bruder. Habe ja nun selbst einen Hof zu versorgen. Mußte ganz von vorne anfangen.«
»Verstehe«, nickte Freiatto. »Mußtest erst ein Haus bauen ...«
»Ja. Ich fing mit dem Stück Land an, das sie mir zugewiesen haben.«
»Guter Boden?«
»Nicht so gut wie hier.«
»Und das Haus?«
»Fast fertig.«
»Groß?«
»Nicht so groß. Mit der Abfindung kannst du keine Sprünge machen.«
»Verstehe.« Und dann fügte er ohne Übergang und offen hinzu, wie es seine Art war: »Du bist gekommen, damit ich dich auszahle! Du willst deinen Anteil am Erbe.«
Ihre Blicke trafen sich, und Friannius wich der Entscheidung nicht aus: »Ja. Aber das eilt nicht. Eigentlich ...«
»Ja?«
»... weißt du, das dauert ja alles seine Zeit, bis du Gewinn machst. Im Augenblick müssen wir das Geld zusammenhalten ...«
»Wir?«

»Ja. Ich war's ihr schuldig.«
»Wer ist die Frau?« Sein Interesse war erwacht, wenn es um familiäre Dinge ging.
»Cirata Iulia. Tochter eines alten Kameraden. Kennst doch die Bestimmungen!«
Freiatto nickte. Ihr Vater Haldavo hatte die Mutter auch erst nach seinem Ausscheiden aus dem aktiven Dienst ehelichen können, nachdem er jahrelang mit ihr im Konkubinat zusammengelebt hatte.
»Kinder?« fragte Friannius.
»Ja, drei. Ein Mädchen und zwei Jungen.«
»Wie alt?«
»Flavia ist sieben, die Jungen vier und zwei.«
»Hm!« Freiatto hob das Kinn und nickte anerkennend. Dann rieb er beide Hände aneinander, betrachtete sinnend die Innenflächen und sagte: »Du kannst natürlich auf mich zählen. Ich habe die Summe schon längst beiseite gelegt. Hättest deine Frau und die Kinder mitbringen sollen!«
»Ein andermal. Cirata ist schwanger.«
»Sehr gut. Du wirst jeden Arm brauchen.«
»Sicher.« Sie sprachen wie Fachleute über ein technisches Projekt, dem sich alles Menschliche unterzuordnen hatte. Friannius nutzte die Gelegenheit und kam zu seinem eigentlichen Anliegen:
»Weißt du, ich dachte ... Du hast da doch zwei Söhne, den Atto und den Haldavo ...«
»Atto ist draußen. Da sind Zäune zu reparieren. Ein guter Junge!«
»Wie alt ist er jetzt?«
»Zweiundzwanzig.«
»Zweiundzwanzig!« staunte Friannius. »Und Haldavo?«
»Vierzehn.«
Es folgte keine weitere Bemerkung über den Jüngeren, aber Friannius entging nicht, wie sich das Gesicht des Bruders einen Augenblick lang verfinsterte.
»Also, ich dachte, es könnte ihm nicht schaden, die Nase ein wenig in den Wind zu halten. Er könnte ...«
»Du meinst, er sollte mit auf deinen Hof kommen.«
»Ja.«

Freiatto nickte ein paarmal vor sich hin. Dann hieß es: »Würde dem Burschen gut tun! Werde mit ihm darüber reden.«
In diesem Augenblick kam Aiva herein und meldete, im Baderaum stehe das Wasser bereit. So erhob sich Friannius und verließ den Raum.

IV

Nach dem Bad fühlte Friannius sich wie ein neuer Mensch, zumal ihm seine Schwägerin frische Kleidungsstücke auf die Bank gelegt und die verschwitzten Teile zur schmutzigen Wäsche gestopft hatte. Als er wieder ins Haus trat, waren Atto und Haldavo, die beiden Söhne des Bruders, anwesend und traten ihm mit jener Zurückhaltung entgegen, wie man sie oft zwischen Verwandten antrifft, die sich lange oder überhaupt noch nicht gesehen haben. Der zweiundzwanzigjährige Älteste kam in der Statur ganz auf den Vater, war blond und hatte dessen graue Augen, die ruhig sein Gegenüber ansahen. Auch im Wesen schien er ihm ähnlich, sprach wenig, konnte lange schweigen und zeigte einen ruhigen, beherrschten Ausdruck im Gesicht. Seine Bewegungen waren bedächtig, sein Händedruck sehr fest und trocken, und alles zusammen machte einen Mann aus, der zupacken konnte. So war auch die Begrüßung kurz und etwas ungelenk; Friannius spürte, daß er, als der alte und erfahrene Soldat, auf den Neffen Eindruck machte. Darum trat er auf ihn zu und schüttelte ihm freundlich die Hand, klopfte auf seine Schulter und machte einige anerkennende Bemerkungen, die Atto mit einem scheuen Lächeln entgegennahm.
Ganz anders Haldavo. Er kam auf die Mutter, hatte ihre Grübchen auf beiden Wangen, wenn er lächelte – und er lächelte oft. Wenn er sprach oder zuhörte, hielt er den Kopf etwas schief, und Friannius wurde an einen Hund erinnert, den er einmal besaß, der mit ähnlicher Kopfhaltung zu ihm aufsah, wenn er mit ihm sprach. Haldavo hatte etwas an sich, das sofort für ihn einnahm. Vielleicht kam es aus den dunklen Augen, dem schon jetzt herrischen, scharf konturierten Mund, der sich ironisch geben konnte, wenn das, was er hörte oder

sah, ihn amüsierte. Ein erstaunlicher Zug bei einem Vierzehnjährigen, dachte Friannius. Sein Blick war stets hellwach. Nichts schien ihm zu entgehen. Keine Frage, er war wendiger, schneller im Denken als der ältere Bruder.

Auffallend war die Geschmeidigkeit, ja Zartheit seiner Hände; und Friannius hatte einen Augenblick lang Bedenken, ob sie dafür geschaffen waren, die schwere Arbeit auf einem Hof zu leisten.

Anders als Atto, hatte Haldavo sofort viele Fragen an den Onkel, wollte wissen, wie er gereist sei, woher er komme, wie es in Mainz zugehe und dergleichen mehr, bis seine Mutter Aiva ihn zurechtwies und auf das bevorstehende Abendessen hinwies.

»Du kannst deinem Oheim ja morgen früh den ganzen Hof zeigen. Dann kannst du ihm ein Loch in den Bauch fragen. Aber nun kommt essen!«

Dem Wunsch, der fast ein Befehl war, leisteten alle Folge, und auch Freiatto wurde, fest in Decken und Fell verpackt, am schweren Eichentisch plaziert, denn er hätte es als erniedrigend empfunden, abseits im Stroh zu liegen.

Wie immer bei einem solchen Essen, wechselte das Gespräch von einem Thema zum andern, streifte die militärischen Dinge, die ja das Leben von Friannius ausgemacht hatten, und er mußte von diesen und jenen Kämpfen in Rätien berichten. Da er ein guter Erzähler war, hingen besonders die beiden Neffen an seinen Lippen. Und wieder fiel es Friannius auf, mit welcher Intensität der junge Haldavo ihm lauschte, welch intelligente Zwischenfragen er stellte, während Atto nach einiger Zeit Mühe hatte, gegen seine Müdigkeit anzukämpfen und hin und wieder ein Gähnen unterdrückte.

Während des Gesprächs erfuhr Friannius auch den neuesten Stand der familiären Verhältnisse: daß die neunzehnjährige Lellua eine gute Partie gemacht habe auf einem benachbarten Hof, daß sie bereits zwei gesunde Kinder und einen guten Mann habe und vielleicht in den nächsten Tagen zu Besuch komme. Die zwei Jahre jüngere Freiania sei ebenfalls seit kurzem verheiratet in Zülpich und bereits schwanger. Zu all diesen erfreulichen Dingen erwarteten Bruder und Schwägerin von ihm beifällige Äußerungen, und Friannius hielt mit seinem Lob denn auch nicht zurück.

Als dann die Rede auf die agrarischen Fragen kam, hob Friannius die Stimme und erklärte mit fachkundiger Miene: »Du solltest mal den neuen Nacktweizen versuchen!«
»Nacktweizen? Was ist das?«
»Das ist ein Weizen, der im Süden bevorzugt wird. Er bringt höhere Erträge. Die Körner liegen fast frei, nicht in Spelzen wie dein Weizen. Das bedeutet, du brauchst ihn nicht in der Darre zu rösten, damit die Spelzen abspringen. Mußt aber zusätzlich düngen.«
»Und welchen Nachteil hat er?«
»Naja ... die Vögel können leichter an die Körner. Mußt Vogelscheuchen aufstellen. Aber der höhere Ertrag gleicht das reichlich aus. Solltest mal auf einem Stück den Versuch machen. Du belieferst doch immer noch die Garnison in Bonn – oder?«
»Sicher.«
»Na, da solltest du nicht zögern. Die Jungs, die aus dem Süden nach hier abkommandiert sind, haben eine verwöhnte Zunge. Ich kenne das!« Er lachte kurz auf. »Das Essen ist bei denen das Wichtigste. Also, wenn du da einer der ersten wärst, die den Weizen liefern, kommst du immer auf deine Kosten ...«
So wurde noch bis in den späten Abend beim Schein der Öllampen gefachsimpelt. Freiatto ließ von Aiva den besten Wein aus dem Kellerraum holen, den er bei einem Händler in Bonn gekauft hatte; es war ein Schlauch teurer Roter aus Gallien. Ansonsten wurde nur saurer Mosel getrunken, während die Knechte sich an das billige selbstgebraute Bier hielten. Als Friannius dann zu vorgerückter Stunde einige derbe Soldatenwitze zum besten gab, dröhnte das Gelächter durch die große Halle des Hauses, während Aiva mehr verschämt lächelte.
»Ich glaube, ich bin morgen wieder gesund und auf den Beinen!« rief Freiatto mit vom Wein gerötetem Gesicht. Doch sein Bruder gab ihm einen Dämpfer:
»Irrtum, mein Lieber! Du bleibst im Haus! Wärst nicht der erste, der nach einem Rückfall ins Gras beißen mußte.«
Und alle anderen pflichteten ihm bei.
»Die Jungs können mir morgen alles zeigen.«
»Das kann Haldavo machen«, sagte der ältere Atto. »Ich muß morgen nach Bonn. Bin den ganzen Tag weg.«

Eine Viertelstunde später lagen alle im Stroh und schliefen: Der Bauer, erschöpft von der Krankheit und den langen Gesprächen; Aiva, weil sie schon seit Sonnenaufgang auf den Beinen war; Atto, der ohnehin auf der Stelle einschlafen konnte; und Friannius, der von den Strapazen der Reise todmüde war. Nur Haldavo dachte noch lange über das Gehörte nach und überlegte, ob er dem Oheim auf dessen Hof nach Süden folgen sollte. Er kam zu keinem Entschluß und schlief schließlich auch ein.

V

Schon zeitig am nächsten Morgen brach Friannius nach dem Frühstück zusammen mit Haldavo auf zu einem Rundgang über das Gelände des Hofes. Die Wirtschaftsgebäude waren zum Teil vergrößert oder auch neu errichtet, denn seit dem Zukauf der auf der Höhe gelegenen Ländereien wurde mehr Stapelraum benötigt. Mit fachmännischem Blick inspizierte Friannius die neuen Wirtschaftsgebäude, einfache, aber stabile Hallenhäuser, teilweise unterteilt für die Ackerwagen, das Gerät und das Vieh. Massiver waren die Speicher gebaut, mit einem Obergeschoß, in dem Heu und Streugut für die Ställe aufbewahrt wurden. In der Nähe des Hauptgebäudes lag der Hausgarten, in dem Aiva neben Küchenkräutern auch Heilpflanzen zog. Daran anschließend ein schöner Hain von Nuß- und Obstbäumen, am Rande der Wege auch Beerensträucher.
Neben den Rindern, Schafen und Schweinen wurde Federvieh gehalten, so daß der Hof und seine Bewohner fast völlig autark wirtschafteten und nun einen erheblichen Überschuß an Getreide, Gemüse, Obst und Vieh mit Gewinn nach Bonn verkaufen konnten. Mit dem Geld kaufte Freiatto die Gegenstände und Dinge, die er selbst nicht erzeugte. So befand sich zwar auf dem Hof eine Schmiede, doch hochwertige Eisenerzeugnisse wie etwa eine Pflugschar ließ Freiatto bei einem darauf spezialisierten Schmied in dem nahen Belgica Vicus* herstellen. Reparaturen an Wagen und Gerät wurden selbst durchgeführt, wenn die technischen Mittel dafür reichten.

Sogar einfache Schuhe und Sandalen stellte der greise Alluo selbst her, der sich seit langem darauf verstand. Teureres Schuhwerk oder das lederne Zugzeug für die Ochsen, das Geschirr für die Maultiere, die Sättel für die Reitpferde ließ man beim Schuster und Sattler herstellen.

»Wie groß ist die bewirtschaftete Fläche jetzt?« fragte Friannius den jungen Haldavo, als dieser ihm nicht ohne Stolz das hinter dem umhegten Hofgelände beginnende und frisch gerodete Land zeigte.

»Zweiundvierzig Joch.«*

Friannius nickte. Das lag über dem Durchschnitt. Er blickte über ein großes Feld, auf dem der Winterweizen prächtig im Kommen war. Leider gedieh auf dem fruchtbaren Boden ebenso gut das Unkraut, und er sah überall junge Mohnpflanzen und Wicken, Kornblumen und Disteln, die dem Getreide den Raum streitig machten. Friannius bückte sich und griff sich eine Handvoll Erde.

»Sehr gut!« lobte er, denn der Boden war locker und krümelig, und trotz seiner Feuchtigkeit vom gestrigen Regen nicht verklebt wie die tonhaltigere fette Erde unten am Bach, der in vergangenen Zeiten oft seinen Lauf geändert und auf breiter Fläche Lehm abgelagert hatte.

Als sie sich langsam auf den Rückweg machten, sagte Friannius unvermittelt:

»So, und du möchtest nicht auf dem Hof bleiben.«

Er blieb stehen und wandte sich seinem Neffen zu, der ihn beinahe erschrocken anblickte, aber nicht gleich antwortete. Friannius, der dies als Zustimmung wertete, fuhr freundlich fort: »Du könntest mit mir kommen.«

Haldavo senkte den Blick, stieß mit dem Fuß nach einem Stück Holz und fragte vorsichtig: »Du hast mit meinem Vater darüber gesprochen?«

»Ja. Ich habe deinem Vater gesagt, daß ich dich gut brauchen könnte. Es hat noch keinem geschadet, sich in jungen Jahren in der Welt umzusehen.«

Als Haldavo darauf immer noch nicht einging, fügte Friannius hinzu: »Oder hast du keine Lust?«

Er sah, wie der Junge auf seine Hände blickte und unentschlossen mit den Fingern nestelte. Er mußte also anderes im Kopf haben. Vorsich-

tig fuhr er fort: »Du kannst mir nichts vormachen, mein Junge. Du und dein Vater, ihr ... ihr paßt nicht gut zusammen. Sehe ich das richtig?«
Haldavo nickte zweimal: »Ich ... Er nörgelt den ganzen Tag an mir herum. Ich kann ihm nichts recht machen.«
»Und dein Bruder?«
»Der hält sich da raus.«
Friannius wurde geradezu instinktiv von großem Mitgefühl für den Jungen ergriffen, obwohl er im selben Augenblick wußte, daß Freiatto, der Vater, allen Grund hatte, die Entwicklung des Jungen kritisch zu sehen, weil dieser in keiner Weise dem entsprach, was man sich unter einem zukünftigen Bauern vorstellte.
»Du würdest zwar gerne mit mir in den Süden kommen ...«
Haldavo nickte.
»... aber nicht unbedingt, um bei mir zu lernen, wie man Bauer wird. – Sehe ich das richtig?«
Wieder nickte Haldavo, der zugleich registrierte, daß sich der Bruder seines Vaters auch in der Sprache weit von seiner Herkunft entfernt hatte: »Sehe ich das richtig?« – Eine solche Frage käme dem Vater nie über die Lippen.
Sie gingen langsam weiter, blieben aber immer, wenn das Gespräch einen wichtigen Punkt erreichte, stehen, damit sie sich beim Reden anschauen konnten; und allmählich streifte Haldavo seine scheue Zurückhaltung gegenüber dem Onkel ab.
»Sag mal«, fuhr Friannius fort, »du willst zwar weg hier, aber du willst nicht auf einen andern Hof?«
»Nein.«
»Aber du willst weg?«
»Ja, Oheim. Du bist ja auch früh weggegangen!«
Friannius sah durch den andern hindurch und erkannte schemenhaft einen anderen Jungen von vierzehn Jahren, den es auch nicht hier am Platz gehalten hatte. Aber da war ein großer Unterschied! Er sprach es aus:
»Aber da war ein großer Unterschied ...« Er bemerkte, daß der Junge den völlig aus dem Zusammenhang gerissenen Satz nicht einordnen konnte, lachte kurz auf und erklärte mit einer gewissen Forschheit: »Tja, der Unterschied war, daß mein Vater ein ehemaliger Soldat war!

So wie auch ich nun Bauer werde, nachdem ich fünfundzwanzig Jahre in der Armee des Kaisers gedient habe.«
Sie sahen sich an, und Friannius erkannte, wie sich die ganze innere Unruhe des Jungen in seinen dunklen Augen spiegelte. Er konnte sich nicht mehr genau erinnern, ob es ihn damals auch so umgetrieben hatte; und während er das schöne Gesicht von Haldavo betrachtete, ging ihm auf, daß dieser Fall hier anders lag. Der Junge war nicht zum Bauern geboren. Vielleicht auch nicht zum Soldaten, der Jahr für Jahr, Monat für Monat, Tag für Tag seine im Grunde immer gleichen Dinge tat, denn Haldavo würde das nicht durchhalten. Von wem hatte er das nur? Weder der Vater noch der Großvater zeigten auch nur die Spur einer Ähnlichkeit in diesen beunruhigenden Dingen. Das konnte nur von der mütterlichen Linie stammen, obwohl auch und gerade Aiva fest in sich ruhte. Aber deren Vater war vielleicht anders gewesen. Man hatte ihn nicht mehr kennengelernt. Er war früh an einer Fieberkrankheit gestorben. – Schließlich stellte er, wie abschließend, um zu einem Ergebnis zu kommen, die Frage:
»Und was willst du eigentlich?«
»Weg! Ich will weg von hier!« Als er das sagte, nein hervorstieß, hatte sich sein Gesicht verändert, da war plötzlich Haß. Friannius erschrak einen Augenblick lang vor der Intensität dieses Gefühlsausbruchs, und er konnte sich nicht erinnern, selbst damals in ähnlicher Weise mit einem nahen Verwandten gesprochen zu haben – falls es ihn denn überhaupt als Gesprächspartner gegeben hätte. So brachte er nur ein kurzes »Hm ...« hervor, das Verständnis ausdrücken sollte und in Wirklichkeit sein Unvermögen verdeckte, dem Jungen helfen zu können. Daß er ihn nicht mit in den Süden nehmen würde, war ihm während des kurzen Rundgangs schnell klar geworden. Ebensowenig bot sich an, ihn zur Armee des Kaisers zu schicken. Aber das war, trotz allem, eine andere, noch offene Frage. Typen wie Haldavo konnten, wenn sie nur die notwendige Disziplin aufbrachten, bis zum Optio*, ja bisweilen zum Centurio* aufsteigen. Es war die Ochsentour, setzte Ehrgeiz und eisernen Willen voraus.
Das alles dachte er, aber er sagte kein Wort. So gingen sie schweigend zurück zum Hauptgebäude. Als sie um den nördlichen Vorbau bogen, sahen sie, daß ein großer beladener Wagen vorgefahren war.

Im Hause des Iustus

I

»Wer ist das?« fragte Friannius.
»Iustus! Marcus Lollius Iustus aus der Stadt.« Er meinte die CCAA.
»Kommt er regelmäßig?«
»Ja. Seit Jahren schon.«
»Was bringt er?«
»Vieles. Vor allem aber Salz.«
Friannius nickte. Salz war bisweilen wichtiger als Gold und Geld. Mensch und Vieh brauchten es gleichermaßen. Es kam von der Nordsee, wo es aus dem Meerwasser gewonnen wurde. Aber Iustus' Angebot schien sich nicht auf den Salzhandel zu beschränken, denn auf dem Wagen türmten sich alle möglichen Dinge, Fässer, Krüge, Säcke, Kisten, Bündel und Hölzer.
Als er näherkam, entdeckte Friannius hinter dem mit Ochsen bespannten Leiterwagen einen zweiten, zweirädrigen Reisewagen. Von der Begleitmannschaft keine Spur. Wahrscheinlich waren sie drinnen und durften etwas essen und trinken.
So war es. Als sie eintraten, fanden sie den Händler am Tisch, dem Bauern gegenüber, der von Aiva wieder in eine wärmende Decke verpackt worden war, obwohl es ihm, dem Aussehen und der festen Stimme nach, besser ging als gestern. Die beiden Knechte saßen abseits ihres Herrn in der Nähe des Eingangs, knabberten an Käse- und Brotstücken herum und tranken dazu kühles Brunnenwasser.
»Ah, da ist er ja!«
Iustus war es, der auf geradezu emphatische Weise den Kopf hob, die Augen aufriß und Friannius wie einen alten Freund begrüßte, obwohl sie einander noch nie gesehen hatten. Friannius schloß daraus, daß der Mann mit dem Bruder über ihn gesprochen hatte. Haldavo war etwas im Hintergrund geblieben, nicht nur, weil er selbst nicht angesprochen worden war, sondern weil es seine Art war, sich zunächst zurückzuhalten und alles Neue aus dem Hintergrund genau zu beobachten. Er kannte Iustus seit seiner Kindheit; der Händler gehörte zum Kreis

der ihm am besten bekannten Personen. Um ihn war stets eine sonderbare Art von Aufgeregtheit. Sie ging natürlich von ihm selbst aus, doch jeder, der mit ihm zu tun hatte, empfand es als angenehm, weil Iustus dem anderen das Gefühl vermittelte, nur seinetwegen sei er so aus dem Häuschen. Da er noch nie einen Handelspartner oder Kunden übers Ohr gehauen hatte – bei der Konkurrenz kam dies öfter vor –, wurde diese Ehrlichkeit stets im Zusammenhang gesehen mit seinem jovialen Wesen. Man konnte sich einfach nicht vorstellen, daß Iustus zu einem Betrug fähig sei. Sein Optimismus wirkte ansteckend, und jeder, mit dem der Mann geschäftlich zu tun hatte, dachte gerne an ihn zurück und hörte noch lange sein lautes Lachen oder Kichern, denn er beherrschte beides.

»Ah, der Haldavo!« Das ging an ihn, und der Junge wurde aus seinen kritischen Gedanken gerissen. Es folgten die üblichen Bemerkungen über sein neuerliches Wachsen und Gedeihen, und alle andern nickten beifällig lächelnd dazu, selbst Freiatto, der Vater, aber bei ihm war es nur kurz, dann kehrte die alte Verdrossenheit in seine Mundwinkel zurück.

Nach einem kurzen Hin und Her zwischen Iustus und Friannius über das bessere Wetter und das gegenseitige Befinden wandte sich Freiatto an den Bruder mit der Bitte, beim Ab- und Verladen der Dinge draußen aufzupassen. Atto sei ja nicht da, aber Haldavo wisse, wohin die Dinge kämen.

So gingen Friannius und Haldavo zusammen mit den Knechten und Iustus zum Wagen und das Entladen nahm einige Zeit in Anspruch, weil die Dinge, die man brauchte, manchmal unter anderen versteckt lagen, so daß man Teile der Ladung auf den Boden bringen mußte. Dabei schimpfte Iustus lauthals und verwünschte diesen und jenen seiner heimischen Knechte, nannte sie beim Namen und drohte ihnen die furchtbarsten Strafen an, weil sie die Ladung falsch verstaut hatten; dabei wiederholte er mehrfach den Satz: »... muß ich, der ich im Rat der Stadt sitze, dieses mir gefallen lassen?«

Haldavo sah, wie die beiden Knechte einander einen kurzen Blick zuwarfen und mit zusammengekniffenen Lippen grinsten. Aus all dem schloß er wieder einmal mehr, daß Iustus, selbst wenn er schimpfte, sich gerne theatralisch in Szene setzte. – Und es war bezeichnend für den Reifegrad des Jungen, daß er mit vierzehn solcher Gedanken fähig war, die kaum einer – allenfalls der kluge Friannius – in ihm vermutet hätte.

Und in diesem Augenblick kam es Friannius an, Schicksal zu spielen. Die Gelegenheit schien ihm günstig, zumal sie außer Hauses waren. Während die Knechte, unterstützt von Arbeitern des Hofes, mit den Kisten, Ballen und Säcken beschäftigt waren, trat Friannius neben Iustus, machte ein paar lobende Bemerkungen über die Sachen, doch dann wandte er sich ihm frontal und ernst zu:

»Wie ich höre, vergrößert sich dein Geschäft von Jahr zu Jahr ...«

»So ist es, Friannius, und man weiß nicht, wie man alles im Auge behalten soll. Besonders diese Lumpen von Sklaven im Lager! Es fehlt an zuverlässigem Personal, auf das man sich ...«

»Genau!« stimmte Friannius zu und nickte. »Kenne das ...« Er ließ offen, woher, aber das war unwichtig. »Du kannst dich auf keinen mehr verlassen ...«

»Wem sagst du das!« rief Iustus und breitete beide Arme aus. »Es fehlt an zuverlässigen Leuten! Besonders schlimm, wenn du keinen Sohn hast! Und ich habe keinen Sohn!« Einen Augenblick lang wurde sein Gesicht so traurig, daß Haldavo, der alles aus der Nähe verfolgte, befürchtete, er werde nun wirklich vor Selbstmitleid eine Träne drücken; doch Iustus war ein Meister der Selbstinszenierung, hatte das Mitgefühl des anderen geweckt und konnte abschließend hinzufügen:

»Es bleibt dir also nichts anderes übrig, als ...« Der Rest war ein langer Seufzer, verbunden mit einem Blick zum Himmel.

Friannius nickte dazu, seufzte seinerseits ein »Ja ja ...«, doch dann kam er zur Sache:

»Ich kenne jemand, der wohl gerne bei dir arbeiten würde – und auf den du dich verlassen könntest.«

»Wie? – Solche Leute gibt's doch gar nicht mehr. Zu meiner Zeit ...«

»Doch doch«, beharrte Friannius und schaute einen Augenblick zu Haldavo hin, wie um sich zu vergewissern, ob es in dessen Sinne sei. Er sah, wie Haldavo aufmerkte und hellwach auf das, was nun kommen konnte, achtete.

»Der Junge ist vierzehn! Aufgeweckt! Schnell im Erfassen der Dinge, auf die es ankommt.«
Iustus bemerkte, wie des Friannius Blick zwischen ihm und dem Jungen hin und her ging, und da begriff er:
»Wie? – Du meinst am Ende ...« Er starrte Haldavo an, zwinkerte mehrmals und erklärte schließlich: »Ich denke, er hat hier seinen Platz!?«
»Na, dann frag' ihn doch selbst!« fuhr Friannius fort, und Iustus fixierte daraufhin mit zusammengekniffenen Augen den Jungen, hob nachdenklich die rechte Hand ans Kinn und rieb seinen Stoppelbart.
»Stimmt das, was dein Oheim da von sich gibt?« Und als Haldavo nicht gleich antwortete: »Ich meine, ist das auch der Wunsch deines Vaters? Ohne das Einverständnis deines Vaters geht das natürlich nicht!«
Statt direkt zu antworten, kam Haldavo mit einer Gegenfrage: »Würdest du mich denn mitnehmen?«
»Ob ich dich ...?« Iustus schluckte und klatschte in die Hände.»Ja, selbstverständlich! Aber dein Vater ...«
»Laß das mal meine Sorge sein«, beruhigte ihn Friannius. »Ich werde mit seinem Vater reden. Noch heute. – Wann brichst du auf?«
»Wenn wir hier fertig sind. Ich fahre mit dem schnellen Wagen voraus. Er könnte gleich mitkommen.«
»Gut, ich kümmere mich darum.« Und ohne zu zögern ging Friannius ins Haus.
Haldavo blieb äußerlich vollkommen ruhig, kümmerte sich um die Dinge, die in den verschiedenen Vorratsräumen oder Erdkellern verstaut werden mußten, und er hörte, wie Iustus, wenn er in dessen Nähe kam, sprach, als ob er laut dachte: »Gar nicht schlecht, nicht schlecht. Darauf wäre ich nicht gekommen. Aber das letzte Wort hat sein Vater ...«
Wenige Augenblicke später wurde Haldavo ins Haus gerufen. Aufrecht schritt er zur Tür, und Iustus hielt in seiner Tätigkeit inne, um ihm mit den Augen zu folgen. Der aufrechte Gang des schlanken Jungen gefiel ihm. Er hatte Stolz. Er redete nicht viel. Einen solchen Sohn hatte er sich früher gewünscht. Vielleicht war er ein Glücksfall. Da mußte dieser Friannius kommen, ein Fremder, um ihn auf den Jungen

aufmerksam zu machen. Stammte aus einer guten Familie. Die Attier* gehörten zu den Ersten, die hier nach dem Untergang der Eburonen siedelten. Und dieser Friannius, der Bruder des Bauern, war ein erfahrener Mann! Ehemaliger Soldat! Kannte die Welt der Römer! Hatte wahrscheinlich gute Beziehungen, die man irgendwann nutzen konnte. Und je länger er über den Vorschlag nachdachte, um so besser gefiel er ihm.

II

Als Haldavo die große Halle des Hauses betrat, schauten ihm drei Personen gespannt entgegen: die Mutter, sichtlich erregt über die möglicherweise bevorstehende Trennung von ihrem Liebling; der Vater, kritisch und ernst; Friannius, gelöst, mit einem leichten Lächeln um die Mundwinkel, das soviel sagte wie »Siehst du! Es hat eine gute Wendung genommen«.

Der Vater saß am Tisch, die Mutter neben ihm, und Friannius setzte sich auf die andere Seite.

»Komm näher!« befahl Freiatto, und Haldavo gehorchte, ließ seinen Blick dabei nicht vom Auge des Vaters. Er würde jetzt reden, denn es war Sache des Vaters und Familienoberhauptes, in der Angelegenheit Fragen zu stellen, seine Meinung dazu zu sagen und am Ende eine Entscheidung zu fällen. Schon begann er, und Haldavo meinte einen bisher noch nie gehörten warmen Ton in der Stimme des Vaters zu entdecken:

»Ich habe soeben mit deinem Oheim, meinem Bruder, gesprochen. Er ist der Meinung, daß es gut für dich ist, wenn du in der Stadt einen Beruf lernst. Ein guter Bauer wirst du nie werden.« Das klang hart, war aber, gemessen an sonstigen Äußerungen des Vaters, nicht so gemeint; es war einfach eine nüchterne, sachliche Feststellung, so wie er auch über ein Pferd sagen würde, es werde nie ein gutes Reitpferd.

»Du wirst also mit meiner Erlaubnis in die Stadt ziehen und bei dem ehrenwerten Marcus Lollius Iustus eine Bleibe finden. Vergiß nie deine Herkunft! Gedenke immer deiner Ahnen und halte ihr Andenken in Ehren! Bleibe ehrlich und sei fleißig, denn nur dies findet

Gnade vor den Göttern. Ich werde mich zu gegebener Zeit bei Iustus erkundigen, ob er mit dir zufrieden ist. Du wirst noch heute, wenn Iustus hier seine Arbeit getan hat, mit ihm ziehen. Mögen die Götter dich beschützen!«
Da sprang seine Mutter Aiva auf und stürzte zu ihm, umarmte ihn und streichelte seinen Kopf. Er spürte, wie ihre Tränen seine Wangen näßten, und einen Augenblick lang gab auch er sich dem Schmerz der bevorstehenden Trennung hin. Friannius aber, nachdem die Mutter zurückgetreten war, um sich zu fassen, kam nahe heran, packte Haldavo bei den Schultern und sah ihn optimistisch an:
»Jeder ist seines Glückes Schmied! Auch du! Ich weiß, daß du's zu was bringen wirst! Kopf hoch! Laß dich nie unterkriegen! Du schaffst das!«
Und seltsam, als Haldavo mit vom Weinen geröteten Augen in das harte Gesicht des Oheims blickte, meinte er darin einen Zug zu entdecken, der dem seinen sehr verwandt war, und deutlich hatte er das Empfinden, als ob da heimlich und unausgesprochen in den Augen des klugen alten Soldaten stand: Könnte ich noch mal von vorne anfangen, dann würde ich's so wie du machen!
Zwei Stunden später saß Haldavo neben Iustus auf dem Bock des schnellen zweirädrigen Reisewagens. Das wenige Gepäck war auf der kleinen Fläche des Kastens verstaut. Lange winkte Aiva dem Wagen nach, bis er hinter einer Wegbiegung auf der Höhe des Vorgebirges verschwunden war.

III

Wie Friannius es vorausgesehen hatte, lebte sich Haldavo in den folgenden Tagen und Wochen schnell in seine neue Welt ein. Das Haus des Iustus lag gleich hinter der Ostmauer, die das Hafengelände von der Stadt trennte, etwa auf halbem Wege zwischen Praetorium und Capitol, nicht weit entfernt vom mittleren Hafentor. Wie günstig diese Lage war, erfuhr er sehr bald am eigenen Leibe, da er oft zwischen den Lagerhallen auf der Rheininsel und der Wohnung und den Kontorräumen hin und her zu eilen hatte, um wichtige Aufträge und dergleichen von einem Ort zum anderen zu befördern.

Das städtische Haus des Iustus war Teil einer langgestreckten insula*, die sich parallel zur Mauer hinzog. Sehr bald schon machte er sich an die Entdeckung der Stadt, streifte durch die nahen und entfernteren Straßen und begriff sehr schnell den topographischen Aufriß der Metropole: Die beiden Hauptstraßen, *cardo maximus* und *decumanus maximus,* schnitten das umwehrte Areal der Stadt in vier ungleich große Quartiere. Untergeordnete kleinere Straßen teilten das gesamte Stadtgebiet netzartig in nahezu regelmäßige Baublöcke, die insulae. Beide Hauptachsen, auch viele der Nebenstraßen, hatten Laubengänge, die ebenso vor starker Sonneneinstrahlung wie vor lang anhaltendem Regen schützten. Die beiden Hauptstraßen waren seit kurzem mit Säulenbasalt gepflastert, die Nebenstraßen wurden immer wieder mit Kies neu aufgeschottert. Trotz der nahezu rechtwinklig geführten Fluchten erschien das Straßenbild nicht uniform und eintönig, da die unterschiedlich hohen Giebelzonen und ebenso die den Einzelgebäuden der insula zugeordneten Portiken verschieden gestaltet waren. Bald schon erfaßte er, daß das innerstädtische Gefüge durch das Raster der Straßen planmäßig vorgezeichnet war und daß sich an dieser wohlüberlegten Ordnung die öffentliche wie die private Bebauung auf mehr als 70 insulae orientierte. Ein Großteil der Grundstücke, die bebaut waren, gehörten zum öffentlichen Besitz, und der Schwerpunkt dieser Areale lag in der Zone zwischen dem Cardo und der Hafenseite. Von Iustus erfuhr er, daß man in diesem Gebiet keine Erlaubnis mehr zum Bau privater Häuser erhalten konnte, und der Händler erklärte es mit dem Stolz dessen, der sein Haus noch erworben hatte, als diese Reglementierung noch nicht so strikt galt. Haldavo lernte bald, daß die Adresse seines Dienstherrn in der Stadt einen guten Klang hatte, etwa wenn jemand, dem er die Lage des Hauses beschrieb, unter hochgezogenen Brauen ein anerkennendes »Ah, ist das nicht in der Nähe des Praetoriums!« äußerte.
Die Bauten des Forums beherrschten die Stadtmitte im Schnittpunkt der Hauptachsen; Tempel, Verwaltungsgebäude und der Amtssitz des Statthalters schlossen zur Rheinseite an. Wenn hier oder dort bauliche Veränderungen vorgenommen wurden, hatten sich die Bauherren strikt an die gegebenen Grundstücksgrenzen zu halten.
Bei seinen Gängen durch die Stadt stellte er sehr bald fest, daß die

Wohnviertel der besseren, der betuchten Leute sich durchweg im Norden und Westen befanden. Dort erhoben sich auch vereinzelt schon zweistöckige Häuser. Der Reichtum der Besitzer zeigte sich aber besonders dort, wo man über genügend große Flächen zur Bebauung verfügte, und die an solchen Plätzen wohnenden Familien gaben ihrer Reputation Ausdruck durch die großflächige Anlage einer villa urbana, die durchaus bis zu 20 Räume umfassen konnte. Aber das prunkvolle Innere eines solchen Hauses sollte er erst Jahre später kennenlernen.
Inmitten der Stadt, am Schnittpunkt der beiden Hauptachsen Cardo und Decumanus, lag das Forum, das eine Fläche von sechs insulae einnahm. Seine Westseite wurde von einer monumentalen ringförmigen Säulenhalle eingefaßt. Dort befand sich auch das bedeutendste Heiligtum der Stadt, die weithin berühmte *Ara Ubiorum*, der Altar der Ubier, dem die Kolonie ihren Namen zu verdanken hatte: *COLONIA CLAUDIA ARA AGRIPPINENSIUM*. Was er bedeutete, erfuhr Haldavo erst im Laufe der Zeit, als er auch lateinisch zu reden und zu schreiben gelernt hatte. Nicht weit entfernt lagen die Thermen, und ihre Lage orientierte sich an der Fallinie der Fernwasserleitung aus der Eifel, die südlich des großen Westtores die Stadt erreichte.
Anfangs beeindruckte ihn am meisten die Mauer, die mit einer Länge von etwa 12 000 Fuß* in einem unregelmäßigen Parallelogramm die Stadt umfaßte. Sie folgte genau den topographischen Gegebenheiten am Rande des Plateaus, auf dem die Siedlung angelegt worden war. Nur die Ostseite lag tief in der Rheinaue, nahe der Wasserfront des Rheinarms, der den Hafen bildete. In unregelmäßigen Abständen wurde das Bollwerk durch 19 Türme unterbrochen, die im Abstand zwischen 240 und 450 Fuß aufeinander folgten.
Neun Tore waren in den Mauerring eingefügt, und sie beeindruckten Haldavo ungemein, besonders die drei, die im Norden, Westen und Süden den Hauptachsen der Stadt die Richtung wiesen, denn wie Triumphbögen besaßen sie drei gewölbte Durchgänge; der mittlere große wurde von zwei seitlichen kleineren flankiert. Diese gewaltigen zweigeschossigen Anlagen beeindruckten Haldavo so sehr, daß er minutenlang davorstehen und sie betrachten konnte. Ihn faszinierte das Zusammengehen von Stärke und architektonischer Schönheit,

ohne daß er damals schon in der Lage gewesen wäre, dies in Worten auszudrücken, aber es überkam ihn ein mächtiges, großes Gefühl, wie er es zuvor nie gekannt hatte; abends, vor dem Einschlafen, konnte er das herrliche aufgehende Gemäuer mit seinen Gewölben, Fenstern, Höhlungen, Schießscharten vor sich sehen, und dann empfand er es sehr deutlich, daß diese Tore und ihre Mauerzüge ihn schützend umgaben, und er fühlte sich einige Augenblicke lang sehr geborgen. Haldavo war wißbegierig; er konnte stehenbleiben, wenn irgendwo das Straßenpflaster erneuert wurde, und den Leuten sachliche Fragen stellen, die sie, wenn sie sein ernstes Gesicht sahen, durchaus genau und sachkundig beantworteten. So erfuhr er auch alles Wesentliche über die gewaltige Wasserleitung, welche die Stadt täglich und stündlich mit frischem Quellwasser aus der fernen Eifel versorgte. Zwar hatte er ihren hohen und langen Aquädukt vom Hof aus täglich vor Augen gehabt, denn die Bögen überspannten, aus dem Tal der Arnefa kommend, die südlichen Ausläufer der großen Bucht, überquerten dann das Vorgebirge, an dessen Osthang entlang das Wasser nach Norden bis zur CCAA geführt wurde. Sechsundvierzig Meilen betrug die gesamte Strecke, die das Wasser in gleichmäßigem Gefälle zu Tal floß; doch erst hier, wenige Schritte neben dem großen Westtor, ging ihm auf, was für eine ungeheure technische Leistung dahintersteckte, das Wasser fast gegen die Natur zum Nutzen der Menschen dieser Stadt in eine Bahn zu zwingen.
Nicht weniger beeindruckte ihn die Beseitigung des Schmutzwassers. Hatte er bisher auf dem Hof die Erfahrung gemacht, daß man vollkommen von den verschiedenen Wetterlagen abhängig war und an regnerischen Tagen am besten nicht vor die Tür ging, weil man schon nach wenigen Schritten außerhalb der gekiesten Wege im aufgeweichten Boden versank, so erfuhr er hier, daß das verbrauchte und verschmutzte Wasser ebenso nach dem Willen des Menschen seinen Weg zu nehmen hatte wie das zufließende frische. Nach Norden, Westen und Süden wurden die Abwässer in den Stadtgraben, im Osten in das Hafenbecken eingeleitet. Aber diese Ströme zirkulierten unterirdisch, unter den Straßen, und nur an wenigen Tagen bei besonderer Wetterlage konnten aus der Tiefe unangenehme Gerüche aufsteigen; meist war die Luft frei vom Gestank der Abwässer. All diese

Dinge erfuhr er durch eigenes Anschauen und höfliches Fragen, und er nahm in diesen Wochen mehr in sich auf als in den Jahren seines vorherigen Lebens.
Am schnellsten und gründlichsten lernte er das Areal östlich der Stadt, den Rheinhafen und die vorgelagerte Insel kennen. Unmittelbar vor der Stadtmauer war, im Abstand von einer Wagenlänge, eine Kaimauer aus Holzpfählen errichtet; sie säumte eine Hafenrinne von etwa 150 Fuß Breite, die auf der gesamten Länge durch die vorgelagerte Insel über eine Strecke von mehr als einer halben Meile* gebildet und zugleich geschützt wurde. Wie er von älteren Leuten erfuhr, war die Insel ursprünglich eine Sand- und Kiesanschwemmung im Rhein gewesen, die schon vor hundert Jahren als Stapelplatz benutzt worden war. Und staunend hörte er zu, wenn der alte Segimerus – wir werden ihn gleich näher kennenlernen – erzählte, daß das gesamte Steinmaterial der großen Mauer und ihrer Tore und Türme hier angelandet worden war. Mittlerweile war auch die Insel mit Stapelhallen, Werften, Speichern und Kontoren bedeckt. Der Boden war mit Sand- und Kiesanschüttungen erhöht und planiert worden, um so über dem mittleren Hochwasser zu liegen. Ringsherum wurde der wohlgeordnete und systematisch gegliederte Platz von einer übermannshohen Mauer umschlossen, und in das Innere gelangte man durch mehrere breite Zugänge, die gleich neben stabilen Holzbrücken lagen, über die man auch schwerste Lasten auf Wagen und Ochsenkarren zum Areal vor der Mauer transportieren konnte.
Schon bald kannte Haldavo jeden Winkel auf der Insel und auf den Kais am Ufer; er wußte, wo der kürzeste Weg von hier nach dort war und hätte einem Fremden durchaus als Führer durch Stadt, Hafen und Umland dienen können.

IV

Bei der Fülle der neuen Eindrücke, die in den ersten Tagen und Wochen auf ihn einstürmten, verschwand sehr schnell jener Rest von Trauer, den er beim Weggang von zu Hause empfunden hatte; und wenn er ehrlich zu sich selbst war – und er war es immer –, dann wußte er, daß es eigentlich nur die Mutter gewesen war, die ihm das gegeben hatte, was man Heimat und Geborgenheit nennen konnte; Vater und Bruder hatten nie einen wichtigen Platz in seinem Denken eingenommen, denn beide waren verschlossene Menschen, nicht fähig, auf die Interessen und Begabungen anderer einzugehen. Jetzt, nachdem er ihn kennengelernt hatte, bedauerte er, daß er seinem Oheim Friannius nicht schon früher begegnet war. Sie hätten sich gewiß gut verstanden.

Solche Gedanken gingen ihm oft kurz vor dem Einschlafen durch den Kopf. Aber meist war er so müde von der Arbeit und den Anstrengungen des Tages, daß er schon nach wenigen Augenblicken in tiefen Schlaf fiel. Dies war eine seiner Stärken: daß er, selbst unter größter seelischer Belastung, den zur Regenerierung nötigen Schlaf fand. Später, als man seine Macht und seinen Einfluß fürchtete, wurde dies von anderen, die ihm ausgeliefert waren, als Gewissenlosigkeit, Gleichgültigkeit oder Kälte ausgelegt. Dabei war es einfach seine Natur. Und er war den Göttern dankbar dafür.

Es war ganz anders gekommen, als er es sich vorgestellt hatte. Iustus, ein vielbeschäftigter Mann und oft außer Hauses, hatte sich nur am ersten Tag die Mühe gemacht, Haldavo in seinen neuen Tätigkeitsbereich einzuweisen. Wie es seine Art war, verlor er sich dabei in allgemeinen Erörterungen.

Deutlich spürte Haldavo, wie wichtig es für Iustus war, daß andere seinen Aufstieg zum erfolgreichen Händler zur Kenntnis nahmen und würdigten. Später, als er selbst die Fäden in der Hand hielt, erkannte er, daß Iustus im Grunde seines Wesens ein Kind geblieben war; bei allem geschäftlichen Erfolg hatte er die innere Unrast seiner frühen Jahre nicht abgelegt. Doch zu diesem Zeitpunkt, da alles Neue und Fremde täglich fordernd vor ihn hintrat, sah er in Iustus nur den vielseitigen, angesehenen und potenten Geschäftsmann, der über zahlreiche Verbindungen in alle Himmelsrichtungen, auch jenseits des Rheins, verfügte.

In diesen ersten Tagen im Hause des Marcus Lollius Iustus erging es Haldavo wie jedem, der unvermittelt in eine neue, fremde und darum verwirrende Welt gerät. Das Haus, die Räume und alle Dinge besitzen einen seltsamen Reiz, sie scheinen ein Eigenleben zu haben, als ob sie sich zunächst jedem Kontakt sperrten. Die spätere Erinnerung an den ersten Tag in der fremden Umgebung ist stets eine andere als die an die folgenden Wochen, Monate und Jahre. Es ist, als ob wir am ersten Tage mit Augen der Seele das Neue schauen und an den Dingen Züge festzustellen meinen, deren Existenz uns später nie mehr in den Sinn kommt. Es gibt nur ein Wort dafür, das den Charakter dieses einen Tages trifft: magisch! Die neue Welt wirkt magisch auf den Eindringling. Und wir sind besonders in jungen Jahren empfänglich für diese unsichtbaren Kraftfelder, für diese nicht in Worte zu fassenden Dialoge ohne Sprache, die zwischen den Gegenständen und dem Betrachter hin und her gehen.

Doch schon am ersten Morgen setzt die Erinnerung ein; Türen und Gänge werden vertraut, abgenutzte Türschwellen und Griffe, gesprungene Holzrahmen oder Deckenbalken, quietschende Angeln und knarrende Stufen, der Geruch der Öllampen oder der gefirnißten Balken, dies alles gab jedem Raum, jedem Winkel des Hauses einen Charakter – und dies zu erkennen beruhte bereits auf einem Akt der Erinnerung, setzte einen gewissen Bekanntheitsgrad voraus. Das stetig sich wandelnde Licht des Tages schuf jeder Nische ihre unverwechselbare Atmosphäre; das Rot, Grün und Ocker des gemalten Rankenwerks an den Wänden prägte sich bei jedem Vorbeigehen tiefer ein. Binnen weniger Tage kannte er jeden Winkel der großräumigen Anlage von Haus, Kontor und Stapelräumen.

Der Eingang lag an der Straße hinter dem östlichen Maueranger, und er liebte es, abends auf den Wehrgang zu steigen und von dort aus das gesamte Areal des Hafens zu überblicken, wo die Ruhe erst kurz nach Sonnenuntergang einkehrte. Dann wurde er von Fernweh ergriffen; es war ähnlich dem Gefühl, das ihn überkam, wenn er an klaren Herbstabenden von der Höhe des väterlichen Hofes weit nach Westen über die Berge der Eifel blickte. Dahinter lag das große Gallien, und von dort aus war es nicht weit nach Rom. Er stellte sich Rom seltsamerweise immer im Westen vor. Später ging ihm auf, daß er eine völlig falsche Vorstellung hatte, dennoch erinnerte er sich immer gerne daran, denn das Fernweh war verbunden mit dem Willen zu großen Taten. Von kleinauf fühlte er sich berufen, aus dem kargen bäuerlichen Leben seiner Väter auszubrechen und aufzusteigen in eine andere, weiträumigere, freiere Welt. Wie sie am Ende beschaffen sein könnte, dies sich vorzustellen ging über seine Einbildungskraft; doch das tiefe Empfinden, berufen zu sein, blieb in ihm, ja wuchs von Jahr zu Jahr. Nie hatte er mit jemandem darüber gesprochen. Mit wem sollte er auch! Es war das große Geheimnis, das er mit sich selbst herumtrug. Der einzige Mensch, dem er zutraute, daß er irgendeinmal in seinen frühen Jahren ähnliche Empfindungen gehabt haben könnte, war Friannius. Auch er war ausgebrochen. Freilich kehrte er nun, nachdem er seine Erfahrungen wie seine Narben gesammelt hatte, in den Bereich der Väter zurück – und wurde wieder Bauer. Aber er, Haldavo, war sich vollkommen sicher, daß Friannius, als er so alt wie er selbst war, ähnlich gedacht hatte. Freilich, die Menschen gingen immer auf Sicherheit aus. Alles, was sie taten, erstrebten, zustande brachten, diente nur dem einen Zweck, vor den Umschwüngen des Schicksals und den Launen der Götter so sicher wie möglich zu sein. Diesem Ziel ordneten sie alles unter.

Sein wacher Geist hatte gerade diesen Zug bei vielen Menschen aus der Umgebung seines Vaters festgestellt, wie ja gerade auch Freiatto selbst nach dieser Maxime arbeitete, plante und lebte. Und auch an Iustus meinte er schon bald diese Grundhaltung ausmachen zu können: zwar gab sich der agile Mann vielseitiger, aufgeschlossener und raumgreifender im Radius seiner Geschäfte, doch in diesem einen wesentlichen Punkt glich er allen andern, denn er suchte Sicherheit, Ruhe, Unangreifbarkeit.

Haldavo machte die für sein Alter ungewöhnliche Beobachtung schon nach wenigen Wochen: All diese Menschen hatten neben dem Drang nach sicheren Lebensumständen ein weiteres gemeinsam, sie scheuten jegliches Risiko, das eben dieses Ziel und sein Erreichen gefährden konnte. Niemals hätte sein Vater etwas in Angriff genommen, dessen Ergebnis aufgrund mehrerer Möglichkeiten fragwürdig wäre; und der Zukauf des Landes auf der Höhe bedeutete kein Risiko, im Gegenteil, die vergrößerte Anbaufläche auf besserem Boden verringerte das Risiko der Fehlernten durch Hochwasser und Nässe erheblich.

Ähnliches beobachtete er schon nach wenigen Wochen an Iustus.

Sie waren zu dritt im Lager beim Stapeln, Packen, Sortieren und Kontrollieren, denn die beiden Knechte, die mit den Wagen unterwegs waren, hatten einen anderen Status. Segimerus, der Älteste, war schon seit Gründung des Geschäftes dabei. Der Name verriet seine cheruskische Herkunft, und er war stolz darauf, von jenem Volk abzustammen, das vor fast hundert Jahren unter der Führung des Arminius die Römer auf der anderen Seite des Stromes geschlagen hatte. Im übrigen fühlte er sich selbst fast als Römer, denn er lebte seit Jahrzehnten in der Stadt. Haldavo, den solche Lebensläufe und Geschichten stets interessierten, fragte ihn nach Einzelheiten, und Segimerus gab an, vor vielen Jahren hier »hängengeblieben« zu sein, wie er sich ausdrückte; er habe Iustus auf einer von dessen großen Überlandfahrten kennengelernt, und Iustus habe ihn, nachdem er seine handwerkliche Geschicklichkeit – er war gelernter Schmied – erkannt hatte, mitgenommen und ihn angestellt; er sei nun für alles verantwortlich, was sich bewege, und das sei eine ganze Menge. Er nannte die Wagen und Karren, die Aufzüge, die verschieden großen Waagen; aber allmählich habe sich sein Aufgabenbereich ausgedehnt, und er sei so etwas wie die rechte Hand des Iustus geworden.
Haldavo schätzte ihn auf Anfang sechzig. Er faßte gleich am ersten Tag Vertrauen zu ihm, da er eine tiefe Ruhe ausstrahlte, wie sie nur von Menschen ausging, deren Seele im Gleichgewicht ist. Segimerus war es denn auch, der Haldavo bei allen neuen Dingen und Tätigkeiten genauestens und geduldig einwies. Machte er etwas falsch, pflegte er zu sagen: »Du mußt Fehler machen! Wie willst du sonst lernen, sie zu vermeiden?« Auch dieser Satz gefiel Haldavo sehr.
Haldavo sprach, als er in die CCAA kam, nur wenige lateinische Wörter, die er vom Vater oder von Händlern aufgeschnappt hatte. Daß er außerdem einen großen Teil von Wörtern benutzte, die römischen Ursprungs waren, ging ihm erst hier in der Stadt und im Gespräch mit Segimerus auf. Viele Begriffe waren schon in das Ubische, seine Muttersprache, eingegangen, und als er sich einmal daranmachte, alle ihm bekannten Wörter zu zählen, kam er auf eine stattliche Anzahl. Meist entstammten sie dem technisch mechanischen, aber auch dem baulichen Bereich, und der Gebrauch von *calx, murus, strata, fenestra* oder *porta* zeigte an, daß es sich durchweg um Begriffe handelte, die,

wörtlich übernommen, die technische Überlegenheit der Römer zeigte.
Über solche Dinge sprach er mit niemandem, auch nicht mit Segimerus, der zwar einen sehr praktischen Verstand hatte, auch wunderschöne alte Geschichten erzählen konnte, der aber nicht das wache Interesse besaß, über derlei Kompliziertheiten nachzudenken. Er benutzte die fremden Wörter wie jeder andere auf dieser Seite des Stroms, das genügte vollauf; über den umständlichen Weg ihrer Herkunft nachzusinnen war nicht seine Sache. Und wieder spürte Haldavo, daß er anders war als die andern.
Schon an einem der ersten Tage gab ihm Segimerus den guten Rat, so schnell wie möglich die Sprache der Römer zu lernen: »Das ist in diesem Geschäft besonders wichtig!«
Und er machte selbst für den Anfang den Lehrer. Er nannte ihm verschiedene Dinge, mit denen sie gerade hantierten, beim lateinischen Namen, und Haldavo mußte den ubischen nennen; dann ging es umgekehrt. Segimerus erkannte sehr schnell die hohe Intelligenz, die Neugierde auf alles, vor allem die große Lernbereitschaft des bald Fünfzehnjährigen, und so setzte er einen Teil seiner freien Zeit daran, ihn zu lehren.
»Gewöhne dir an«, pflegte er zu sagen, »wenn du auf den Markt oder zum Hafen gehst, Latein zu reden! Wenn du etwas nicht verstehst, kommst du zu mir.«
So hielten sie es denn, und Haldavos Verhältnis zu dem alten Cherusker wurde inniger, Segimerus war so etwas wie ein Ersatzvater geworden, oder besser: sein väterlicher Freund. Mit ihm konnte er alle seine Probleme besprechen, und es kam die Zeit, daß Segimerus ihn ungefragt ansprach, wenn er meinte, seinem jungen Freund liege etwas schwer auf der Seele.
Nach persönlichen Dingen zu fragen, scheute sich Haldavo. Doch aus den wenigen Andeutungen, die der Alte über sich und sein Leben machte, schloß er, daß er einmal eine Frau gehabt, die früh gestorben war. Kinder hatte er allem Anschein nach keine, denn Haldavo nahm an, daß Segimerus dann nicht hier bei Iustus arbeiten würde. Aber vielleicht steckte auch anderes dahinter, ein Familienstreit etwa. Soviel hatte er vom Leben der Menschen schon gehört, daß es in

Sippen und Familien zu Auseinandersetzungen schlimmster Art kommen konnte, die sogar Blutsverwandte auseinanderrissen und zu Todfeinden machten. Irgendwann, wenn er den Alten noch besser kannte, würde er ihn vorsichtig danach fragen. Umgekehrt stellte Segimerus auch zu seiner Herkunft und Familie keine neugierigen Fragen.

Die beiden anderen Gehilfen von Iustus waren junge Burschen Mitte zwanzig, Ubier, die – wie Haldavo von Segimerus erfuhr – durch die Beziehungen ihrer Väter diese Stelle bei Iustus erhalten hatten. Sie stammten wie er selbst vom Lande aus der Umgebung der Stadt, sprachen die gleiche Sprache wie er, nur war ihr Dialekt breiter. Ihr Latein klang unschön, und sie kannten nur einen Bruchteil der Sprache, eigentlich nur jene Wörter, die die Dinge ihres täglichen Umgangs hier in den Lagern betrafen. Alles was darüber hinausging, vermochten sie nur auf Ubisch zu sagen. Schon nach wenigen Tagen spürte Haldavo, daß er ihnen überlegen war. Sie kümmerten sich nicht weiter um ihn, und er ließ sie in Ruhe. War es von seiner Seite die Vorsicht des Skeptikers, so von ihrer das Gefühl geistiger Unterlegenheit, und ihre Zurückhaltung kam mehr vom Instinkt als aus Überlegung. Eine nicht unerhebliche Rolle mochte dabei spielen, daß sie sehr wohl sahen, wie sehr Segimerus dem Neuen von Anfang an zugetan war; um so erstaunlicher war, daß sie es dem Jungen nicht vergalten mit allerlei üblen Streichen, wie sie ansonsten in solchen Fällen praktiziert wurden. Dies wiederum kam durchaus vom Wesen des Jungen her, da er eine Art hatte, Fremde für sich einzunehmen. Im übrigen gab er ihnen nie einen Anlaß, über ihn herzuziehen oder ihn tadeln zu müssen.

Iustus hatte sehr wohl bemerkt, wie da zwischen Segimerus und Haldavo eine gegenseitige Zuneigung im Wachsen begriffen war; und er ließ die beiden gewähren, denn die Führung durch den Alten konnte sich für das weitere Fortkommen des Jungen nur vorteilhaft erweisen.

Zwei weibliche Wesen waren noch im Hause, die ältere Arvania, die dem Händler seit dem Tod seiner Frau den Haushalt führte, und Fannia, vielleicht sechzehn, nicht sehr intelligent, doch ausdauernd bei der Arbeit, und sie scheute vor keiner Tätigkeit zurück. Arvania hielt sie auf Trab, duldete tagsüber keine Muße und ließ sie auch am Abend noch spinnen oder weben.

Freimütig klärte ihn Segimerus über die Verhältnisse des Iustus auf: »Er lebt seit langem mit Arvania in einem eheähnlichen Verhältnis. Kinder haben sie keine. Wenn du gut mit Arvania stehst, kann dir keiner schaden. Aber das wird dir nicht schwerfallen ...« Dazu lächelte er schalkhaft.

Es hätte dieser Ermahnung nicht bedurft; auch so zeigte Haldavo sich Arvania gegenüber von seiner angenehmsten Seite. Sie mochte Anfang zwanzig sein. Es hieß auch, sie habe mehrere Fehlgeburten gehabt. Anscheinend konnte sie kein Kind bei sich behalten bis zur Niederkunft. Und so wie Segimerus dem Jungen gegenüber seine väterlichen Wünsche zufriedenstellen konnte, so Arvania anscheinend die mütterlichen, denn den Knechten und auch Arvania fiel schon nach einigen Wochen auf, daß Arvania im Umgang mit dem Jungen einen anderen Ton in der Stimme hatte als gewöhnlich. Wie ja auch Haldavo ihr gegenüber von einer geradezu das Ironische streifenden Freundlichkeit war, die sie nicht begriffen, nicht begreifen konnten, weil die dahinter ablaufenden seelischen Prozesse zu subtil für sie und ihre Vorstellung vom Miteinander der Menschen waren. Haldavo aber hatte eine Art sechsten Sinn im Umgang mit Frauen. Wenn er sich an bedeutende Ereignisse, Begebenheiten, Menschen seiner wenigen Jahre erinnerte, dann waren es immer Frauen, die ihm etwas Wichtiges mitgegeben. Seine Mutter, die Schwestern, eine alte Magd, hier nun Arvania, zu der er sich sehr hingezogen fühlte, und die, er entdeckte es sehr bald, auch ihn mochte. Und obwohl er ja noch beide Eltern hatte, schien sie in ihm einen armen Waisenknaben zu sehen, den man beschützen und dem man gut sein mußte.

Eine nicht geringe Rolle spielte bei dieser wachsenden Zuneigung die Freundlichkeit und Promptheit, mit der Haldavo auf ihre Wünsche einging. Sei es, daß sie beiläufig erwähnte, eigentlich benötige sie eine neue Schnalle für einen Gürtel oder eine Rolle Garn in einer bestimmten Farbe, dann sprang Haldavo, wenn er in der Nähe war, auf und erbot sich, auf der Stelle das Gewünschte in der Stadt zu besorgen. Hätte man es bei einem anderen mit Neid registriert, so blieb dem übrigen Personal nichts als sich in dieses neue Verhältnis zu schicken. Für Haldavo hatte es freilich noch den Vorteil, daß Arvania ihm nach seiner Rückkehr, wenn er das Münzgeld abrechnete, stets etwas von dem Geld zusteckte, freilich so, daß es niemand von den andern sah.

Binnen Jahresfrist war es dahingekommen, daß die beiden Knechte, wenn sie etwas vom Herrn oder der Herrin wollten, sich an ihn wandten, damit er ein Wort in ihrem Sinne bei Arvania einlege, die es dann an Iustus weitergeben möge. Und da er dies auch tat und meist das Gewünschte erreichte, erhielt er zum Dank auch von den beiden ein paar Sesterzen zugesteckt, je nachdem, wie groß der Dienst war, den er ihnen erwiesen hatte.

Natürlich blieb dies alles auch Fannia nicht verborgen. Auch sie hatte ein Auge auf Haldavo geworfen, freilich nicht ihrer mütterlichen Gefühle wegen, sondern weil sie selbst der Zärtlichkeiten, des Streichelns und des intimen Beisammenseins bedurfte. Schon längst hatte sie ihre Erfahrungen mit beiden Knechten gesammelt, doch war sie dabei in keiner Weise auf ihre Kosten gekommen; die beiden jungen Männer benutzten sie lediglich als Objekt ihrer kurzfristig zu befriedigenden Gier, und der einzige Gewinn, den sie davon hatte, waren ein paar Münzen, die sie in einem Säckchen sammelte und stets unter dem Bett ihrer Kammer liegen hatte.

Haldavo, der noch nie eine Frau berührt hatte, ahnte bald, daß die Blicke, die das zwei Jahre ältere Mädchen ihm zuwarf, mehr waren als oberflächliche Freundlichkeit. Und er witterte gleichsam instinktiv Gefahr: Wenn er sich mit ihr nicht einließ, würde sie ihn zu hassen beginnen; wenn er sich einließ, war sie ihm lästig.

Da wollte es der Zufall, daß Arvania ausgerechnet an dem Tage in der Nähe war und Zeuge wurde, wie sich Fannia an Haldavo heranmachte, und zwar in so direkter Weise, daß Haldavo erschrak. Sie fiel ihm in der Nähe einer Abstellkammer um den Hals, begann ihn zu küssen, drängte sich an ihn und griff nach seinem empfindlichsten Teil, und er hätte ihr gewiß nicht lange widerstanden, wenn nicht gerade in diesem Augenblick die Stimme der Herrin dazwischen gefahren wäre: »Fannia!«

Die Angesprochene fuhr zurück, feuerrot im Gesicht, und Haldavo war erleichtert, von ihrem heißen, gierigen Atem und dem schweißigen Geruch ihrer Haut befreit zu sein.

»Geh auf deine Kammer!«

Ohne ein Wort raffte sie ihren Rock und verschwand nach draußen. Auch Haldavo stand da mit leicht gerötetem Gesicht. Doch sie lächelte ihm freundlich zu und erklärte: »Das macht sie mit jedem Neuen ...«

V

Seit diesem Tage hatte sich sein Verhältnis zu Arvania verändert. Es schien, als ob sie ihre Hand noch umsorgender über ihn hielt, während Fannia, in keiner Weise durch die Zurechtweisung durch die Herrin von ihren geheimsten Wünschen kuriert, auch weiterhin dem jungen und schönen Haldavo zärtliche Blicke zuwarf, wann immer sich die Gelegenheit dazu ergab.

Das ging so über Wochen. Und es war schließlich nicht allzu erstaunlich, daß es der alte Segimerus war, der ihn in einer ruhigen Stunde beiseite nahm und leise begann: »Du mußt auf der Hut sein!« Dazu schaute er ihn bedeutungsvoll an und fuhr fort: »Nimm dich in acht vor den Frauen! Sie könnten dir Unglück bringen.«

Er ging nicht auf Einzelheiten ein, Haldavo wiederum lag wenig an einer vertiefenden Erörterung über dieses Thema; so nickte er nur brav und konnte den Alten so beruhigen, der – er wußte es sehr sicher – nur sein Fortkommen im Hause wie im Leben vor Augen hatte. Es trat freilich das Gegenteil dessen ein, was Segimerus mit seiner warnenden Bemerkung erreichen wollte; Haldavo grübelte darüber nach, warum der Alte dergleichen sagte, und es schien ihm, daß er selbst nur die schlechtesten Erfahrungen mit dem weiblichen Geschlecht gemacht haben mußte. Wie sonst lebte er ohne Frau, ohne Kinder, ohne Familie?

Etwas anderes kam hinzu. Seit jeher war Haldavo versessen darauf, neue Erfahrungen zu machen, sei es mit Dingen oder Menschen. Und da ihn der alltägliche Dienst in diesem Hause längst nicht mehr ausfüllte – es gab zuviel Leerlauf, zu wenig Abwechslung, zu oft penetrante Wiederholung der Tätigkeiten – begann er alles, was darüber hinaus ging, mit einem neuartigen Interesse zu beobachten. Längst war ihm aufgegangen, daß hinter dem weltmännischen Gehabe von

Iustus ein gewisses Unvermögen verborgen wurde, das nur dem, der es täglich aus der Nähe betrachten konnte, aufging: Iustus entsprach in keiner Weise dem souveränen Großkaufmann, als den er sich so gerne vor den die CCAA umwohnenden Gutsbesitzern darstellte; er konnte durchaus leicht und schnell den Faden verlieren, wenn es um die Darstellung einer komplizierteren Angelegenheit ging, er hatte ein schlechtes Gedächtnis für Einzelheiten und Zahlen, und es geschah des öfteren, daß Haldavo, wenn er den Herrn auf einer Fahrt begleitet hatte, diesem im nachhinein die Daten nennen durfte, wenn jener sie durcheinanderbrachte. Vor allem aber, und dies war für Haldavo die interessanteste Beobachtung, hatte Iustus gegenüber seiner Konkubine Arvania einen schweren Stand. Er war ja erheblich älter als sie, und zum erstenmal in seinem Leben machte Haldavo die Beobachtung, daß ein zu großer Altersunterschied zwischen Mann und Frau, wenn denn keine beiderseitige tiefe Zuneigung vorlag, für einen von beiden zum Schaden gereichte. Gewiß gab es Fälle, in denen die Frau die Leidtragende war, weil der Mann als der unbedingte Patriarch und Herr von Haus, Geschäft und Gesinde auftrat und allenthalben seinen Willen durchsetzte, besonders und gerade gegenüber dem ihm untertanen Weib.

Hier nun war es umgekehrt, denn Arvania war die Willensstärkere, Intelligentere, Temperamentvollere – und diese drei Eigenschaften erwiesen sich, in ihrer Person vereint, als eine Hürde, die von Iustus in den seltensten Fällen überwunden werden konnte, denn von einer Bezwingung auf Dauer konnte keine Rede sein.

Haldavo war zufällig Zeuge einer bösen Auseinandersetzung zwischen beiden. Iustus war von einer längeren Landpartie zurück und hatte ihr ein kleines aber recht kostbares Geschenk mitgebracht, einen goldenen Ring. Er hatte sich wohl Hoffnungen gemacht, daß er nach diesem Erweise seiner Wertschätzung ihrer Person ein Anrecht habe, mit ihr das Lager zu teilen; und – Haldavo sah nichts, doch seine Phantasie ergänzte das Fehlende – er griff nach ihr und machte Anstalten, sie sich gefällig zu machen, doch sie stieß ihn zurück. Daraufhin wurde er lauter, nannte sie undankbar und kalt, bedachte sie mit schlimmen herabwürdigenden Ausdrücken, doch die Steigerung seiner Erregung schien bei ihr jene kalte Abweisung nur noch

wachsen zu lassen, mit der kluge Frauen es verstehen, den Mann, der sie zu lieben meint, noch fester an sich zu binden.
Daraufhin wuchs sein Zorn und überschritt jäh die Grenze jeglicher Beherrschung; er schrie sie an, warf ihr die – wie er meinte – größte Beleidigung vor die Füße: Ob sie denn vergessen habe, woher sie stamme! Wo er sie denn aufgelesen habe! Wo sie denn jetzt wäre, wenn er sich nicht um sie gekümmert habe! Leider erfuhr Haldavo nicht die Fortsetzung beziehungsweise das Ende der Auseinandersetzung, da er in diesem Augenblick von Segimerus gerufen wurde, der ihn im Lager brauchte. Das Letzte, was er noch zu hören meinte, war ein zorniges »Dir werde ich's noch zeigen!« Und in Gedanken ergänzte er sich das übliche »Muß ich, der ich im Rat der Stadt sitze, mir dieses denn bieten lassen!«
Hätte Iustus in diesem Augenblick das Gesicht von Haldavo gesehen, er hätte erschrocken innegehalten, denn ein feines, wissendes, aber ebenso kühles Lächeln war eine Weile um seinen Mund, und seine Augen blickten kalt. Kurz darauf hörte man, wie die äußere Tür abrupt und übertrieben ins Schloß geworfen wurde und die Schritte des Patrons sich schnell entfernten. Als Haldavo dann zu Segimerus ging, sah er, wie dieser besorgt den Kopf schüttelte und murmelte: »Das wird noch ein böses Ende nehmen ...«
Doch Haldavo enthielt sich jedes Kommentars und machte sich an die gewünschte Arbeit.

VI

Iustus war nach dieser Auseinandersetzung öfters am Abend außer Hause, und Segimerus beobachtete dies mit besorgter Miene; obwohl er es dann nicht wiederholte, so stand es doch in seinem Gesicht geschrieben, wenn der Patron wieder einmal nach dem Abendessen verschwand: Es wird ein böses Ende nehmen ...
Das Essen ... Es war seit jeher Sitte, daß das Personal getrennt vom Herrn seine Mahlzeiten zu sich nahm. In einem der kleineren Räume neben dem Kontor stand ein großer einfacher Holztisch, drumherum Hocker, und Fannia brachte Brot, Käse und derbe Wurst auf einem

großen Holzbrett herüber, stellte die Krüge mit Bier oder Milch daneben, verteilte die hölzernen Löffel, mit denen die Männer den Mehlbrei aus der gemeinsamen Schüssel schöpften, und zog sich dann zurück. Die Becher holte man sich vom schlichten Wandregal. Zum Schneiden des harten Käses oder der Wurst griff jeder zum eigenen Messer, das er nach der Mahlzeit am letzten Kanten Brot sauber abstrich und wieder in den Gürtel steckte.
Meist aßen sie still vor sich hin, jeder mit sich und seinem Mahl beschäftigt. Dabei wurde wenig gesprochen.
An einem dieser Abende blieb Fannia länger, hantierte umständlich mit dem wenigen Geschirr, und es entging Satto und Sintus, den beiden Gehilfen, nicht, wie sie auffällig um den sitzenden Haldavo herumstrich und ihn absichtlich streifte.
Haldavo, der es sehr wohl bemerkte, tat so, als ob es nichts mit ihm zu tun hätte und kaute mit Ausdauer auf seinem Brot herum. Da versetzte ihr Satto, der neben Haldavo saß, einen derben Klatscher auf ihr Hinterteil, so daß sie laut aufkreischte und beinahe den Krug mit Bier, den sie in der Hand hielt, fallen ließ. Ihre unwillkürliche Bewegung brachte sie aus dem Gleichgewicht, und sie wäre gestrauchelt und gefallen, hätte Haldavo sie nicht im letzten Augenblick gepackt.
»Bravo!« rief Sintus von der anderen Tischseite. »Unser Kleiner macht sich!«
Es war das erstemal, daß man, seit er im Hause war, eine anzüglich flapsige Bemerkung über ihn machte. Satto grinste dazu, während Fannia Haldavo kurz aber sehnsuchtsvoll anlächelte.
»Du solltest die Gelegenheit beim Schopf packen!« stichelte Sintus weiter, und die beiden warfen einander belustigte Blicke zu.
Haldavo war drauf und dran aufzuspringen und den Spötter hart anzugehen, als Segimerus sich einschaltete.
»Laßt das!« Und zu Fannia: »Geh!«
Sie ging, drehte sich an der Tür noch einmal um und lächelte.
»Warum denn so prüde?« ereiferte sich Satto nun künstlich. »Man wird doch noch einen Scherz machen können – oder?!«
Auch Sittus fuhr fort, ihn zu reizen: »Aber du siehst doch, er mag solche Scherze nicht.«

»Ich auch nicht!« donnerte Segimerus plötzlich mit einem Ton in der Stimme, den Haldavo noch nie bei ihm gehört hatte. »Ihr laßt den Jungen in Ruhe! Oder ihr bekommt es mit mir zu tun! Verstanden?!«
»Is' ja gut, Mann.« Satto kniff einen Augenblick lang beleidigt die Lippen aufeinander und kaute dann, den Blick auf seinen Holzteller gerichtet, weiter. Auch Haldavo verhielt sich still, brachte seine Mahlzeit zu Ende, säuberte sein Messer und steckte es weg. Er wußte, sie würden ihn nun nicht mehr zur Ruhe kommen lassen, bis er die Konsequenz zog und sich stellte. An diesem Abend würde es dazu nicht mehr kommen. Außerdem stand Iustus unvermittelt in der Tür und bestellte Segimerus und Haldavo in sein Kontor. Auch er hatte bereits gegessen und streifte sich mit dem Handrücken einen Brotkrümel aus dem Mundwinkel. Sie gingen zusammen hinüber, und Iustus setzte sich an seinen Arbeitstisch, auf dem mehrere Rollen lagen. Er nahm einige von ihnen auf, schaute hinein, nickte, wiederholte dies bei einigen anderen, legte sie ebenfalls wieder auf die Tischplatte, seufzte einmal schwer und lehnte sich zurück gegen die Lehne des Korbsessels. »Setzt euch!«
Diese Aufforderung ließ erkennen, daß er mit ihnen etwas Wichtiges zu besprechen hatte, etwas, das über die normale Tageseinteilung hinausging, denn er pflegte die Dinge, die zu regeln waren, frühmorgens, beinah im Vorbeigehen, mit Haldavo zu besprechen, dessen Aufgabe es dann war, in die ungeordneten Mitteilungen und Aufträge die Ordnung zu bringen, die notwendig war, um sie der Reihe nach im Laufe des Tages erledigen zu können.
Er seufzte noch einmal, legte beide Hände auf den Tisch und schaute von einem zum andern. Haldavo fiel auf, wie schlecht der Patron um die Augen herum aussah. Da schimmerte es grau, die Augenränder waren gerötet, die Wangen hingen schlaff herab, die Lippen schienen ihre Farbe verloren zu haben. Sein linkes Auge zuckte in unregelmäßigen Abständen. So sah jemand aus, der zu wenig oder schlecht schlief. Kein Zweifel, Iustus war in keiner guten Verfassung.
»So geht das nicht weiter ...« Ohne Überleitung kam dieser Satz müde über die schlaffen Lippen. Das Auge zuckte dazu zweimal. »Wir strampeln uns ab und kommen auf keinen grünen Zweig!«
Haldavo merkte auf und wurde sich plötzlich bewußt, daß er hier

neben dem alten Segimerus, dem Verwalter des Patrons, saß und für würdig befunden wurde, an einem Gespräch teilzunehmen, das offenbar das innerste Gefüge des Betriebes zum Thema haben würde.
»Wir müssen weg von diesem Krimskram! Wenn ich sehe, was die Konkurrenz ...« Er sprach den Satz nicht zu Ende, aber sie verstanden, was er meinte: Sie hatten zu viele Artikel im Lager. Manches blieb monatelang liegen und nahm anderen Dingen den Platz weg, so daß es bisweilen schwierig wurde, Ordnung und damit den Überblick zu behalten.
Iustus ließ dann eine längere Rede hören, weit ausholend, wie es seine Art war, und im Kern lautete sie, daß er, wenn er nun nicht auf der Hut sei, von der Konkurrenz an die Wand gedrückt werde.
»Tatianus drückt die Preise! Er will mich kaputt machen!«
Tatianus hatte sein Kontor am Südende der Straße; auch er war, wie Iustus, ein gebürtiger Gallier, der vor Jahren das Geld, das er als Abfindung für seinen Militärdienst bekommen, in sein Geschäft gesteckt hatte. Haldavo wußte von Segimerus, daß Tatianus damals eine gute Partie gemacht hatte, indem er sich finanziell an einem heruntergekommenen Geschäft beteiligt und gleichzeitig die einzige überlebende Tochter des Besitzers geheiratet hatte. Auch er saß im Rat der Decurionen, und da er sehr geschickt operierte, seine alten Verbindungen spielen ließ, im übrigen den Schwerpunkt auf Gebrauchsgeschirr gelegt hatte, war er heute ein gemachter Mann.
Iustus wollte nun von Segimerus hören, was man tun könne, um ähnlichen Erfolg zu haben, und der Alte sagte nach kurzem Nachdenken:
»Wir sollten uns beschränken auf ... auf drei oder vier Sachen.«
»Auf welche?«
»Nun, das hängt von dir ab.«
»Ich will's aber von dir hören!«
»Hm ...« Segimerus hüstelte, um Zeit zu gewinnen. »Salz und Getreide, allenfalls noch Geschirr. Aber nicht mehr. Kein Holz! Keine Möbel!«
»Warum nicht?«
»Weil es billiges Zeug ist, und das stellen die Bauern sich selbst her.«
»Wie wär's mit teurem?«
»... kauft dir keiner ab auf dem Land.«

»Und hier?«
»Kommst du nicht gegen die alteingesessenen Läden an.«
Haldavo, der still dabeisaß, wußte nicht, warum er an dieser Besprechung teilnahm, denn er hatte keine Erfahrung in diesen Dingen. Er konnte sich auch nicht vorstellen, daß der Patron ihn um seine Meinung dazu fragen würde. Doch gerade das geschah! Iustus nickte ein paarmal, dann sagte er: »Gut. Nehmen wir an, ich mache nur noch in Getreide und Geschirr. Wie stellst du dir das vor?«
Er betonte das du und wandte sich an Haldavo, der zunächst erschrak, sich aber schnell faßte und in Erinnerung an die Erfahrungen der vergangenen Monate mit fester Stimme erklärte:
»Es müßten bessere, größere Regale gebaut werden. Man könnte einen Raum herrichten, in dem man den Kunden alles so zeigen könnte, daß es sie zum Kauf reizen müßte ...«
»Hör dir das an!« staunte Iustus und lächelte Haldavo freundlich zu. »Weiter, mein Junge! Weiter!«
»Die Frage ist«, fuhr Haldavo fort, »ob du auch hier in der Stadt verkaufen willst. Dann solltest du in der Innenstadt einen Laden mieten. Ich habe mir mal angesehen, wie die das beim großen Westtor machen ...«
»Aha!« staunte Iustus. »Und was hast du gesehen?«
»Nun, die Leute gehen ja abends gern durch die Geschäftsstraßen, und dann bleiben sie vor den Auslagen stehen. Man muß die Sachen so hinstellen, daß sie gut aussehen ... Man könnte einen mit Geschirr gedeckten Tisch vor den Eingang stellen ...«
»Hast du das irgendwo gesehen?«
»Nein, aber ich habe darüber nachgedacht.«
Wieder tönte Iustus mit einem Blick zu Segimerus: »Hör dir das an! – Aber das würde doch bedeuten, daß sich jemand um den Laden kümmert!«
»Sicher«, nickte Haldavo mit großer Selbstverständlichkeit. »Du müßtest noch ein oder zwei Leute anstellen.«
»Wieso zwei? Der eine könntest du doch sein!«
Ihre Augen trafen sich, und Haldavo war sich der Bedeutung dieses Augenblicks bewußt. Noch viel später erinnerte er sich daran, wie er in diesem Augenblick mit seinem ganzen Willen und geistigen Ver-

mögen bei der Sache war, daß er ohne mit der Wimper zu zucken und mit fester Stimme diese Antwort gab:
»Wenn du es so siehst ... würde ich es machen.«
Iustus ließ das Auge nicht von dem des Sechzehnjährigen, und er schien zu spüren, was in ihm vorging: »Wenn ich es so sehe ...« wiederholte er leise. Doch dann hieß es: »Ich habe viel Lob über dich gehört ...« Nun schaute er kurz Segimerus an, und der Alte nickte bedächtig. »Du hast dich bewährt. Aber da ist noch ein Problem. – Kann er schreiben?«
Die Frage ging an Segimerus, und der meinte: »Er kann schon recht gut das Latein sprechen, er kennt auch alle Zahlen und beherrscht die notwendigen Rechnereien, aber ... Er müßte von einem guten Lehrer im Schreiben unterrichtet werden.«
Iustus nickte. Er selbst war zwar durchaus in der Lage, das wenige, was zu seiner Buchführung gehörte, schriftlich zu bewältigen; doch wäre er nicht fähig gewesen, längere Texte fehlerfrei zu schreiben. Darum griff er den Gedanken auf und erklärte:
»Auch ich habe schon darüber nachgedacht. Weder ich noch Segimerus noch sonst jemand hier im Hause kann dich in der Kunst des Schreibens unterrichten. Nun ist die Beherrschung dieser Kunst aber eine unabdingbare Voraussetzung, wenn wir das, was wir uns vorgenommen haben, auch zu einem lohnenden Erfolg und einem – wie soll ich sagen – glücklichen Ende bringen wollen, nicht wahr ...« Es folgten weitere langatmige Ausführungen über das Schreiben im allgemeinen und den geschäftlichen Briefverkehr im besonderen, und sie endeten mit der alles entscheidenden Eröffnung:
»Du wirst also zu einem Grammaticus gehen und schreiben lernen, denn wir wollen Nägel mit Köpfen machen. Gleich morgen wirst du damit beginnen!«

VII

Man einigte sich, daß der am meisten geeignete Mann dafür Exomnius sei, denn seine Privatschule hatte den größten Zulauf. Sie befand sich an der Südseite des Forums in einem gemieteten Raum; und allein diese Tatsache, daß er es sich leisten konnte, mitten in der Stadt eine Schule zu unterhalten, war für Iustus der Ausweis seines Könnens. Auch spielte es eine Rolle, daß diese Schule besonders Zulauf aus den westlichen und nördlichen Vierteln hatte, wo die Bessergestellten wohnten.

Da Iustus schon früh am nächsten Morgen aus dem Hause war, gab ihm Segimerus einige Ratschläge: »Ich selbst habe zwar nie das Glück gehabt, einen solchen Unterricht zu genießen, aber ich kenne recht gut die Verhältnisse in der Stadt. Wenn man einige zwanzig Jahre hier lebt, weiß man, wo's langgeht.«

Haldavo nahm ihm das ohne weiteres ab, denn Segimerus war ein kluger Beobachter der menschlichen Verhältnisse.

»Die Frage ist nur«, fuhr Segimerus fort und machte dabei ein besorgtes Gesicht, »ob er dich so ohne weiteres nehmen wird.«

Auf Haldavos Frage, warum das nicht sicher sei, klärte er ihn auf: Eltern, die ihre Kinder das Schreiben und Lesen lernen ließen, schickten sie gemeinhin in eine Elementarschule. Aber dafür sei er ja nun bereits zu alt, das übliche Alter der Schüler liege beim Eintritt in die Schule bei sieben Jahren, und sie blieben dort bis zum elften oder zwölften Jahr.

»Wir müssen ihm klar machen, daß du ja bereits einige Grundkenntnisse mitbringst. Außerdem bist du schon fast erwachsen und weißt, was du willst.«

»Heißt das, ich muß zum Forum gehen und mit den Zwölfjährigen die Schulbank drücken?«

»Nein, natürlich nicht. Wir werden es durchsetzen, daß Exomnius dich privat und in seinem Hause unterrichtet.«

»Aber das wird doch teurer sein. Wie kann ich das bezahlen?«

Da lächelte Segimerus: »Warte's ab! Ich habe dem Alten schon manchen Gefallen getan und ihm dies und jenes zum Einkaufspreis verkauft. Das macht sich nun bezahlt. Wir kennen uns schon sehr lange. Du darfst dich freilich nicht an seiner sonderbaren Art stoßen ... Aber was rede ich. Komm! Gehen wir zu ihm!«

Es war noch früh am Morgen, als sie sich auf den Weg machten. Exomnius wohnte in der Nähe des Südtors, wo der Cardo Maximus die Stadt verließ und als Landstraße weiter nach Bonn führte.

Haldavo hatte schon längst dieses Viertel erkundet. Außerhalb der Mauer befanden sich zahlreiche Manufakturen, Töpfereien, Gerbereien, metallverarbeitende Betriebe. Sie hatten aus zwei Gründen hier ihren Standort: Zum einen floß hier der große Bach* an der Mauer entlang im Stadtgraben und mündete an ihrer Südostecke, beim Ubiermonument, in den Rheinhafen, so daß die Manufakturen – besonders die Gerbereien – sein Wasser für den Produktionsablauf gebrauchen konnten; zum andern war die Geruchsbelästigung für die Stadt hier geringer, weil meist Nordwestwinde wehten und so, besonders bei feuchter Luft, die oft höchst unangenehmen und den Atem verschlagenden Dünste von der Stadt weggetragen wurden. Überhaupt war es das Viertel der kleinen Leute, denn die Boden- und Mietpreise lagen hier entschieden unter den im Westen und Norden üblichen.
Die Wohnung des Exomnius befand sich in einem Haus, das zu einer unregelmäßig geformten Insula gehörte, die gleich beim nächsten westlichen Turm* der Mauer begann und ihrem geschwungenen Bogen nach Südwesten folgte. Das Haus hatte zum Teil ein Obergeschoß und gehörte zu einer großen Tischlerei. Doch wie fast alle Häuser hatte auch dieses zwei besondere Eingänge, einen für die Ladenbesitzer hinter der Portikus, einen zweiten für die Mieter, denn auch zum Obergeschoß gelangte man von der Straße her, mußte nicht erst den Innenhof des Betriebs überqueren, um nach oben zu kommen. Alles machte einen einfachen, aber sauberen Eindruck. Haldavo hatte durchaus schon heruntergekommene Flure und Treppen kennengelernt, wenn er mit Aufträgen für Iustus in der Stadt unterwegs war, und besonders hier im Süden der Stadt gab es kinderreiche Familien, die in geradezu verwahrlosten Wohnungen auf einem oder zwei Zimmern hausten. Schlimm sah es dort in den Fluren aus; die Wände waren bekritzelt und verschmiert, Schmutz und Plunder lagen in den Ecken, einmal hatte er sogar einen Haufen Kot am Fuß einer Treppe entdeckt, und er war sich nicht sicher, ob er von einem Hund oder einem Menschen stammte.
Die Stufen quietschten und knarrten, als sie nach oben stiegen. Sie erreichten ein Podest, wo die Treppe endete. Rechts und links eine Tür. Ohne zu zögern wandte sich Segimerus nach links, ging die paar Schritte bis zur Tür und zog an der Schnur, die im Innern ein kleines

Glöckchen zum Klingen brachte. Nichts rührte sich, und Segimerus wiederholte das Läuten. Endlich näherten sich schlurfende Schritte. Die Tür wurde geöffnet, und eine kleine alte Frau trat heraus. Sie schien nicht gut zu sehen, denn sie kniff die Augen zusammen und hielt die rechte Hand darüber, obwohl hier kein Licht war, das sie blenden konnte.

Ehe sie zu sprechen begann, bewegte sie mehrmals die vertrockneten Lippen, dann nuschelte eine brüchige Stimme: »Es ist niemand da. Der Magister ist in der Schule. Es ist niemand da.«

Dabei suchte sie sich mit ihren halbblinden Augen zu orientieren, wer da vor ihr stehe. Segimerus kam ihr entgegen und sagte sehr freundlich und in einem geradezu vertraulichen Ton: »Salve, Paulina! Ich bin's – Segimerus!«

»Ah, Segi ... Segimerus ...« Etwas wie ein Lächeln zeichnete sich auf ihrem Gesicht ab, aber sie erkannte ihn wohl nur am Klang der Stimme, denn ihre Augen sahen beinahe an ihm vorbei. »Es ist niemand da. Was hast du mitgebracht?«

»Nein, nein«, erklärte er und trat nahe zu ihr. »Ich muß mit dem Magister reden. Wann ist er denn weg?«

»Er ist in der Schule. Es ist niemand da. Er ist eben erst weg, ja. Soll ich ihm was bestellen?«

Ein kleiner, dicker, alter Hund schaute neben ihr zu den beiden Besuchern herauf und wedelte müde mit dem Schwanz. Auch er schien Probleme mit den Augen zu haben, denn er orientierte sich mehr mit der Nase und schnupperte zu ihnen in die Höhe.

»Nein, nicht nötig. Ich muß selbst mit ihm reden. Na, dann treffe ich ihn ja in der Stadt.«

Und sie, mit einer tumben Wiederholung: »Er ist eben weg. Und du hast nichts mitgebracht?«

»Nein, – Also dann ... Ich denke, ich gehe dann mal zu ihm, ja. Und wie geht's denn dem Kleinen?«

Er beugte sich zu dem Hund hinunter und fuhr ihm leicht über den Kopf, was das Wedeln des Schwanzes steigerte. Doch die Alte ging nicht mehr darauf ein, sondern zog sich mit dem Hund in ihre Wohnung zurück und schloß ohne weitere Bemerkung die Tür.

»Komm!« sagte Segimerus, und sie stiegen wieder die Treppe abwärts.

VIII

Erst viel später, als er seine eigenen Kinder unterrichten ließ, erfaßte er die größeren Zusammenhänge des Schulsystems, das sich in allem nach den Gegeben- und Gepflogenheiten richtete, wie sie in den italischen Städten, besonders natürlich in Rom, üblich waren. Die Elementarschule, der *ludus litterarius,* war privater Natur, und ihr Programm von begrenztem Anspruch. Der *litterator,* der Lehrer, war oft ein Sklave oder Freigelassener, der in einer *pergula* oder einer *taberna* seine Schule einrichtete. Er war sozial wenig angesehen, und entsprechend niedrig waren die Einnahmen, die man ihm zugestand. Die Schule wurde täglich morgens und nachmittags besucht. Während der heißen Sommermonate, meist von Juli bis September oder auch Oktober, ruhte der Unterricht. Die Kinder lernten vor allem Lesen und Schreiben. Alles was darüber hinausging, gehörte bereits zum höheren Unterricht. Man begann mit dem ABC und den Namen der Buchstaben. Danach ging man zu den Silben über, deren sämtliche Verbindungen man übte, dann zu einzelnen Wörtern. Vor der Lektüre zusammenhängender Texte trainierte man kleine Sätze, moralische Maximen und Verse der großen Dichter.

Der Schreibunterricht war mit dem Leseunterricht eng verbunden. Das Kind schrieb auf sein Wachstäfelchen die Buchstaben, das Wort oder den Text, den es lesen sollte. Der Lehrer führte dem Kind die Hand beim Schreiben, um ihm den richtigen *ductus,* die »Führung«, beizubringen. Es wurden auch auf der Tafel eingegrabene Buchstaben verwandt, die der Stift des Kindes nachzuziehen hatte. Abwechselnd übte sich der Schüler mit dem Stift oder mit Tinte auf Papyros. Im Rechnen lernte man, was zum Umgang mit dem römischen Maß- und Geldsystem nötig war.

Die Grammatikerschule stand etwas höher in der sozialen Stufung, aber die Stellung des Lehrers wurde erst höher bewertet, als der Staat stärker in das höhere Schulwesen eingriff. Auch der Grammaticus lehrte in Buden oder Tabernen am Forum. Der Schulalltag unterschied sich nicht von dem der Elementarschule. Auch hier spielten die mathematischen Fächer eine untergeordnete Rolle, denn der eigentliche Inhalt des Unterrichts war neben der systematischen

Behandlung der Grammatik die Lektüre der klassischen Dichter. Daneben wurden Kompositionsübungen wie Inhaltsangaben, Erörterungen und Reden betrieben.

Sie hatten des Exomnius Taberna noch nicht erreicht, als sie schon sein Schimpfen hörten. Das war für Haldavo nicht neu, denn schon öfters war er, wenn er in der Stadt zu tun hatte, in der Nähe stehengeblieben und hatte, wie manch andere Passanten auch, leicht amüsiert und schmunzelnd zugehört, wenn der Magister seine Schüler in einem längeren Sermon darüber aufklärte, daß es ihre »verdammte Pflicht« sei, ihm zuzuhören, wenn er »Dinge von ungemeiner Bedeutung« erkläre. Auch heute schallte die Stimme von Exomnius bis auf den Platz, und Haldavo hörte diese Rüge nicht zum erstenmal:

»Wo kommen wir denn hin, wenn der Schiffsjunge dem Steuermann vorschreiben will, wohin die Reise geht! Nichts da! Noch bestimme ich, was ihr zu tun und zu lassen habt! An die Arbeit! An die Arbeit! ...«

Segimerus und Haldavo warfen einander einen Blick zu und lächelten, während Haldavo einen Augenblick lang befürchtete, er müsse sich mit denen da drinnen, die durchweg einige Jahre jünger waren als er, an einen Tisch setzen. Er war über ihre Flapsigkeit, ihre Aufsässigkeit gegenüber Lehrer wie Eltern längst hinaus, denn er sah im Erlernen der wichtigen Kulturtechniken nicht den Zwang, sondern die Vorteile, die sie seinem weiteren Leben bringen konnten – bringen mußten!

Drinnen war es nun ruhig, die Schüler hatten sich anscheinend schriftlich mit einer längeren und für sie schwierigen Aufgabe zu befassen. Also nutzten die beiden die Gelegenheit und betraten die Taberna. Exomnius ging, einen dünnen federnden Stock in der Hand, durch die Reihen der Schüler und begutachtete das, was sie geschrieben hatten oder gerade schrieben.

Es mochten etwa dreißig Jungen sein, die da auf Hockern vor einfachen niedrigen Tischen saßen und schrieben. Sie tauchten ihre Rohrfedern alle Augenblicke in die kleinen Tintenbehälter, dachten eine Weile nach, schrieben weiter und achteten nicht auf die beiden Fremden, die eingetreten waren und in der Nähe der Tür stehenblieben.

Einige, die hinter dem schreitenden Magister saßen, schauten klammheimlich zur Seite und schrieben beim Nachbarn den Text ab, während Exomnius bei jedem, an dem er vorbeikam, etwas auszusetzen hatte, sei es, daß ihm die Größe und Ausgewogenheit der Schrift, der Inhalt des Geschriebenen oder die Handhaltung des Schreibenden nicht gefiel.
Nur ein einziges Mal kam ein Lob über seine Lippen: »Sehr schön, Sunicius! Weiter so! Das wird deinen Vater ja immer wieder mal freuen, nicht wahr! Mich auch! Grüße deinen Vater von mir!«
Haldavo sah, wie zwei andere Schüler daraufhin einander einen spöttischen Blick zuwarfen und sich etwas zuflüsterten. Sogleich schoß Exomnius herum, schrie »Aufstehen!« und »Hände vor!«, und ehe sie sich versahen, hatte er ihnen zwei schmerzhafte Streiche mit dem Rohrstock über die Innenseite der Hand und der Finger versetzt. Dann hieß es »Setzen! Weitermachen! Ich werde euch lehren, was Arbeit ist! Während eure Eltern sich hart abmühen, meinen hier gewisse Exemplare, sie könnten die allzu kostbare Zeit dazu benutzen, von der gestrigen Theateraufführung zu ... Was sage ich – dies war eine letzte Warnung!«
Noch während des letzten Wortes hatte er Segimerus und Haldavo in der Nähe der Tür bemerkt. Er stutzte, mümmelte mehrmals mit seinen Lippen, kniff die Augen prüfend zusammen, und nachdem er sich versichert hatte, daß es sich bei den Eingetretenen weder um Angehörige seiner Schüler noch um zu spät Gekommene handelte, kam er mit kleinen Schritten näher, blieb vor dem freundlich lächelnden Segimerus stehen und tadelte:
»Wir haben es nicht gerne, mitten in der ... in der fruchtbaren, nicht wahr, Arbeit ... wie soll ich sagen, gestört und unterbrochen zu werden.«
Segimerus, der anscheinend derlei wortreiche Sentenzen aus dem Mund des Magisters zur Genüge kannte – er neigte in der Tat dazu, mit vielen Worten sehr wenig, wenn nicht gar nichts zu sagen –, Segimerus ließ sich durch den wortreichen Tadel nicht im geringsten irritieren, sondern erklärte kurz und bündig:
»Ich habe einen neuen Schüler für dich!«
Und Exomnius, ohne zu zögern: »Die Klasse ist bereits überbesetzt!

Wie soll ich da ... Nichts da, »*homo sum – humani nil a me alienum esse*«,* wie der Dichter sagt! Und da ich ein Mensch bin, kann ich nichts mehr annehmen.«

Da trat Segimerus ganz nahe an ihn heran, beugte sich zu ihm, daß sein Mund fast des andern Ohr berührte und sagte leise! »Nicht hier! Nicht in diesem Raume, Exomnius! Privat! Zu Hause bei dir!«

Exomnius merkte auf: »Wie? – Nun, das ist etwas ... wie soll ich sagen ... Wer ist es denn?«

Da trat Segimerus wieder zurück und wies mit einer geradezu pathetischen Geste auf Haldavo: »Er steht vor dir! Dieser junge Mann ist es! Schau ihn dir an!«

Längst hatten einige der in der Nähe sitzenden Schüler ihre Arbeit unterbrochen und schauten neugierig herüber; doch Exomnius, der es bemerkte, drohte ihnen mit dem Stock, und sie wandten sich wieder ihren Texten zu, beobachteten aber aus den Augenwinkeln das Weitere. »Nun«, fuhr Exomnius fort, nachdem er den Haldavo kritisch gemustert hatte, »der Güte Willigkeit ist ohne Grenzen. – Er soll zur zehnten Stunde in mein Haus kommen, damit ich ihn genau ... Du kennst den Preis?«

»*Certo!* Sicher!« beeilte sich Segimerus zu sagen, und Haldavo schloß aus diesem kargen Hin und Her des Gesprächs, daß das Entgelt des Privatunterrichts in seinem Hause entschieden höher sei als der Preis des gemeinsamen Unterrichts hier in der Taberne.

»*Bene* – gut. Dann zur zehnten Stunde. Bei mir. Pünktlich!«

Damit waren sie entlassen, und sie gingen, weil ein weiteres Verweilen am Ort die Unruhe und Unaufmerksamkeit unter den Schülern fördern würde.

»Vale, magister!«

Segimerus machte die Andeutung einer Verbeugung, die Exomnius mit einer lässigen, zerstreuten Handbewegung beantwortete.

Als sie sich auf dem Rückweg befanden, gab Segimerus ihm einige Hinweise: »Die Sache ist so ... Wenn er einzelne Schüler in seiner Wohnung unterrichtet, ist es völlig willkürlich, wie hoch er den Preis ansetzt. Die Gebühr für den Klassenunterricht kann er nicht nach eigenem Gutdünken herauf- oder heruntersetzen. Wegen der

Konkurrenz. Er gilt zwar als der beste Grammaticus der Stadt und liegt darum mit dem Unterrichtspreis schon etwas über dem Durchschnitt, aber es gibt da eine Grenze, die er nicht überschreiten kann, ohne einen Teil seiner Schüler zu verlieren. Privat ist das anders.«
»Aber ...« Haldavo mußte einem Karren Platz machen, der vom Hafengelände kam, und holte Segimerus wieder ein. »Wie stellst du dir das vor? Das Wenige, daß Iustus mir zusteckt, reicht doch nicht aus, um den Unterricht regelmäßg zu zahlen! Wie oft soll ich denn zu ihm hingehen?«
Da blieb Segimerus stehen und schaute seinen jungen Freund mit einem verständnisvollen Lächeln an: »Also, nun schlag dir das mal aus dem Kopf, mein Junge! Wer hat denn gesagt, daß du das zahlen sollst? Das geht alles auf Rechnung von Iustus dem Patron. Und das weiß der Magister. Er kennt den Einfluß und die Reputation von Iustus in der Stadt sehr gut und wird ihm im Rahmen des Üblichen entgegenkommen. Im übrigen wird es von dir und deinen Fortschritten abhängen, wie oft du zu ihm gehst. Das wird sich ganz von selbst ergeben.« Sie gingen weiter, und Segimerus hängte noch schmunzelnd an: »Du mußt dich daran gewöhnen, daß er mit gewissen Sprüchen um sich wirft. Er glaubt damit Eindruck zu machen. Nun, bei einfachen Leuten gelingt es ihm auch. Aber das ist unwichtig. Du wirst viel von ihm lernen.« – Haldavo registrierte sehr wohl, daß sich Segimerus nicht zu den »einfachen Leuten« zählte.
Den Rest des Vormittags und den frühen Nachmittag verbrachte Haldavo mit den üblichen Arbeiten im Lager, doch war er nicht ganz bei der Sache; das gestrige Gespräch mit dem Patron hatte ihm ganz unerwartet Perspektiven eröffnet, die er zwar insgeheim schon oft überdacht, deren Verwirklichung ihm aber in weiter Ferne gelegen hatte. Gewiß, er hatte sich ausgemalt, wie es sein könnte, wenn er einem eigenen Laden vorstände, einem Geschäft, das nach seinen Vorstellungen geplant, erbaut, organisiert wäre, mit einigen von ihm selbst ausgesuchten Bediensteten, absolut zuverlässig, von ihm scharf kontrolliert und vollkommen von ihm, seinem Wissen, seinem Wohlwollen, seiner Autorität abhängig. Ihm fiel ein, daß er schon auf dem Hof solchen Träumen nachgehangen, in denen er stets im Mittelpunkt von Aktionen gestanden hatte, die andere von ihm abhängig

machten, und nun wußte er, was ihn faszinierte: die Macht über andere Menschen. Man konnte sie erreichen, wenn man im geeigneten Augenblick einen anderen, der über ihm stand, auf sich und seine Fähigkeiten aufmerksam machte. Und genau dies war ihm in den vergangenen Wochen und Monaten bei Iustus gelungen. Ihm war auch nicht entgangen, daß Segimerus ihn bisweilen mit einem sonderbaren Blick anschaute, nur kurz zwar, aber doch in einer Weise, die erkennen ließ, daß er, Segimerus, der nichts mehr vom Leben zu erwarten hatte außer einem geruhsamen Abend, in ihm diesen Funken entdeckt haben mußte, diese Fähigkeit, entschlossen auf ein gesetztes Ziel zuzugehen und ihm alles andere unterzuordnen. Segimerus war nicht der Mann, ähnlich zu denken; wohl aber besaß er eine Art sechsten Sinn, diesen Zug bei ihm, dem noch so jungen und unerfahrenen Sohn eines Bauern, wahrzunehmen und sich wie ein guter Gärtner für die Entfaltung der Gaben, die ihm die Götter mitgegeben hatten, einzusetzen. Vielleicht, so dachte Haldavo, sah er tatsächlich in ihm einen Sohn, dem seine ganze väterliche Zuneigung galt. Doch es entging ihm nicht, daß im Blick des alten Cheruskers etwas war, was auf unaussprechliche Weise eine geheime Sorge ausdrückte; als ob Segimerus in ihm noch einen anderen Zug gewahrte, den er nicht gutheißen konnte, der gefährlich sei, für ihn selbst wie für andere. Doch hinderte ihn seine Güte, dies auszusprechen, sofern er dazu in der Lage gewesen wäre. Durch all dies wuchs die Bindung zwischen ihnen; der Jüngere wußte, er konnte sich immer und überall auf den Alten verlassen. Und das war sehr beruhigend.

Das erste Zusammentreffen mit Exomnius verlief so, wie Haldavo es sich vorgestellt hatte. Die Alte hatte ihn eingelassen und in ein Zimmer geführt, das an zwei Seiten von Regalen, voll mit Buchrollen, begrenzt wurde. Der Magister saß in der Nähe eines Fensters, das zum Innenhof hin ging, und war in einen Text vertieft.

»Besuch!« rief die Alte barsch und laut, und Haldavo schloß daraus, daß sie oder der Magister schwerhörig sei, da ja Schwerhörige lauter reden, um sich selbst besser zu hören. Exomnius reagierte nicht darauf, sondern behielt den Blick mit großem Interesse auf dem Text, folgte dem Finger, der die Zeilen entlangfuhr und formulierte stumm die Wörter, die er las. Längst war die Alte wieder aus dem Zimmer

gegangen, als er ganz unerwartet aufschaute, Haldavo bemerkte und fragte:
»Wer ... wer bist du? – Ah-ja, du warst heute morgen schon in meiner ... Wie alt bist du?«
Haldavo nannte sein Alter. Darauf Exomnius: »*Brevis ipsa vita est, sed malis fit longior.* – Kurz ist das Leben, lang wird's nur durch Unglück! – Komm her! Lies das!«
Er griff vom seitlich stehenden Regal nach kurzer Auswahl eine Rolle, öffnete sie, beschwerte die Enden mit zwei Stäbchen und schob das Ganze zu Haldavo hin, der neben ihn getreten war und den Blick auf den Anfang der Seite richtete.
»Nun lies, nicht wahr! Lies!«
Er begann, stockend: »*Se ... Senectutis au ... autem nullus est certus terminus, recteque in ea vivitur ...*« Er las so einen ganzen Abschnitt, und Exomnius hielt ihn, seinen Mund, seine Augen, den Text im Wechsel im Blick.
»Nicht schlecht, nicht wahr, nicht ... Wo hast du denn lesen gelernt, mein Sohn?«
»Ich habe es mir selbst beigebracht.«
»Lobenswert, sehr lobenswert. *Nil peccant oculi, si animus oculis imperat.* – Das Auge irrt nicht, wenn der Verstand dem Auge gebietet.« Er übersetzte seine Weisheiten direkt in die hiesige Umgangssprache, und Haldavo staunte, daß er dabei das lateinische Versmaß in angemessener Weise wiedergab.
»Und kannst du das auch übertragen? Nun?«
Er versuchte es, tastend, Wort für Wort: »Des Alters aber keine ist ... sicher die Grenze, und ... gut in ihr ... wird gelebt ...«
»Hm«, machte Exomnius und lächelte still, dann übersetzte er die Stelle noch einmal: »Die Grenze, die das Greisenalter hat, ist nun aber keine bestimmte, und man kann in ihm noch schön leben, soweit man in der Lage ist, pflichtgemäße Aufgaben voll zu erfüllen und dabei doch den Tod nicht zu fürchten ... Weißt du, wer das geschrieben hat?«
Haldavo schüttelte den Kopf, und er fuhr fort: »Der große Cicero! Marcus Tullius Cicero, nicht wahr! Der größte Redner, den Rom je hervorgebracht hat, ja!« Er besann sich: »Aber das macht nichts. Wie

kannst du es wissen, wo noch nicht einmal diese ... diese ...« Er schwieg, doch Haldavo ahnte, daß er seine Schüler meinte. »Wir werden also ganz klein anfangen, ja. Du wirst zunächst einmal korrekt lesen und schreiben lernen. Alles andere kommt zu gegebener Zeit. Beginnen wir also ...«

IX

Die Unterrichtsstunden folgten von nun an einem festen Schema. Zuerst wurde gelesen, dann übersetzt, zum Schluß geschrieben. Er bekam dazu auch Übersetzungs- und Schreibaufgaben mit nach Hause. Verfaßte Exomnius in den ersten Stunden die kleinen Texte selbst, so ging er, als er das schnelle Voranschreiten seines Schülers sah, bald zu solchen der Dichter und Historiker über, worunter immer wieder Kapitel aus Büchern Ciceros waren, bisweilen auch ein Gesang aus Vergils Aeneis oder aus seinen Hirtengedichten, und von Mal zu Mal stiegen im Schüler Respekt und Bewunderung für diese Großmeister der lateinischen Sprache. Exomnius erzählte ihm auch einiges vom Schicksal der Autoren, und so erhielt Haldavo zum erstenmal in seinem Leben einen Einblick in das Geschehen in Italien, besonders in Rom, und wenn er den Meister nach Einzelheiten dieses oder jenes Ereignisses fragte, dann holte Exomnius weit aus und vergaß sich, seinen Schüler, den Raum und alles um sich herum, und die Lehr- und Übungsstunde geriet zur Geschichtsstunde. Haldavo erfuhr, daß es erst seit etwas über hundert Jahren das Amt des Kaisers gab, daß Rom vorher eine Republik gewesen, daß an ihrem Ende fürchterliche Kriege das Volk von Rom zerrissen hatten, bis Caesar und nach ihm Augustus für eine neue Ordnung gesorgt hatten. Bei all dem spürte Haldavo, daß alles Römische für Exomnius vorbildlich, nachahmenswert, unübertrefflich war, und dennoch registrierte sein wacher Verstand den seltsamen Widerspruch, der zwischen dem, was der Magister berichtete, und seinen kärglichen Lebensumständen lag, und er erkannte, daß der alte Mann sich in eine hehre Scheinwelt zurückzog, da die tatsächliche so erbärmlich war. Immer wieder flocht er nämlich unabsichtlich abwertende Bemerkungen über seine Schüler ein, die es

nicht wert seien, daß er sich mit ihnen abgebe. Daraus schloß Haldavo, daß er selbst und seine Wißbegier dem Meister Freude machten. So war es kein Wunder, daß Haldavo das Pensum, für das die Schüler in Exomnius' Taberna zwei Jahre brauchten, um es durchweg gezwungenermaßen und nur oberflächlich über sich ergehen zu lassen, – daß er dafür nur wenige Monate brauchte. Längst beherrschte er die lateinische Schrift vollkommen, und sein Duktus war ausgeglichen und von einer gewissen Eleganz; sein Wortschatz wuchs von Stunde zu Stunde, und er wäre nach einem halben Jahr in der Lage gewesen, eine Rede Ciceros vor dem römischen Senat nicht nur fehlerfrei, sondern mit Verve und korrekter Betonung vorzutragen. Und tatsächlich kamen nach und nach auch solche Vortragsübungen dazu, und Exomnius saß dann vor dem stehenden Haldavo, bewegte die Lippen Wort für Wort mit, nickte, hob taktierend beide Hände und konnte ganz plötzlich ausrufen: »Halt! Kein Wort weiter! Halt! So nicht! So geht das nicht, nicht wahr!« Und dann nahmen die Ermahnungen, Ratschläge und Wiederholungen kein Ende, bis der Meister mit dem Ergebnis einigermaßen zufrieden war, denn vollkommen erschien es ihm nie.
Während dieser Zeit, als Haldavo die lateinische Sprache zu beherrschen begann, machten sie sich auch an schwierigere Dinge, denn nun hieß es, schriftlich Stellung zu nehmen zu gewissen Fragen und Problemen, die, mochten sie auch sehr theoretischer Natur sein, dennoch dem wachen Verstand des Schülers eine schnelle Kombination dieser und jener Argumente abforderten, so daß er schließlich in der Lage gewesen wäre, eine Erörterung zu schreiben über die absurdesten Themen: Ob es gut sei, jung oder alt zu sterben; oder: Man nehme an, es gibt ein Gesetz, welches bestimmt, daß eine Priesterin keusch und rein, von keuschen und reinen Eltern sein soll; oder: Eine Jungfrau, von Seeräubern geraubt, wird an einen Zuhälter verkauft, der sie der Prostitution ausliefert; sie verlangt von den Kunden, die sich einstellen, ihr ihren Lohn zu zahlen, ohne sie zu berühren; ein Soldat weigert sich, ihr diese Gunst zu gewähren, und will sie vergewaltigen; sie tötet ihn; sie wird angeklagt, freigesprochen und ihren Angehörigen zurückgegeben; nun bewirbt sie sich um die Stelle einer Priesterin: Rede für und gegen!*

Bei solchen Themen konnte Exomnius geradezu außer sich geraten vor Begeisterung, wenn der Schüler sich in den aberwitzigsten Assoziationen erging, die zwar kaum etwas mit der Vernunft des alltäglichen Lebens, um so mehr mit absoluten gedanklichen Argumenten zu tun hatten, und Haldavo spielte mit, da die Lösung solcher Aufgaben seinem Hang zu rein logischen Spekulationen entgegenkam.
Dann kamen auch ästhetische Fragen aufs Tapet, wenn es um die Erklärung von Form und Erläuterung des Inhalts von Versen der großen Dichter ging. Und Exomnius konnte sich dann mit dem Schüler zu Dialogen wie dem folgenden steigern:
»Skandiere den Vers: *Arma vi / rumque ca / no Tro / iae qui / primus ab / oris*!«
Haldavo tat es ihm nach, es handelte sich um die Eingangszeile von Vergils Aeneis. Dann hieß es:
»Wieviel Zäsuren hat er?«
»Zwei.«
»Gut. Welche?«
»Die Penthemimeres und die Hephthemimeres.«
»Aha. Welche sind es?«
»Die Penthemimeres: *Arma virumque cano.* Die Hephthemimeres: *Arma virumque cano Troiae.*«
»Wieviel ›Figuren‹ hat er?«
»Zehn.«
»Warum?«
»Weil er aus zwei Daktylen und aus zwei Spondeen besteht.«
»Sehr gut. Wieviel Wörter?«
»Neun.«
»Wieviel Nomina?«
»Sechs: *Arma, virum, Troiae, qui, primus, oris.*«
»Ja, gut! Wieviel Verben?«
»Eins: *Cano.*«
»Aha! – Und wieviel Präpositionen?«
»Eine: *ab.*«
»Wieviel Konjunktionen?«
»Eine: *quae.*«

»Hervorragend, nicht wahr! – Studiere nun die Wörter eines nach dem andern! Nehmen wir *arma*: was für ein Bestandteil der Rede?«
»Ein Nomen.«
»Aha! – Seine Eigenschaft?«
»Appellativ.«
»Welcher Art?«
»Allgemeines.«
»Welchen Geschlechts?«
»Sächlich.«
»Warum?«
»Alle Wörter, die in der Mehrzahl auf -a enden, sind sächlich.«
»Gut, gut! – Warum gebraucht man *arma* nicht in der Einzahl?«
»Weil dies Nomen zahlreiche und verschiedene Gegenstände bezeichnet ...«
Nach solchem Frage- und Antwortspiel hatten sie beide rote Köpfe vor Anstrengung und Lust an der Sprache, und Exomnius konnte einen Augenblick lang ein glückliches Lächeln im Gesicht haben, das man ansonsten nie bei ihm ausmachte.
Die Mythologie, die Heldenlegende nahm während dieser Zeit einen großen Raum innerhalb des zu bewältigenden Stoffes ein, und diese Stunden gehörten zu den schönsten des gesamten Unterrichts. Daran schlossen sich dann oft Fragen zur Geschichte, zur Geographie und anderen Wissenschaften an. Dann hatte Haldavo des Meisters wortreiche Erklärungen über sich ergehen zu lassen: »Man muß nämlich wissen, nicht wahr, daß der Fluß Achelous ein Fluß Ätoliens ist. Er soll als erster der Erde geflossen sein. Er entspringt auf dem Pindus, bei den Perrhebiern, und mündet in das Malische Meer. Er trennt Ätolien von Akarnien. Der Amphrysos aber ist ein Fluß in Thessalien, an dem nach der Legende Apollo die Herden des Admetos geweidet hat ...«
Nun konnte sich Haldavo unter diesen Ländern und Landschaften recht wenig vorstellen, doch störte es weder ihn noch den Magister, der ja selbst ebensowenig am Ort gewesen, dessen Schönheiten und Besonderheiten er so wortreich erklärte und schilderte. So blieben solche geographische Beschreibungen im Reich der Phantasie, und je fremder ein Name klang, um so geheimnisvoller war der Reiz, die Sache selbst sich vorzustellen.

Längst hatte Exomnius bei solchen Übungen das Feld des Grammaticus verlassen und sich auf den Acker eines Rhetors begeben, in Erinnerung an die frühen Erlebnisse seiner eigenen Ausbildung, die er irgendwo im Westen, in einer Stadt des großen Galliens genossen. Doch sprach er nie davon.

Und auch die Themen der schriftlichen oder mündlichen Erörterungen bewegten sich in jenem ebenso feinsinnigen wie weltfremden und darum absurden Raum, der, gerade weil er vom Alltag und seinen Erfahrungen meilenweit entfernt war, um so mehr den Zauber, Charme und die Anmut des rein Geistigen hatte. Immer waren es die gleichen Arten der Gegenstände, dieselbe Lust an unwirklichen Phantasien, derselbe Geschmack am Widersinn und an Unwahrscheinlichkeiten: nichts als Tyrannen und Seeräuber, Pest und Wahnsinn, Entführungen, Notzucht, Rabenmütter und enterbte Söhne, heikle Situationen, erklügelte Gewissensnöte und imaginäre Gesetze. Es war diese bewußte Vorliebe für widersinnige Themen als Übungsvorlage, da sie schwieriger als die Realität schienen, also nutzbringender als das wirkliche Leben zu sein schienen.

Längst war Haldavo über das Stadium dessen hinaus, was er – im Sinne des biederen Lollius Iustus – als Rüstung zur Bewältigung der betrieblichen bürokratischen wie organisatorischen Aufgaben benötigt hätte; wie andererseits Exomnius sich Hoffnungen zu machen begann, in dem aufgeweckten und offenen Jüngling sich einen Famulus heranzuziehen, der einmal in seine Fußstapfen treten würde. Er sprach nie davon, wie sollte er, doch hatte er im Umgang mit diesem Sohn eines ubischen Bauern, der sein Lieblingsschüler geworden war, eine herzliche Zuneigung zu ihm gewonnen, die sich in einer schier unerschütterlichen Geduld und gewissen umständlich hölzernen Art von Freundlichkeit zeigte, die er keinem anderen gewährte. Zugleich aber wußte er aus der harten jahrzehntelangen Erfahrung als Angehöriger eines nicht sehr hoch angesehenen Berufsstandes, daß diese schöne Zeit einmal ihr Ende haben würde; dieser Jüngling war ausersehen, ein Geschäftsmann zu werden – und kein Rhetor! Das im Vergleich zu anderen Privatschülern nicht geringe Entgelt, das Iustus ihm zukommen ließ, machte ihn von diesem abhängiger als er sich einzugestehen bereitfand; und also tröstete er sich damit, daß dereinst, wenn Haldavo in eigener Verantwortung zu wirtschaften begonnen hätte, er sich immer und gerne der erbaulichen Stunden erinnern würde. Im übrigen hatte er schon zu Beginn seiner Tätigkeit in dieser aufblühenden Stadt erfahren, daß ihr Establishment sehr wohl großen Wert darauf legte, in den Mauern einen namhaften Vertreter der pädagogischen Zunft zu haben, der der Stadt den Anstrich von südlich mediterraner Gelehrsamkeit gab, mit all den damit verbundenen Schrullen und realitätsfernen Verstiegenheiten, die man gerade als Kennzeichen seines Standes – wenn nicht schätzte, so doch schmunzelnd zur Kenntnis nahm. Und auch Exomnius mußte sich in einer besinnlichen Stunde eingestehen, daß von diesem Jüngling ein nicht in Worte zu fassender Zauber ausging, dem auch er sich nicht zu entziehen vermochte.

X

Damit stand er nicht allein, denn Haldavo verbrachte ja den größten Teil seiner Zeit im Hause und Lager des Lolliusschen Besitzes, und allein seine Anwesenheit strahlte auf empfängliche Gemüter aus; neben Iustus, der das schnelle Fortschreiten seines hoffnungsvollen Zöglings mit Genugtuung zur Kenntnis nahm – nicht wissend oder beachtend, daß vieles von dem, was er bei Exomnius trieb, fern von den betrieblich nüchternen Dingen geschah –, war es besonders Segimerus, der seine helle Freude am körperlichen und geistigen Erblühen seines »Sohnes« hatte. In regelmäßigen Abständen ließ er sich dies und jenes berichten, und Haldavo gab ihm gerne in Maßen Bescheid, um das liebevolle Interesse des Alten zu befriedigen.
Vor allem aber waren es die Frauen, die mehr aus dem Verborgenen verfolgten, wie da vor ihren Augen ein Wesen sich entfaltete, dessen Charme, verbunden mit zunehmend männlichem Ernst und durchaus schöner Gestalt, in einer Weise anziehend wirkte, wie sie es noch nie bei einem anderen empfunden hatten.
Nun änderte sich zwar nichts in seinem reservierten Verhältnis zu Fannia, wohl aber in dem ihren zu ihm. Ihr beschränkter Geist erging sich in wollüstigen Sehnsüchten, lebhaften Träumen, und sie suchte

seine Nähe. Haldavo spürte sehr genau, was in ihr vorging, und mied ihre Gegenwart, fuhr sie auch schroff an, wenn sie ihm zu nahe rückte, doch konnte solch kühle Ablehnung ihr Feuer nicht dämpfen noch zügeln, auch nicht die harte Zurechtweisung durch die Herrin, die sie fürchtete und die doch nur den Wunsch nach dem Besitz des Schönen steigerte, wie ja Verbote in solchen Dingen das Gegenteil des Untersagten bewirken.
Auch sein Verhältnis zu Arvania änderte sich nicht; er blieb freundlich und zuvorkommend, ihr diesen und jenen kleinen Dienst zu erweisen, doch fiel ihm auf, daß sie ihn länger in ihrer Nähe behielt, gerne mit ihm etwas besprach, wobei sie sich meist mit Handarbeiten beschäftigte, so daß er Gelegenheit hatte, ihr Gesicht näher zu studieren. Und was er sah, gefiel ihm, ihre großen blauen Augen, die weit auseinanderstanden, die gerade, vielleicht etwas zu breite Nase, der volle, weich geschwungene Mund und die Grübchen der Wangen, die, wenn sie lächelte, sich deutlich abzeichneten. In einem ihn seltsam berührenden Gegensatz zu den tief blickenden Augen standen ihre breiten, zupackenden Hände, denen jede Zartheit abging; sie hatten ihre Entsprechung in ihrem nicht gerade feingliedrigen Körper, und er konnte sie sich vorstellen, wie sie nach dem Verlust ihrer Jugendlichkeit in zehn, zwanzig Jahren aussähe. Er kannte ähnliche Frauen, die einer vielköpfigen Familie im Hause vorstanden und der ruhende Pol von Kindern, Mann und Gesinde waren, ausgestattet mit einem festgefügten, einfachen Weltbild, das nicht viel Zeit ließ für allzu empfindsame Träumereien.
Bei solchen Gelegenheiten war ein sympathisches Einvernehmen zwischen ihnen, sie sprachen über die anstehenden Arbeiten im Hause, er machte Vorschläge, wie man diese und jene Nische schöner herrichten, mit welchen Farben man das Eßzimmer wohnlicher gestalten könnte, und meist pflichtete sie ihm mit einem kurzen Aufblick und einem zutraulichen Lächeln bei. Manchmal fragte sie ihn nach dem Leben auf dem Hof, nach seinen Eltern, dem Bruder, und er kam nicht umhin, Einzelheiten zu berichten, daß er sich nicht wohlgefühlt habe, daß Vater und Bruder ihn nicht verstanden hätten, daß er einsam gewesen und oft stundenlang alleine draußen seinen Gedanken und Träumen nachgehangen habe. Von sich und ihrem vorherigen Leben

schwieg sie, und er wagte nicht, sie danach zu fragen. Doch immer, wenn die Heimkehr des Patrons zu erwarten war, schickte sie ihn fort, noch eine kleine Erledigung in der Stadt zu besorgen; und obwohl ihre Begründung dafür immer in irgendeiner Notwendigkeit lag, meinte er dahinter gewisse Skrupel auf ihrer Seite zu entdecken, daß es nicht gut sei, wenn er so lange mit ihr zusammen sei, und er begann zu ahnen, daß es nicht nur mütterliche Gefühle seien, die ihre Zuneigung zu ihm so offensichtlich machten. Einmal hatte sie ihn ohne für ihn ersichtlichen Anlaß geradeheraus gefragt: »Wie alt bist du?«
»Siebzehn«, hatte er gesagt, »warum?«
»Ach, nur so. Bist du schon so lange hier ...«
Dabei hatte sie ihn mit einem seltsam wachen, fast lauernden Blick angesehen, den er nicht vergaß, weil er ihn beunruhigte, denn so offen hatte ihn noch nie eine Frau angesehen.
In diesen Tagen ließ ihn der Patron in sein Kontor rufen, hieß ihn Platz nehmen vor seinem großen schweren Arbeitstisch, legte Abrechnungen zur Seite und schaute ihn mit hochgezogenen Brauen und einem fast schalkhaften Lächeln an. Doch dann hieß es:
»Wie weit bist du mit deinen ... mit deinen Studien?«
Er wußte zunächst nicht, wie er darauf antworten sollte, und erklärte nach einem kurzen Besinnen: »Ich denke, daß ich gute Fortschritte gemacht habe.«
»Gute Fortschritte. Das ist gut, ja. Ich ... Es ist der Punkt erreicht, an dem wir eine Entscheidung treffen müssen. Du entsinnst dich an unser Gespräch vor etwa einem Jahr?«
Haldavo nickte langsam und bestätigend.
»Du sagtest, du würdest, wenn das möglich wäre, in der Stadt einen Laden einrichten. Nun, ich will nicht lange drumherum reden. Ich habe eine Taberna gemietet ... Gemietet! Nicht gekauft! Man muß da sehr vorsichtig an die Dinge ... Du verstehst?«
Er suchte seine Bestätigung, und Haldavo sagte: »Verstehe.«
»Gut. Es kommt ja auf einen Versuch an. Wenn's schiefgeht, ist das Risiko nicht zu groß, da wir immer wieder den Laden ohne zu große Verluste schließen können. Wieviel Leute brauchst du?«
Haldavo hatte Mühe, seine Erregung zu verbergen, so unerwartet kam die Mitteilung, doch Iustus schien es nicht zu bemerken; also tat

er so, als ob es die selbstverständlichste Sache der Welt sei, ein Gespräch fortzusetzen, das sie vor vielen Monaten geführt hatten. So erklärte er ruhig:
»Ich sagte damals: zwei.«
»Zwei. Ja. Aber nun können wir hier Sintus und Satto nicht entbehren. Im übrigen glaube ich kaum, daß die beiden geeignet wären, beim Forum ...«
»Beim Forum?« fuhr Haldavo nun doch staunend dazwischen, und Iustus fühlte sich geschmeichelt: »Natürlich beim Forum! Wo sonst! Wenn schon, denn schon! Hör zu ...« Er zwinkerte, wie immer, wenn er vor einer wichtigen Entscheidung stand. »Du und Segimerus, ihr werdet die Sache in die Hand nehmen. Segimerus kennt viele Leute in der Stadt und wird sich umhören, ob da jemand in Frage kommt ... Ihr werdet die Leute dann prüfen ...«
»Bist du denn nicht dabei anwesend?«
»Wie? Nein. Ich werde einige Zeit außer Hauses sein. Ich habe Nachricht erhalten, daß es meiner Schwester in Lugdunum* nicht gut geht. Wahrscheinlich liegt sie im Sterben ...« Er seufzte, doch Haldavo erkannte, daß es weniger wegen des ins Haus stehenden Todesfalles als wegen der damit verbundenen Erbschaftsangelegenheiten geschah. Iustus hatte irgendwann einmal beiläufig erwähnt, daß er eine recht vermögende Schwester habe, die seit langem verwitwet sei. »Du und Segimerus, ihr werdet die Sache regeln. Im übrigen hat Segimerus Vollmacht, in meinem Namen zu handeln. Du wirst ihm helfen, besonders, wenn es um schriftliche Dinge geht. Für alle Fälle habe ich meinen Freund, den Anwalt Gabrio informiert. Er wird euch helfen, wenn irgendwelche Schwierigkeiten mit der Stadt auftauchen, was ich allerdings nicht hoffe.« Damit stand er auf, kam um den Tisch herum, legte Haldavo seine fleischige, trockene und warme Hand auf die Schulter und sagte: »Ich setze große Hoffnungen auf dich, mein Junge.«
Haldavo erwiderte den Blick fest und sicher: »Und ich danke dir für das Vertrauen.«
Iustus klopfte ihm zweimal leicht auf die Schulter: »Gut. Wenn alles seinen Weg nimmt, werde ich dir ein festes Gehalt zahlen. Und nun wollen wir essen!«

Die Taberne

I

Segimerus hatte bereits vorgearbeitet, und am Morgen des nächsten Tages erschienen, eine Stunden nach Sonnenaufgang, vier junge Männer. Haldavo ließ sie warten, denn er hatte mit Segimerus abgesprochen, sie einzeln im Kontor in Augenschein zu nehmen und sie zu prüfen, ob sie für die auf sie zukommenden Arbeiten geeignet wären. Dazu nahm der alte Cherusker auf dem Sessel des Patrons hinter dem großen Tisch Platz; Haldavo setzte sich seitwärts davon.

Es stellte sich heraus, daß einer von ihnen bisher im Hafen, ein anderer in einer Spedition, der dritte als Gehilfe in einem Kontor und der vierte Knechtsdienste in einer Schenke verrichtet hatte. Der einzige, der leidlich schreiben und recht gut lesen konnte, war jener Kontorgehilfe mit Namen Melonius; er war, wie er sagte, sechzehn Jahre alt, hatte die Elementarschule besucht, doch mußte er einen weiteren Schulbesuch abbrechen, weil sein Vater gestorben und er als der Älteste sich um das Wohl von Mutter und drei kleineren Geschwistern zu kümmern hatte. Das waren gewichtige Gründe, sich gerade für ihn zu entscheiden. Er trat bescheiden auf, wirkte etwas unsicher, doch ausschlaggebend war, daß er lesen und schreiben konnte. Aus den drei übrigen den geeigneten Burschen herauszufinden war nicht so einfach. Sie machten alle den Eindruck, als ob sie zupacken könnten, doch kamen die beiden, die im Hafen und in einer Transportunternehmung gearbeitet hatten, in die engere Wahl. Segimerus und Haldavo entschieden sich schließlich für Dregenus, den Mann aus der Spedition, da er über eine Menge Erfahrungen im Fern- und Nahhandel verfügte und überhaupt von den dreien den aufgewecktesten Eindruck machte. Er war, wie er sagte, 27 Jahre alt, wirkte wortkarg, in sich gekehrt, und es stand zu erwarten, daß er seine Pflichten gewissenhaft erfüllen würde. Er war verheiratet und wohnte, wie auch der junge Melonius, in der Stadt. Das war sehr vorteilhaft, weil weder im Hause des Iustus bei der Hafenmauer noch in oder über der gemieteten Taberna weitere Schlafgelegenheiten vorhanden waren. Beide

hatten eine Familie zu versorgen, und gerade dieser Umstand wurde von Segimerus als gute Voraussetzung dafür gewertet, daß sie ihre neue Arbeit zur Zufriedenheit ihres neuen Patrons erledigen würden. Freilich staunten sie nicht wenig, als Segimerus, nachdem er sie beide wieder ins Kontor hatte rufen lassen, mitteilte:
»Ich hoffe, daß euer neuer Herr immer mit euch zufrieden sein wird.«
»Gewiß, Herr«, beeilte sich Dregenus zu beteuern und machte eine leichte Verbeugung zu Segimerus hin, als dieser den Kopf schüttelte, auf Haldavo wies und erklärte: »Nicht ich – er ist ab morgen euer Chef!«
Die beiden fuhren herum und starrten Haldavo an, der ja bisher in ihrer Gegenwart wenig gesprochen, dafür um so kritischer beobachtet hatte. Und mit einer gewissen Genugtuung registrierte Segimerus, wie die beiden auf der Stelle erkannten, daß sie es bei dem jungen Haldavo mit einem Vorgesetzten zu tun haben würden, der Respekt forderte, weil er auf eine unaussprechliche Weise Autorität ausstrahlte. Haldavo maß sie, ohne mit der Wimper zu zucken, eine Weile, sein Auge ruhte kühl auf dem einen, dann auf dem andern, und es geschah etwas, was Segimerus von nun an noch oft in Gegenwart seines »Sohnes« bemerken sollte: Es dauerte nicht lange, und sie senkten den Blick, wichen dem kühl, ja kalt prüfenden Auge des jungen Mannes aus. Von diesem Augenblick an wußte er, Haldavo hatte das Sagen!
Die beiden folgenden Tage waren von morgens bis zum späten Abend damit ausgefüllt, das Mobiliar, die Regale, Tische, Stühle, Truhen, das Schreibmaterial, die Vorräte an Papyros, die Wachstafeln und ähnliche Dinge in den neuen Laden zu bringen und an den dafür vorgesehenen Plätzen aufzustellen, abzusetzen und die Räumlichkeiten soweit wie möglich funktionstüchtig zu machen. Iustus war nicht knauserig gewesen und hatte Räume im Erdgeschoß eines Eckhauses in der Nähe der eleganten Portikus im Westen des Forums gemietet. Die Räume waren verschieden groß; der eigentliche Verkaufsraum war von beiden Straßenseiten her zu betreten, und allein dieser Umstand machte einen sehr großzügigen Eindruck, zumal beide Eingänge hinter den hölzernen Säulengängen im Schatten lagen und so Schutz vor Regen wie Sonne boten. Der größere der beiden hinteren

Räume würde als kleines Lager dienen, während der kleinste, immerhin noch zehn mal fünfzehn Fuß im Geviert, das Kontor abgab, das von Arvania mit Fannias Hilfe recht wohnlich eingerichtet wurde. Arvania fragte den neuen Vorsteher des Geschäftes denn auch immer wieder, ob es ihm so oder so recht sei, und Haldavo erklärte sich lächelnd mit allem einverstanden, was sie tat, wie sie die Stühle stellte, wo sie einen kleinen Wandteppich aufhängte oder wo mehrere Krüge mit Wein und Wasser ihren Platz fanden, für den Fall, daß man einen wichtigen potenten Kunden höflich bewirten wollte.
Die gröberen Arbeiten, das Heranfahren der Keramikwaren und der Korbsessel und zierlichen Stühle übernahmen Satto und Sintus, deren Respekt vor Haldavo in dem Maße wuchs, wie ihnen allmählich klar wurde, daß er in der Hierarchie des Hauses gleich nach Iustus rangierte, denn Segimerus würde unten im alten Lager und Kontor bleiben und wie immer still seine Arbeiten verrichten.
Als dann am Abend des zweiten Tages alles gerichtet und an seinem Platz war, konnte Haldavo es kaum fassen, was geschehen war; und erst als Segimerus ihn lachend aufforderte, doch hinter der schön gewachsten Platte des Tisches Platz zu nehmen – er tat es mit einer gewissen Scheu –, da wußte er, daß er den ersten Schritt auf dem Wege nach oben getan hatte.
Ihm fiel ein, was Exomnius ihm einmal erzählt hatte: daß, wenn zu Rom der siegreiche Feldherr während des Triumphzuges auf einem Wagen über die Heilige Straße durch die Stadt und zum Tempel des Iupiter auf dem Capitolsberg ziehe, umtost vom Beifall der begeisterten Volksmenge, daß dann hinter ihm ein Sklave stehe und ihm pausenlos zuflüstere: »*Respice post te, hominem te esse memento!*« – Blicke hinter dich und vergiß nicht, daß du ein Mensch bist!
Da lächelte er und sagte leise: »Es ist erst der Anfang ...«
Segimerus aber hatte die Bemerkung und ihren Hintersinn verstanden, und er sagte sehr ernst:
»Ich wünsche dir, mein Sohn, den Segen aller guten Götter für dein Beginnen. Bleibe bescheiden!«
Dabei schauten sie einander an und hatten sich verstanden.

II

Die Eröffnung eines neuen Geschäftes war in einer so großen Siedlung wie der CCAA für alle in der Nähe wohnenden Bürger ein Ereignis, das man sich nicht entgehen lassen durfte; doch waren die Besitzer ähnlich gearteter Geschäfte vielleicht noch neugieriger, und sie kamen aus den entferntesten Vierteln, den neuen Laden und seinen Chef kennenzulernen. Natürlich wunderte sich jeder, als er hörte, Haldavo sei erst neunzehn Jahre alt – Haldavo hatte es so durch Satto und Sintus verbreiten lassen, wenn sie darauf angesprochen würden, und sie wurden es.

Der eine oder andere versuchte, näher an Haldavo heranzukommen, ihn in ein Gespräch zu ziehen, um so einiges über seine Person, seine Kenntnisse der Branche, seine Pläne zu erfahren. Doch Haldavo war auf der Hut. Er kannte die meisten der Händler, auch jene, die außerhalb der Mauern ihre Niederlassungen hatten, und er gab sich höflich, doch bestimmt, bescheiden, doch selbstsicher, freundlich, doch nicht sich anbiedernd, so daß jene unter den meist gewichtigen Herren, die eine gute Menschenkenntnis hatten, sehr wohl erkannten, daß ihnen in der Person dieses jungen Mannes eine ernstzunehmende Konkurrenz entstehen konnte; aber zunächst müßte man abwarten. Seltsam kam es ihnen vor, daß Lollius Iustus nicht selbst bei der Neueröffnung anwesend war, und des öfteren mußte Haldavo auf entsprechende Fragen mitteilen, daß er aus familiären Gründen eine unaufschiebbare Reise nach Lugdunum in Gallien habe machen müssen. War das Gegenüber damit noch immer nicht zufrieden, machte Haldavo eine Andeutung über den zu erwartenden Tod eines nahen Verwandten, und damit gab man sich zufrieden; wiewohl man im stillen meinte, dann hätte Iustus mit der Eröffnung warten können, bis er nach dem Tod der Schwester drüben alles geregelt hätte. Also schlossen sie aus all dem, was sie sahen und hörten, daß dieser Haldavo das höchste Vertrauen des Patronus besitzen müsse, daß er außerdem ein Fachmann in diesem Geschäft sei und also über die entsprechenden Erfahrungen verfügen müsse, denn sie kannten Iustus als sehr vorsichtigen Mann, der so leicht nicht alles auf eine Karte setzte.

Drei Tage später begann sich die Neugier zu legen, der Alltag ergriff von den Vorgängen in den vier Räumen Besitz, und es stellten sich schon bald jene kleinen Gewohnheiten ein, die für die notwendige Verläßlichkeit und Regelmäßigkeit des Lebens sorgen, indem sie Ruhe und Besonnenheit fördern, die gerade zur Beherrschung von vielfältigen geschäftlichen Vorgängen notwendig sind.
So ergab es sich schon nach dem vierten Tag, daß der junge Melonius als erster an der noch verriegelten Eingangstür eintraf, dort wenige Augenblicke später seinen Kollegen Dregenus begrüßte, worauf sie, meist schweigend, auf die Ankunft ihres Herrn warteten. Haldavo begrüßte sie mit einem kurzen »Salve!« – registrierte mit einem kritischen Blick ihr Aussehen, ob sie krank, übermüdet oder sonst lädiert aussähen, nickte dann, sagte »Gut so!« und öffnete den Laden.
Wie sich bald herausstellte, war Haldavos Idee, das Geschirr draußen, unter der Kolonnade auf Tischen auszubreiten und durch hübsche Accessoires wie kleine Statuetten, Öllampen nach der neuesten Form und ähnlich pittoreske Dinge herauszuputzen, sehr gut und nützlich, denn es wurden mögliche Kunden zum Stehenbleiben und Betrachten angeregt, die ansonsten weitergegangen wären, ohne einen Blick in den schattigen Eingang des Ladens zu werfen. Da sich nun aber, auf besondere Anweisung Haldavos, der junge Melonius stets in der Nähe des Eingangs zu halten hatte, trat dieser, wenn ein Passant stehenblieb, freundlich an ihn heran und gab, angesprochen oder nicht, detaillierte Informationen über Herkunft, Form, Zweck des Geschirrs, verwies besonders auf zur Zeit außergewöhnlich günstige Dinge – es war auch dies ein Einfall Haldavos, bei diesem und jenem Artikel die Preise herunterzusetzen, die dafür bei den teuren Objekten entsprechend erhöht wurden –, und kaum einer ging ohne den Kauf irgendeiner Kleinigkeit davon.
Über Mittag, wenn alle Geschäfte geschlossen hatten, schaute meist Arvania kurz herein, brachte eine kleine Erfrischung, etwas zum Knabbern, nahm das schmutzige Geschirr wieder mit und putzte mit einem weichen Tuch den Staub von den Regalen. Noch vor dem Ende der mittäglichen Ruhepause verließ sie wieder den Laden. Haldavo schloß dann die Eingangstür ab, um nicht gestört zu werden, machte

sich über die Lieferlisten her, setzte Briefe an diesen und jenen Lieferanten auf und schrieb auch ein paar Zeilen an diesen und jenen städtischen Beamten, wobei er einen gerafften Überblick über das derzeitige Angebot des Hauses machte und ihnen durch Melonius eine besonders hübsche Schale aus der neuesten Produktion als Geschenk zukommen ließ.

Seine beiden Angestellten gingen über Mittag, wenn nichts Besonderes vorlag, nach Hause zu ihren Familien. Natürlich wurden auch sie von ihren Angehörigen ausgefragt über das neue Geschäft und seinen jungen Vorsteher, und die beiden waren des Lobes voll über seine Fachkenntnis, seine zukunftweisenden Vorstellungen und priesen seine nüchterne, sachliche und gerechte Art: Ja, er wisse durchaus, was er wolle! Nein, die Dinge wüchsen ihm nicht über den Kopf, er habe alles fest im Griff; sein Umgang mit der Kundschaft sei vorbildlich, und man höre nur Lob über ihn. – Ja, aber die Konkurrenz! – Sicher, man habe gehört, daß andere Händler der Branche offen oder versteckt über ihn schimpften, aber das sei nur natürlich und im übrigen ein Zeichen dafür, daß er Erfolg habe, weil er besser sei als sie und ihre veralteten Methoden; kurz, es sei der bloße Neid!

So gingen die Tage hin. Bei der allabendlichen Abrechnung stellte Haldavo mit Genugtuung fest, daß die Einnahmen stetig im Steigen begriffen waren, und diese Entwicklung entsprach genau der Prophezeiung, die er gegenüber Marcus Lollius Iustus gemacht hatte. Mit Stolz blätterte er in den Aufzeichnungen, die minutiös Einnahmen und Ausgaben verzeichneten, und er hatte jederzeit den Überblick über die monetären Vorgänge.

Wenn Iustus zurückkam, würde er ihm eine wohlgefüllte Geldkiste öffnen; sie stand in einem Winkel seines kleinen Kontors, war mit mehreren Schlössern gut gesichert, und auch die Tür zu diesem Raum wurde mit besonders starken Schlössern verriegelt.

Aus den Tagen wurden Wochen, und er meinte, nie etwas anderes getan zu haben als das, was er tat, als eines Tages – es war kurz vor der Mittagspause – Gaius Gabrio Rufinus, der Anwalt und Freund von Iustus, im vorderen Laden erschien, mit freundlicher Neugier alles zur Kenntnis nahm, um schließlich nach dem »jungen Herrn«, wie er sich ausdrückte, zu fragen.

Melonius lief, Haldavo, der in seinem Kontor saß, von der Anwesenheit des wichtigen Mannes zu unterrichten, und Haldavo beeilte sich seinerseits ihn zu empfangen; zuvor trug er dem Melonius auf, silberne Becher und Wein vom besten bereitzustellen und in der nächsten Bäckerei einige Stück Honigkuchen zu besorgen.
Dann verließ er den Raum, um den Besucher selbst hereinzubitten. Er kannte den Einfluß und die Bedeutung von Gabrio aus hingeworfenen Bemerkungen von Iustus, und Segimerus hatte ihm zugesteckt, daß Gabrio schon manchen Zivilprozeß, auch mehrere Strafprozesse für seine Klienten erfolgreich abgeschlossen habe; er sei einer der besten und darum auch teuersten Advokaten der Stadt, seine Argumentation und gedankenschnelle Kombination werde von seinen Gegnern gefürchtet; auch sitze er als Decurio im Rat der CCAA, verfüge über hervorragende Beziehungen zum Statthalter, kenne wie kein anderer die wirtschaftlichen und politischen, besonders aber die gesellschaftlichen Verhältnisse der Stadt, ihres Umlandes, ja der ganzen Provinz und nutze sie selbstredend entsprechend für sein privates Fortkommen. Er wohne in der Nähe des Westtores, und seine Villa Urbana* nehme fast ein Viertel einer Insula ein. Gabrio und Iustus – so Segimerus – seien aus früheren Jahren miteinander bekannt, als sie beide noch in Gallien lebten und an ihrem Aufstieg arbeiteten. Ob Gabrio einmal in der Armee gedient habe, wußte er nicht zu sagen.
»Ah, da ist ja unser erfolgreicher junger Mann!« rief er, noch ehe er die hinteren Geschäftsräume erreicht hatte, und reichte Haldavo die Hand. Sie war feingliedrig, kühl, aber trocken, und er spürte die Knöchel der Finger, als er sie drückte.
Sie nahmen an dem kleinen Tisch Platz, etwas abseits von der Arbeitsecke Haldavos, und Gabrio blickte in die Runde, nickte mehrmals anerkennend, dann hieß es: »Sehr schön, das alles!« Er zeigte mit der Rechten in die Runde. »Geschmackvoll! Man kann sich hier wohlfühlen.«
Haldavo verbeugte sich im Sitzen leicht und gab dem Melonius, der gerade zurückkam, ein Zeichen, den Gast zu bedienen. Nachdem dieser das leichte Gebäck serviert, Wein und Wasser gemischt und die beiden Becher gefüllt hatte, hob Gabrio den seinen und erklärte nicht ohne ein gewisses Pathos:

»Ich trinke auf ein gutes Gelingen! Erfolg und Glück bei allem, was du nun hier vorhast!«
Sie tranken einander zu und setzten die Becher auf die Tischplatte. »Tja ...« Gabrio lehnte sich zurück und schlug die Beine aufeinander. »Schade, daß unser Freund Iustus nicht bei der Eröffnung dabei war. Aber ich kenne ja den Grund seiner Abwesenheit. Schade ...«
Haldavo enthielt sich einer Entgegnung, nickte nur leicht und überlegte, was denn der Anlaß für das unerwartete Erscheinen des potenten Anwalts und Bürgers sein könnte. Vielleicht war es nur die Neugier festzustellen, ob das, was er von anderen vernommen, denn auch stimmte; doch war in seinem Blick eine gewisse Zurückhaltung, ja Distanz, und beides schien anderes, Beunruhigendes anzukündigen. Gabrio mied aber den direkten Weg, als er ausholend begann: »Man hört ja viel Lob und beifällige Äußerungen über dein Geschäftsgebaren ...«
»Es freut mich, daß gerade du das sagst!«
Gabrio sah ihn an, studierte sein Gesicht, stellte fest, daß Haldavo älter wirkte als er war, registrierte sein gepflegtes Äußere, den korrekten Haarschnitt, die gepflegten Hände und Fingernägel, vor allem aber diese für einen so jungen Mann ungemein selbstsichere Art und Weise des Blicks, der bedächtigen Bewegung der Hände, dazu die vollendete Aussprache und den äußerst korrekten gehobenen Satzbau. In seltsamem Gegensatz dazu Gabrios Korpulenz; wenn er saß, quoll das Kinn in drei fleischigen Wülsten hervor.
»Leider ...« Er hob wie entschuldigend die Hände und beugte sich leicht vor. »Leider gibt es da auch einige andere Stimmen ...«
»Ich weiß«, pflichtete Haldavo ihm bei. »Die Konkurrenz hat sich hier umgesehen, und was man sah, gefiel natürlich nicht allen.«
»Das ist richtig. Und du solltest diese Leute durchaus – nun, ich sage einmal so: du solltest sie ernst nehmen!« Sein Blick ruhte nun ernst auf dem Gesicht Haldavos, der den Mund leicht geöffnet hielt, wie um zu erwidern, doch Gabrio fuhr fort, mit seiner leisen, gepflegten Stimme, und das, was er zu sagen hatte, wirkte dadurch nur um so eindringlicher: »Du hast, wie ich vorne gesehen habe, einige der Artikel, die du zum Kauf anbietest, erheblich unter ihrem Marktpreis angesetzt ...«

»Das ist richtig.«
»Ja, so mußt du es gewiß sehen, ja. Aber ich habe gerade unter den Händlern einige Freunde, gute Freunde, und was ich von ihnen so im Vorbeigehen zu hören bekam, klang nicht sehr freundlich.«
»Natürlich nicht«, lächelte Haldavo.
»Gewiß, ja ... Aber ... daraus könnten dir Schwierigkeiten erwachsen.«
»Schwierigkeiten?«
»Schwierigkeiten, ja. Du scheinst dir nicht im klaren darüber zu sein – aber wie könntest du es auch –, daß diese Männer durchaus die Mittel haben, dich zu zwingen, deine Preise wieder heraufzusetzen. Sie bilden in der Stadt eine Interessengemeinschaft, mit eigenen Regeln und Abmachungen, durchweg natürlich mündlicher Art, wie das immer in solchen Dingen zu sein pflegt. Und sie werden es nicht hinnehmen, wie da ein neuer Mann aus der Reihe tanzt.« Er hatte den lateinischen Begriff »homo novus« benutzt, der aus Rom stammte und soviel wie Aufsteiger bedeutete, jemand, der aus dem Nichts kam.
Haldavo behielt äußerlich seine Ruhe, als er entgegnete: »Wie ich die Preise festsetze, richtet sich nach sachlichen Gesichtspunkten, nicht nach irgendeiner Willkür! Ein guter Geschäftsmann kann nicht nach Lust und Laune seine Preise festsetzen. Das müßten diese Herren durchaus wissen, denn sie halten sich selbst daran.«
Gabrio lächelte: »Gewiß, ja, im Prinzip hast du natürlich recht, aber du hast ein ungeschriebenes Gesetz verletzt, das da lautet: Wir sitzen alle im gleichen Boot, und es kann sich nur in einer Richtung bewegen. Wenn da einer falsch rudert, kommen wir aus dem Kurs. – Bitte, versteh mich richtig: Ich sehe sehr wohl dein eifriges Bemühen, in dieser Stadt Fuß zu fassen; doch vergiß nicht, daß deine Konkurrenten bereits seit über hundert Jahren hier Wurzeln geschlagen haben. Man kennt sich untereinander. Man respektiert sich. Und der sogenannte Konkurrenzkampf hat sich stets den überkommenen Regeln unterzuordnen.«
Zorn war in Haldavo aufgestiegen, denn einmal mehr wurde ihm bewußt, daß das gesamte bürgerliche Leben all dieser behäbigen Männer nach eben den Regeln ablief, die er nicht anerkennen wollte, nicht anerkennen konnte, denn er kam von unten, er haßte alles

Etablierte, weil es ihm den Aufstieg versperrte; doch ebenso schnell hatte sein scharfer Verstand ihm gesagt, daß das, was Gabrio ihm da mit mehr oder weniger freundlichen Worten, aber hart in der Sache vortrug, der Tradition, den Gepflogenheiten, eben den gegebenen Verhältnissen entsprach. Er stand erst ganz am Anfang und durfte sich jetzt keinen Fehler erlauben. Also entgegnete er konziliant:
»Von dieser Seite habe ich die Sache noch nicht betrachtet ...«
»Aber du solltest es tun, mein Freund! Lollius Iustus ist mein Freund, und ich setze mich für sein Fortkommen ein. So glaube ich kaum, daß er dazu sein Placet gegeben hätte. Mein Rat: Du solltest ohne viel Federlesens einfach die Preise wieder heraufsetzen. Man wird das sehr bald zur Kenntnis nehmen. Was du erreichen wolltest, hast du erreicht, und es sind, wie ich es sehe, zwei Dinge: Die Kundschaft ist auf den neuen Laden und sein qualitätvolles Angebot aufmerksam geworden. Darüber hinaus aber – und das ...« – er lächelte etwas ironisch – »dürfte dir nicht ungelegen sein – ist man in gewissen Kreisen auf dich aufmerksam geworden. Deine Lieferanten werden das so zu schätzen wissen, wie deine Konkurrenten dich von nun an stets sehr kritisch im Auge behalten werden. Das scheint mir kein schlechter Start zu sein. Also dann ...« Er erhob sich schwerfällig, denn er neigte zur Fülle, und klopfte Haldavo kurz auf die Schulter: »Du kannst jederzeit mit meiner Unterstützung rechnen.«
Haldavo geleitete ihn bis auf die Straße.
Lange saß er danach an seinem Tisch und grübelte; und er kam immer wieder zum gleichen Ergebnis: Gabrio hatte zwingende Gründe angegeben, die zur Vorsicht mahnten; der Weg nach oben war nicht mit einem einzigen schnellen und weiten Schritt zu bewältigen; Geduld, Ausdauer und Zähigkeit waren verlangt. Sie sollten es haben! Sie sollten ihn kennenlernen! Sie sollten ihn noch fürchten! Er wußte, daß er auf dem richtigen Weg war.

III

Zunächst blieb ihm nichts anderes übrig, als der freundschaftlichen Empfehlung Gabrios zu folgen, und so informierte er unverzüglich

Melonius und Dregenus, ohne freilich ein Wort über das Gespräch mit dem Advokaten zu erwähnen. Der ältere Dregenus dachte sich sein Teil, schwieg aber, denn was gingen ihn solche Dinge an?
Am Abend ging Haldavo hinüber zum Haus an der Hafenmauer, nahm Segimerus beiseite und berichtete ihm den Vorfall.
»Ich habe das kommen sehen«, nickte der Alte bedächtig.
»Aber nicht so schnell. Sei vorsichtig, Junge! Sie haben einen langen Arm, und du wärst nicht der erste, den sie aus dem Geschäft gedrängt haben.«
Haldavo schwieg dazu, fragte aber: »Wann kommt Iustus zurück?«
»Keine Ahnung. Für Hin- und Rückfahrt kannst du, bei gutem Wetter, vierzehn Tage rechnen, und eine Woche wird er wohl dort zu tun haben. Ich habe das einmal erlebt. Alles sehr umständlich. Gänge zu den Behörden. Nachweise erbringen über nicht vorhandene Erben. Also, da mußt du schon selbst entscheiden.«
»Was rätst du?« Er ließ nicht locker.
»Nachgeben.«
Haldavo ließ sich in keiner Weise entmutigen und ging in den nächsten Tagen mit Eifer seinen Geschäften nach. Dabei stellte er mit Genugtuung fest, daß die Umsätze gleichgeblieben waren. Dies, und nur dies war von Bedeutung. Mochten sie doch hinter seinem Rücken über ihn herziehen, es ließ ihn kalt.
Manchmal nahm er mit einem Fremden ein Gespräch auf, wenn er hörte, daß der Mann mit neuesten Nachrichten aus Gallien oder darüber hinaus dienen konnte. Und so erfuhr er, daß der Kaiser im Südosten, am Unterlauf der Donau, mit dem Bau einer gewaltigen Brücke begonnen hatte. Der Mann konnte sogar Einzelheiten nennen, daß sie über 4000 Fuß* lang sein sollte und auf 26 steinernen Pfeilern ruhen werde, von denen 20 im Flußbett und je 3 auf den Ufern stehen würden; die Spannweite der Brückenbögen werde 170 Fuß betragen*.
»Woher weißt du das alles so genau?«
»Von meinem Bruder. Er ist Centurio und dient schon siebzehn Jahre. Er gehört zum Brückenkommando. Ruhiger Posten, sagt er. Wache schieben. Aufpassen, daß die Barbaren nachts nicht die Steine und Hölzer klauen. Du mußt da nämlich aufpassen wie ein Luchs, vor den Jungs ist nichts sicher ...«

Er erging sich dann umständlich in Einzelheiten über den Charakter der Daker, doch Haldavo hörte nur mit halbem Ohr zu. Er versuchte sich die Breite des Flusses und somit die Länge der Brücke vorzustellen, indem er den Rhein zum Maßstab nahm. Wenn das stimmte, was der Mann da berichtete, war es eine ungeheure, alles bisher Dagewesene übertreffende Konstruktion. Allein in einem so breiten und mächtigen Fluß die Fundamente für die Pfeiler zu setzen, schien ihm beinahe unvorstellbar.
»Warum bauen sie die Brücke überhaupt?«
»Warum sie ...?« Der Mann starrte ihn an. »Ja, lebt ihr denn hier auf dem Mond?!«
Haldavos Frage animierte ihn, und er kehrte den erfahrenen, weitgereisten Kaufmann heraus: Der Imperator Caesar Nerva Traianus – er nannte mit Kennermiene großtönend diese Namen – habe im letzten Jahr endlich diesen aufständischen Barbarenfürsten Decebalus zurückgeschlagen und Gebiete nördlich des Danuvius* in Besitz genommen. Der besseren Versorgung wegen und zum schnellen Einsatz der Reserven habe der Kaiser seinen besten Architekten, Apollodoros aus Damaskos, mit dem Plan und der Durchführung des Brückenbaus beauftragt.
»Der Feind bindet große Kräfte am Danuvius. Aber bei euch hier ist es ruhig. Den Göttern sei Dank! Ihr lebt im tiefsten Frieden!«
Aufgrund solcher Gespräche weitete sich Haldavos Weltbild, und er war durch den bei Exomnius genossenen Unterricht imstande, sich eine ungefähre Vorstellung von der geographischen Lage im Südosten zu machen. Welch ein Strom mußte dieser Danuvius sein, der in Rätien entsprang – Friannius hatte dort Dienst getan – und dann über Hunderte von Meilen nach Südosten floß, bis er sich, ein gewaltiges Delta bildend, schließlich in den Pontos Euxeinos, das Schwarze Meer, ergoß.
Dieser kurze Gedankenaustausch mit dem Fremden beschäftigte ihn noch lange; er wollte mehr von der Welt und ihrer unendlich vielfältigen Gestalt wissen. Wozu hatte er Lesen und Schreiben gelernt, wenn er es nicht zur Erweiterung seines geistigen Horizontes und Wissens einsetzte! Materieller Gewinn war gut; er machte unabhängig, aber Haldavo wußte, er würde ihn nie um seiner selbst willen anstreben. Er

verachtete diese Pfeffersäcke, die ihren einzigen Lebenssinn darin sahen, noch größere Mengen von Gütern in noch größeren Speichern und Hallen zu horten, die alles über den einen Leisten schlugen: Hast du was – bist du was! Ihre Reputation erschöpfte sich in eitler, oft auch aufdringlicher Zurschaustellung ihrer Häuser, Pferde, Wagen, im Glitzerzeug und teuren Geschmeide ihrer Frauen, Töchter und Maitressen. Dabei waren ihre Großväter noch halbe Barbaren, die vor der römischen Macht katzbuckelten. Aber das taten sie auch jetzt noch!
Er besorgte sich bei einem Buchhändler, der seinen Laden in der Nähe hatte, was er an geographischen, historischen oder literarischen Schriften bekommen und bezahlen konnte, denn Bücher waren teuer. Am meisten faszinierten ihn die Schriften eines gewissen Strabon*; er hatte zwar nur ein stark beschädigtes Exemplar ergattert, das längst nicht alles aus der Feder des gelehrten Mannes enthielt, da es sich um eine auszugsweise Übersetzung ins Lateinische handelte. Der Stil des Geographen und Historikers war umständlich, oft langweilig, aber er arbeitete sich konzentriert durch den zähen Text und wurde belohnt mit Schilderungen über die entferntesten Weltteile, die er, Haldavo, bisher noch nicht einmal dem Namen nach kannte.
Er hatte es so eingerichtet, daß er, solange Iustus noch nicht wieder zurück war, in der Mittagspause die Schrift studierte, sich wichtige Stellen anstrich und das eine oder andere in Excerpten zusammenfaßte. Diese Methode hatte er bei Exomnius gelernt; und es war ihm die schönste Stunde des Tages, wenn er in seinem Kontor am Tisch vor den Rollen saß und Zeile für Zeile, Seite für Seite durchging, Notizen machte oder Randbemerkungen anbrachte, meist Fragen, die später vielleicht mit Hilfe anderer Autoren zu klären waren.
An einem dieser Tage war er so versunken in die Lektüre, daß er alles um sich herum vergaß, so auch nicht bemerkte, wie vorne leise das Schloß der Haupteingangstür geöffnet wurde, und erst auffuhr, als wie eine Erscheinung unvermittelt Arvania im Türrahmen des Kontors stand und ihn mit einem seltsamen Lächeln und Leuchten der Augen anblickte.
Es erinnerte ihn an jenen ähnlichen Blick, vor nicht langer Zeit, als sie ihn nach seinem Alter fragte, ohne dann näher darauf einzugehen.

Er schaute sie vom Tisch her an, sie ließ auch ihn nicht aus den Augen, und er fand, daß sie sehr schön sei.
»Immer fleißig?« fragte sie leise und kam näher. Sie hielt noch den Schlüssel in der Hand. Er wußte nicht, daß sie im Besitz eines Schlüssels war, da er selbst die Tür nach ihrem mittäglichen Weggehen verriegelte.
Sie kam um den Tisch herum, erreichte ihn und legte ihm, wie beiläufig, ihren Arm um seine Schulter. Er ahnte, was nun kommen würde, und er war gewillt, ihr lockendes Spiel mitzuspielen. Ihr Kopf senkte sich, näherte sich dem seinen, und er spürte den angenehmen Duft ihrer Haut, vermischt mit dem feinen Aroma eines exotischen Duftstoffes. Sie strich ihm über die Wange, spielte mit dem Haar hinter seinem Ohrläppchen und flüsterte: »Komm!«
Er stand auf, ließ sich von ihr führen wie ein Kind, hin zum Lager, der Liege in der Ecke des Raumes, wo er bisweilen die größte Hitze eines heißen Sommertages überschlafen hatte. Längst hatte das Blut in seinen Adern heiß zu strömen begonnen, die Hitze stieg in sein Gesicht, er sah, daß es ihr ähnlich erging, denn sie hingen mit den Augen aneinander, als ob sie sich festsaugten. Plötzlich schüttelte er das Kind, den unerfahrenen Knaben ab, griff nach ihr, die Rollen wurden getauscht, er zog sie an sich, fuhr ihr über den Rücken, fühlte die weichen Linien ihrer festen Hüften, erreichte die Schenkel, bemerkte, wie sie in allem nachgab, sich an ihn drängte, ihm ihren Mund bot, und sie küßten sich. Unbeholfen tastete er sich vor, doch sie war ihm Lehrmeisterin, öffnete die Lippen, suchte die seinen, und in immer wilderen, halb saugenden, halb beißenden oder leichten Berührungen steigerte sich ihr Liebesspiel. Sie ließ es zu, daß er ihr Gewand halb von der rechten Schulter streifte, ihren Hals küßte, sich allmählich ihren köstlichen Früchten näherte. Und wieder flüsterte sie ihr »Komm! Komm näher! Nimm mich!« – da drängte er sie zur Liege, sie legte sich rückwärts nieder, griff mit den Armen nach ihm, und ihr wildes Verlangen zueinander konnte sich nicht genug tun im leichten Berühren der Hände, der Münder, ihrer Körper. Längst hatte sie ihr Gewand abgestreift und er das seine, die Haut ihrer jungen Körper berührte sich, er küßte sie wieder und wieder; längst war sein empfindlichstes Teil aufgesteilt, sie sah es mit Entzücken und war ihm behilflich, die

Furche zu finden, und nun stöhnte sie auf, wie er noch nie einen Menschen hatte stöhnen hören, als die Wollust von ihr ganz Besitz ergriff; und er fuhr in sie ein, die weit ihren Schoß geöffnet, nie geahnte Wonnen ihm bereitend, bis sie beide erschöpft und befriedet nebeneinander lagen. So schwiegen sie lange.

Ganz unerwartet richtete sie sich auf, er wollte sie zurückhalten, doch sie verließ das Lager, kleidete sich geradezu hastig an, während er alles von der Liege aus, halb sitzend, verfolgte und fragte:

»Du mußt wieder gehen?«

»Ja, natürlich. Niemand darf Verdacht schöpfen. Ob ich morgen wiederkomme, weiß ich nicht.«

Sie ging zu ihm hin, setzte sich neben ihn, griff seine Hand und drückte sie zärtlich: »Ach du ... guter Junge!« Trauer war in ihrem Blick, als sie ihn ansah. Er erhob sich und streifte seine Tunika über, während sie schon zur Tür ging. Er begleitete sie bis zum vorderen Verkaufsraum. Sie küßten sich, doch diesmal ohne Leidenschaft, es war mehr eine Tröstung der Lippen vor dem Abschied.

»Bis bald.« Sie wandte sich zur Tür, die er einen Spalt breit öffnete, und sie huschte hinaus.

Mit seltsamen Gefühlen schloß er die Tür und verriegelte sie sorgsam. Langsam ging er zurück in sein Arbeitszimmer, warf einen Blick auf die verlassene Liege und blieb so eine Weile sinnend stehen. Dann ordnete er die Decke und die beiden Kopfrollen und nahm an seinem Arbeitsplatz vor den Schriftrollen Platz. Er starrte auf die Zeilen, seufzte tief, las, ohne den Sinn des Gelesenen zu erkennen, griff sich einen Stift, drehte ihn gedankenlos zwischen den Fingern und legte ihn ebenso gleichgültig in die Schale zurück. Er war müde, stand auf und warf sich auf die Liege, wo er schon nach wenigen Augenblicken in einen tiefen, traumlosen Schlaf fiel.

IV

Haldavo war durchaus in der Lage, sich selbst und sein neues Verhältnis zu Arvania kritisch und offen zu betrachten. Sie kam nun doch fast täglich, aber ihr Zusammensein war nur kurz, denn beide waren sie gehetzt von der Möglichkeit, entdeckt zu werden. Ihnen war klar, daß sie sich nur hier, in der Taberna, während der Mittagspause treffen konnten, wenn die beiden Angestellten die Räume verlassen hatten. Beide hatten mit dem Gedanken gespielt, daß er am Abend in ihre Kammer im Hause an der Hafenmauer kommen könnte, doch sie hatte es bald verworfen, weil es zu riskant war; vor dem neugierigen Personal konnte man derlei intime Dinge nicht lange verbergen. Einfache Gemüter wie Satto und Sintus besaßen in solchen Dingen einen sechsten Sinn, und Fannia lag ohnehin nach wie vor auf der Lauer, sie verfolgte jeden Schritt des schönen Jünglings im Hause mit fordernden Augen.

Sie hatten nicht darüber gesprochen, doch waren sie sich einig, daß ihr Verhältnis nur von vorübergehender Dauer sein könnte; sobald der Patron wieder in der Stadt war, würde es schwieriger werden, sich heimlich zu treffen. Im übrigen konnte er, der natürlich einen Schlüssel zur Taberna besaß, jederzeit dort erscheinen.

Es blieb Haldavo nicht verborgen, daß, wenn sie ihre leidenschaftliche Gier befriedigt hatten, eine gewisse Leere zurückblieb. Sie sprachen auch nie von Liebe. Haldavo mußte sich nach einer Woche bereits eingestehen, daß sie beide im anderen etwas suchten, was der nicht geben konnte. Er hätte gerne mit Segimerus darüber gesprochen, doch schien es ihm unmöglich, diese subtilen Dinge vor ihm auszubreiten, wiewohl er im Blick des Alten eine wachsende Skepsis, ja Besorgnis zu entdecken meinte, auch wenn sie über ganz andere Dinge sprachen.

Doch dann tat Segimerus den ersten Schritt. Er nahm ihn, als er eines Abends wieder einmal dessen Kontor betrat, beiseite, hieß ihn Platz nehmen vor dem Arbeitstisch und begann ohne Umschweife:

»Ich muß mit dir reden!«

»Bitte!« Der Alte bemerkte den selbstsicheren Unterton in der kurzen Antwort, ging aber nicht darauf ein, sondern fuhr fort:

»Ich nehme an, der Patron wird in den nächsten Tagen zurücksein. Ich ... ich bin nicht blind, mein Junge. Zufällig sah ich vor ein paar Tagen, als ich beim Forum zu tun hatte, wie Arvania während der Mittagspause in der Taberna verschwand. Mir ist auch nicht entgangen, daß sie auch an anderen Tagen um diese Zeit dieses Haus hier verläßt.«

Er sah Haldavo offen an: »Ich liege wohl nicht falsch, wenn ich annehme, daß ihr beiden dort keine Erbsen zählt ...«
Haldavo hielt dem Blick des alten Mannes stand, schwieg aber.
»Nun, keine Antwort ist auch eine Antwort. Versteh mich richtig ... Wie käme ich dazu, dir Vorschriften zu machen, mit welchem Mädchen du ins Bett gehst. Aber Arvania ist nicht irgendein Mädchen! – Ich hoffe, du verstehst, was ich meine.«
Haldavo schwieg immer noch, und Segimerus faßte das als Aufforderung auf fortzufahren: »Sollte Iustus dahinterkommen, dann sind deine Tage hier gezählt! – Ich weiß, ich weiß ...« Er hob beide Hände und seufzte. »Arvania ist attraktiv, und wahrscheinlich hätte ich's vor Jahren in deiner Lage nicht anders gemacht. Aber ich bin darüber hinaus. Nur zu oft habe ich mitbekommen, welches Unglück solche Leidenschaften über die Menschen bringen. Ich will noch nicht einmal davon reden, daß das, was du da machst, ein ... ein Hintergehen des Patrons ist. Er hat nach Lage der Dinge das alleinige Recht, mit ihr zu schlafen, wann es ihm beliebt. Wir sind hier nicht in einem germanischen Dorf auf der anderen Seite, wo man in diesen Dingen andere Vorstellungen hat. Dort wäre ein solches Verhältnis nicht denkbar – ich meine das des Patrons mit dieser Frau. Von dem euren ganz zu schweigen. Das wäre drüben ein Grund, euch beiden den Kopf vor die Füße zu legen. Aber hier gelten andere Sitten, auch andere Gesetze. Und nach den hiesigen Gepflogenheiten, die mit den Römern ins Land gekommen sind, ist das Verhältnis zwischen Iustus und dieser Arvania fast eine Form der Ehe. Da spielt es auch keine Rolle, daß Arvania dem Patron nicht sehr gewogen und ihm – ich habe das wohl mitbekommen – nicht oft zu Willen ist. Du aber ...« Er hatte seine Stimme gehoben, und die folgenden Worte kamen schärfer, »du solltest nicht undankbar sein und ihn nicht hintergehen! Such dir eine andere! Es gibt genügend willige Mädchen in der Stadt. Du hast nun deine Neugier befriedigt und deine ersten Erfahrungen auf diesem Gebiet gesammelt, wie jeder Mann es irgendwann tut. Das sollte dir genügen. Im übrigen ...« – er sprach wieder leiser und wärmer, »kann ich mir kaum vorstellen, daß diese Frau dir mehr geben kann als ihren Körper. Du sollst mir jetzt nicht antworten und nichts versprechen, aber denke in Ruhe darüber nach. Denke an deine Zukunft!«

Arvania schien ähnlich zu denken, denn sie hielt sich in den folgenden Tagen zurück, wie auch ihre Umarmungen an Leidenschaft verloren.

Als Iustus dann erschien, war Haldavo erschrocken. Er hatte einen Mann in den besten Jahren gehen sehen – zurück kam ein gealterter, gebeugter, faltenreicher Greis. Alle nahmen es betroffen zur Kenntnis. Lasch und kraftlos hing ihm die Haut unter dem Kinn, wie dürre Lappen, unter den Augen zeigten sich eingefallene, bläuliche Partien; die Falten, die links und rechts von den Nasenflügeln nach unten wiesen, hatten sich wie Ackerfurchen eingegraben. Er hatte abgenommen, hielt sich schlecht, ging mit kleineren Schritten als üblich. Beide Hände zitterten ununterbrochen, und seine sonst so wachen Augen blickten müde.

»Ich muß mir in diesem verdammten Nest was geholt haben!« klagte er, doch schien er es selbst nicht zu glauben. Was er mit dem »Nest« meinte, sagte er nicht. »Die Reise war anstrengend. Ich werde mich gleich wieder hinlegen.«

Noch nie zuvor war ihm eine Reise zu anstrengend erschienen, denn er war gern unterwegs.

Diese passive, sich selbst bemitleidende Haltung blieb während der nächsten Tage, denn er klagte in einem fort, ruhte stundenlang und redete mit niemandem. Erst am dritten Tag bat er Segimerus und Haldavo zu sich in sein Kontor. Und als er begann, sprach er leiser als gewöhnlich, als ob es ihm Mühe mache:

»Ich habe euch kommen lassen, weil ich einiges von ... von Bedeutung mit euch besprechen muß.«

Das war ihnen ohnehin klar, und sie warteten, daß er beginne. Doch er dachte eine Weile nach, den müden Blick aus geröteten Augen auf die Tischplatte geheftet, scheinbar abwesend, als ob er nicht ganz bei Sinnen und Verstand sei. Endlich raffte er sich auf und erklärte mit belegter Stimme:

»Ich habe mir gestern in Ruhe die Bücher angesehen ... ich meine die von Haldavo. Gute Arbeit! Der Erfolg ist größer als ich dachte.«

Sein Hüsteln ging in einen schweren Hustenanfall über, der seinen ganzen Körper schüttelte und ihm das Blut zu Kopf steigen ließ, daß die Schläfenadern sich prall abzeichneten. Danach dauerte es eine

ganze Weile, bis seine Lungen sich soweit beruhigt hatten, daß er wieder normal reden konnte. Sein Kopf zitterte leicht. Haldavo sah diese Veränderung, diesen plötzlichen Verfall des Mannes mit Bestürzung.
»Ich habe allerdings auch von Gabrio vernommen ...« Nun lächelte er zum erstenmal schelmisch, woraus Haldavo schon im voraus schloß, daß der Patron ganz auf seiner Seite stand – »... wie gewisse Herren von der heiligen Konkurrenz sich ereifert haben über deine ... deine neuartigen Verkaufsmethoden.«
Er machte eine wegwerfende Handbewegung. Es zuckte belustigt um seine Mundwinkel. »Denen hast du's gegeben! Hervorragend!« sagte er mit leichtem Schmunzeln. »Halten sich für den Nabel der Welt! – Hast aber, wie ich höre, die Preise wieder heraufgesetzt. Gut so. Blieb dir nichts anderes übrig.« Er nickte vor sich hin. Noch nie hatte er so in abgehackten Sätzen gesprochen. Dann wurde er unerwartet sehr ernst, blickte mehrmals im Wechsel von Segimerus zu Haldavo, nickte sich selbst zu, als ob er sich erst noch einmal bestätigen müsse, daß das, was er ihnen nun eröffnen würde, angemessen und legitim sei:
»Der Grund, warum ich euch zu mir gebeten habe, ist allerdings ein anderer ... Ihr seht an meinem Befinden, daß es nicht zum besten um mich steht ... Nein, keine Widerrede! Ich kenne mich selbst ja wohl immer noch am besten. Und ich werde nicht mehr so bald hochkommen. Mein Vater starb im gleichen Alter wie ich, mit ähnlichen Symptomen einer Krankheit, die niemand kannte, weder Arzt noch Quacksalber. Da das nun aber so ist, möchte ich meine Angelegenheiten geregelt haben, solange ich noch einen klaren Kopf besitze.«
Er lehnte sich zurück und war nun offensichtlich um Haltung bemüht, wie die kommende Eröffnung es erforderte.
»Für den Fall, daß ich sterbe, habe ich folgende Verfügung getroffen: Das hiesige Besitztum, die Lager auf der Rheininsel und dieses Anwesen samt Haus, Speichern, Wagen und Vorräten geht in den Besitz meiner Tochter Lollia über. Segimerus wird als Vorsteher alles wie bisher, doch nun in eigener Verantwortung leiten und bewirtschaften. Der Gewinn geht in die Hände meiner Tochter Lollia über. – Was nun aber die neu eröffnete Taberna beim Forum angeht ...« Er wandte sich Haldavo zu – »... so wird er den Laden, ebenfalls in eigener

Verantwortung, weiterführen und den Gewinn ebenfalls an meine Tochter abführen. Es sei denn – und ich habe die Einzelheiten in diesem Testament genau verfügt ...« – er wies auf eine Rolle vor sich auf der Platte –« daß Haldavo es für notwendig hält, Teile des Gewinns als Anlagen ins Geschäft zurückfließen zu lassen. Die Entscheidung darüber, ob dies notwendig und klug ist, wird er stets in Absprache mit Segimerus treffen. Ihr werdet die Urkunde gleich, in Anwesenheit von Gabrio, als Zeugen unterschreiben und siegeln!«
Er sah Haldavo an und fuhr im gleichen emotionslosen, leisen Ton fort: »Ich sagte siegeln! Denn du erhältst mit dem heutigen Tag von mir das Recht, diesen Ring zu tragen und sein Siegel bei geschäftlichen Vorgängen und schriftlichen Abmachungen zu benutzen. Ich hoffe, er wird dir passen.«
Er entnahm einem kleinen Kästchen einen goldenen Ring, der einen dunkelbraunen, fast roten Chalcedon trug, in dessen Oberfläche etwas eingeritzt war. Iustus griff mit zitternden Fingern nach Haldavos Hand und streifte ihm den Ring über. Er paßte genau.
»Behalte ihn in Ehren! Er soll dich dein Leben lang begleiten. Wenn du genau hinschaust, wirst du ein zierlich geschnittenes Bild des Mercurius erkennen. Ist er doch ein Symbol alles dessen, was wir tun und was du in Zukunft fortführen wirst: Handel treiben, unterwegs sein, Lasten befördern zum fremden wie eigenen Nutzen! Aber dies Zeichen sagt mehr, denn ein Gott hält die Hand über all unserm Treiben und Tun.«
In diesem Augenblick betrat Gabrio den Raum, und an der Selbstverständlichkeit, mit der er den ernsten Zustand von Iustus zur Kenntnis nahm, erkannte Haldavo, daß er bereits mit Iustus gesprochen und den bevorstehenden Rechtsakt erörtert, ja wohl auch versucht hatte, den Kranken aufzurichten, was dieser dennoch nicht mehr akzeptierte. Darum enthielt er sich auch jeder überflüssigen Tröstung, spielte den Ernst der Lage nicht herab, sondern waltete mit der in solchen Fällen geforderten Würde seines Amtes.
Iustus reichte ihm die Rolle, Gabrio las den Text vor. Neben den bereits mündlich mitgeteilten Anordnungen des Patrons enthielt er die Weisung, daß man sich besonders um Arvania zu kümmern habe, der im übrigen eine kleinere Summe als Erbgut ausgestellt war.

Danach setzte Gabrio die Namen der Zeugen darunter, ließ sie unterzeichnen, und Iustus setzte seinen eigenen Namen mit zittriger Hand daneben. Dann wurde der Siegellack an einer Kerze erhitzt und verflüssigt, auf den Bogen gebracht, und Iustus, Haldavo und Gabrio drückten ihr Siegel in die noch formbare Masse. Segimerus war an der Prozedur nicht beteiligt. Daraus schloß Haldavo, daß dieser demnächst das Siegel des Patrons führen würde.
Drei Tage später war Iustus tot. Man fand ihn morgens so auf seinem Lager, und seinem Gesichtsausdruck nach war er friedlich hinübergegangen, ohne längeren Todeskampf, wie jemand, der schon seit längerem wußte, daß seine Tage gezählt seien.

V

Hatte Haldavo im ersten Schrecken, als er mit dem bevorstehenden Hinscheiden des Patrons konfrontiert wurde, befürchtet, nun werde ein Teil seiner Welt zusammenbrechen, so nahm er schon am folgenden Tage mit Erstaunen zur Kenntnis, daß dies nicht eintrat; vielmehr verfolgte er mit kühlem Interesse und sachlicher Neugier die verschiedenen Vorgänge, die nun einmal mit dem Tod eines in der Mittelschicht recht angesehenen Bürgers der Colonia in Bewegung kamen: Da mußten die Tochter und ihre Familie benachrichtigt werden, und es war klar, daß er, Haldavo, das entsprechende Schreiben aufsetzen würde. Er erledigte dies in einem Stil, von dem er annahm, daß er dem Verstorbenen und seinem Rang gerecht würde. Lollia würde freilich erst nach der Beisetzung am Ort sein; denn die Bestattung duldete keinen Aufschub; es war Sommer, und die römischen Gesetze machten eindeutige Auflagen, daß der Tote innerhalb von drei Tagen beigesetzt sein müsse.
Nachbarn kamen, und stellvertretend für die nicht anwesende Tochter nahmen Segimerus und Haldavo die kondolierenden Worte entgegen, während sich Arvania zurückhielt, da sie nicht als vollwertige Gattin auftreten konnte. Sie nahm den plötzlichen Tod ihres Herrn mit jener Gelassenheit hin, wie Haldavo sie noch oft bei einfachen, nüchternen und starken Frauen beobachten sollte; denn sowenig ihr

Verhältnis zu Iustus auf der Basis von Zuneigung gestiftet worden war, sowenig würde sein Scheiden aus ihrer Welt sie aus der Bahn werfen. Für ihr weiteres Fortkommen war gesorgt; es gab Frauen, die in ähnlicher Lage vor die Tür gesetzt wurden, und es blieb ihnen oft nur noch der demütigende Gang in die Kneipen und Bordelle beim Hafen. Still erledigte sie die anfallenden Arbeiten, half beim Waschen und Ankleiden der Leiche und war der rührige Geist im Hause in all den Dingen, die sie als nicht nur geduldete, sondern respektierte Herrin des Hauses schon immer beaufsichtigt hatte.
Einmal hielt sie in einer Tätigkeit inne und sagte leise: »Er war trotz allem ein guter Mensch. Ich mache mir Vorwürfe, daß niemand bei ihm war in seiner Todesstunde.«
Haldavo unterließ es, dagegen etwas zu erwidern, da er wußte, man konnte gegen solche Schuldgefühle nicht mit Argumenten des Verstandes angehen. Also nickte er nur – und schwieg. Zugleich wurde er sich bewußt, daß er von nun an souverän und sich selbst verantwortlich schalten und walten konnte, denn das Testament hatte seine Stellung legitimiert und gefestigt; niemand würde sie ihm streitig machen können, auch nicht Lollia. Er kannte sie nicht, meinte aber, daß sie froh sein müßte, wenn in den geschäftlichen Dingen keine Veränderung bevorstand, die sie belastete, weil sie von den Vorgängen des Kontors gewiß wenig verstand. Also war sie ganz auf seine und des Segimerus Loyalität angewiesen. Es mußte beruhigend für sie sein zu wissen, daß ihr Vater bei wachem Verstand gerade den braven und unbestechlichen Cherusker zum Sachverwalter ihres Erbes eingesetzt hatte, einen Mann, den sie seit ihrer Kindheit kannte und schätzte.
Fannia war, wie zu erwarten, außer sich und erging sich in lauten Klagen und Anfällen von hysterischen Weinkrämpfen, so daß Arvania sie mehrmals scharf zurechtweisen mußte. Haldavo vermutete, daß Arvania ihm und Segimerus nach den Trauerfeierlichkeiten nahelegen würde, die dreiste und dumme Person aus dem Hause zu weisen. Vielleicht aber auch nicht; wie er überhaupt im Zweifel war, ob Arvania nun, nach dem Wegfall jeglicher Kontrolle durch den Patron, ihr Verhältnis zu ihm auffrischen würde.
Segimerus legte ihm nahe, seine Eltern auf dem Hof zu benachrichtigen, was gewiß auch im Sinne des Patrons gewesen, und so schickte er

den Sintus mit einer entsprechenden Botschaft und Einladung los. Längst waren die Wände des Hauses mit dunklen Tuchbahnen verhängt und der Hauseingang mit Zweigen der Tanne ausgelegt, seit Urzeiten Zeichen des Todes wie auch des Weiterlebens.
Von Exomnius – der wohl auch an der Beisetzung teilnehmen würde – wußte er, daß es in Rom Brauch war, die Ahnenmasken des Verstorbenen aufzustellen, sofern es sich um eine hochstehende Persönlichkeit des öffentlichen Lebens handelte. Davon konnte hier keine Rede sein, im übrigen gab es solche Masken nicht. Doch würde die *pompa funebris*, der feierliche Leichenzug, mit allen herkömmlichen Ehren vorgenommen werden.
Man bahrte den toten Lollius Iustus im Atrium des Hauses auf, nachdem der Leichnam zuvor nach der Sitte mit warmen Wasser gewaschen, mit Spezereien gesalbt und in seine beste Robe gekleidet worden war. Nach altem Brauch lag er mit den Füßen zur Eingangstür. Vor dem Ruhebett waren Rauchpfannen aufgestellt, deren Spezereien ihren beißenden Dunst durch alle Räume des Hauses ausbreiteten, so daß man überall und jederzeit an die Anwesenheit des Verstorbenen erinnert wurde. Auch im Vestibulum des Hauses* waren die Zweige der Rottanne angebracht, doch ihr bescheidener und angenehmer Duft kam nicht gegen den herzhafteren des Weihrauchs an. Segimerus hatte dem Verstorbenen nach der römischen Sitte die Münze in den Mund gelegt, damit Charon in der Unterwelt seine Entlohnung bekam, wenn er den Schatten über den Acheron ruderte.
Da der Tote an so exponierter Stelle des Hauses lag, kam man nicht umhin, seine gleichsam herrische Anwesenheit ständig zur Kenntnis zu nehmen. Doch da Haldavo in keinem besonders nahen Verhältnis zum Lebenden gestanden hatte, betrachtete er diese vergängliche Hülle ohne Gemütsregungen und verfolgte von Stunde zu Stunde, wie sich die schattenhaften Züge immer tiefer eingruben.
Am zweiten Tage versammelten sich alle Nachbarn, Freunde und Geschäftspartner im Hause, und die feierliche Überführung durch die Stadt zum Begräbnisplatz außerhalb des Südtores begann, nachdem zuvor Priester verschiedener Gottheiten den Leichnam und das Gefährt für den Transport in langer, umständlicher Zeremonie

eingesegnet hatten. Segimerus war bereits vorausgeeilt, um am Ort der Verbrennung und Beisetzung alles vorzubereiten und zu ordnen, so daß Haldavo den Verstorbenen, seine Freunde und auch Arvania geleitete. Das heitere Wetter erlaubte es, den Toten unbedeckt auf offenem Wagen zu fahren, und hierbei berühte es Haldavo bisweilen grausig, wie sich die ruckenden Bewegungen und Stöße des Wagens auf Kopf und Hände des Toten übertrugen, und er befürchtete, Iustus werde sich jeden Augenblick aufrichten wollen.

Schon vorher hatte sich der Zug formiert, und der Ordner der Pompa Funebris wies jedem seinen Platz an. An der Spitze ging ein Musikcorps von Leichenbläsern. Es folgten die Klagefrauen, die den Verlust des Verstorbenen, zunehmend sich in hysterische Schreie steigernd, bejammerten und dazwischen psalmodierend seine Verdienste besangen.

Den nachhaltigsten Eindruck machten auf Haldavo die nun folgenden Tänzer und Mimen, die, wie an den Saturnalien, Scherz und Spott trieben, ja Szenen aus dem Leben und Beruf des Verstorbenen der Menge darboten. Segimerus hatte sie beim Theater gemietet.

Haldavo empfand diese bewußte Nebeneinanderstellung von Trauer und wilder Ausgelassenheit – die er so zum erstenmal erlebte – als einmalig, da sie Leben und Tod des Einzelnen in einen größeren, kosmischen Zusammenhang stellte.

Dahinter folgte, unverdeckt auf dem Paradebett liegend, der Verstorbene selbst, begleitet von Freunden und Geschäftspartnern, darunter Gabrio, sie alle mit verhülltem Haupt. Der Zug machte einen Umweg über das Forum, um den Bürgern der Stadt kundzutun, daß ein angesehenes Mitglied der städtischen Gemeinschaft von ihnen gegangen. Überall am Wege hielten die Menschen mit ihrer Tätigkeit inne, standen stumm und sich verbeugend, bis der Zug vorüber war.

Die Prozession folgte nun dem Lauf des Cardo Maximus, passierte das Südtor, kurz darauf die Station der Benefiziarier* und erreichte nach wenigen hundert Schritt das große Gräberfeld im Süden der Stadt. Haldavo war noch am frühen Morgen mit Segimerus dort gewesen, um zu kontrollieren, daß die dafür bestellten Handwerker und Priester alles für die Bestattungszeremonie gemäß der Sitte vorbereitet hatten.

Haldavo hoffte, daß sein Vater sich zusammen mit Sintus zu diesem Ort begeben würde; dem Sintus hatte er jedenfalls Anweisung gegeben, für den Fall, daß die Zeit nicht reiche, gleich die Grabstätte aufzusuchen. Als sie näherkamen, erkannte er den Vater unter einer Gruppe von Wartenden. Wie die übrigen blickte auch er mit ernstem Gesicht der sich nähernden Prozession entgegen. Haldavo hatte ihn ein halbes Jahr nicht gesehen – und nicht vermißt. Sie waren sich fremd geworden. Als Freiatto seinen Sohn in der Gruppe der Trauernden ausmachte, nickte er kurz herüber, und Haldavo erwiderte mit einem Neigen des Kopfes. Miteinander reden würden sie nach der Rückkehr im Hause an der Hafenmauer.
Der Grabbau lag auf jenem Teil des Friedhofsgeländes, der den vermögenderen Bürgern der CCAA vorbehalten war. Die Zahl der kostspieligeren Grabanlagen war in den letzten Jahrzehnten größer geworden. Die Gräber der einfachen Leute nahmen weniger Raum ein; sie begnügten sich mit der schlichten Erdbestattung: Die Toten wurden verbrannt und dann in irdenen Urnen beigesetzt. Nur die oberirdische Ausstattung und die Grabbeigaben unterschieden Reiche und Arme.
Die aufwendiger angelegten Gräber nahmen entschieden mehr Platz in Anspruch, da jede Familie für ihre Mitglieder, auch für ihre Freigelassenen und näheren Freunde – sofern sie ohne Anhang in der Stadt lebten – eine Gemeinschaftsgrabstätte anlegte. Solche Gräber enthielten daher in der Regel mehrere Grabkammern, in denen die Urnen oder Sarkophage aufgestellt wurden; und da die Grabkammern einerseits als dauernde Wohnung des Verstorbenen gedacht waren, andererseits der Totenkult häufige Besuche und Zusammenkünfte der Hinterbliebenen mit sich brachte, wurde die Anlage oft der eines Hauses ähnlich gestaltet und dementsprechend ausgestattet. Mit der Vorstellung, daß auch der Tote sich noch des Mahles erfreue, hing es zusammen, daß man dem Grabmal bisweilen die Form eines Tricliniums gab. So war auch die letzte Ruhestätte von Iustus, seiner Frau und eines früh verstorbenen Kindes angelegt. Das Ganze war von einem Areal freien Raumes umgeben, dessen hinterer Teil mit Zier- und Nutzbäumen bepflanzt war, und alles zusammen von einer Mauer umschlossen.

Mittlerweile hatte die Prozession den Ort der letzten Ruhe erreicht. Die Träger traten an den Wagen und hoben behutsam die Bahre herunter, trugen sie durch den weit geöffneten Eingang in der umhegenden Mauer zum Verbrennungsort, der *ustrina* – und es sprach für die Reputation der Grabanlage, daß sie einen eigenen Verbrennungsplatz besaß. Dort wurde die Bahre auf dem Scheiterhaufen abgesetzt, der in entsprechender Größe wie ein Altar geschichtet worden war. Im Wechsel lagen armdicke Hölzer und leichte Brennstoffe wie Binsen und Stroh aufeinander, an den Seiten von senkrecht stehenden Birken- und Weidenzweigen umgeben.*

Die Trauergemeinde versammelte sich in gebührendem Abstand um den nun hochgebetteten Toten. Gabrio, der es übernommen hatte, die Leichenrede zu halten, trat vor und würdigte in einer wohlgeordneten *laudatio funebris* Leben, Taten und Verdienste seines Freundes. An den Reaktionen einiger Trauergäste erkannte Haldavo, daß Iustus in der Stadt mehr Freunde besessen, als er es für möglich gehalten hatte. Er sah einige gestandene Männer, denen die Tränen über die Wangen liefen, und es mochten darunter einige ehemalige Legionskameraden aus Iustus' Militärdienst sein.

Von den Freunden und Bekannten wurden allerlei Dinge als letzter Gruß auf den Scheiterhaufen geworfen, darunter Blumen und abgeschnittene Haarlocken. Segimerus waltete nun seines Amtes und verteilte, von Satto assistiert, überall auf dem Scheiterhaufen bestimmte scharfe Gewürze, Weihrauch und Balsam, auch sie zum Teil, wie es Sitte war, von Freunden gestiftet. Sie hatten die Aufgabe, dem üblen Geruch der Verbrennung zu begegnen. Danach näherte sich Segimerus dem Antlitz des Toten, beugte sich über ihn und öffnete ihm seine Augen, damit er »sehend« hinübergehe.

Als er zurücktrat, warf er Gabrio einen Blick zu, daß alle vorgeschriebenen Zeremonien eingehalten worden seien und der Holzstoß entzündet werden könne.

Mit ausdruckslosem Gesicht nickte Gabrio und ließ sich von einem bereitstehenden Sklaven die Fackel reichen. Damit trat er gemessenen Schritts zum Scheiterhaufen, hielt die Fackel mit ausgestrecktem Arm von sich, wandte sein Gesicht ab – auch dies eine zeremonielle Vorschrift – und entzündete so die leicht brennbaren Stoffe. Dann trat er

zurück in die Gruppe der Trauergäste, die, unterstützt von einem Vorsänger, mit dem Psalmodieren der Totengesänge und Gebete begonnen hatten.
Bedingt durch die heiße, trockene Luft des warmen Sommertages, loderten die Flammen bald mächtig empor; Feuer und Rauch hüllten den Körper des Toten ein, und ergriffen verfolgte Haldavo den ungeheuren Vorgang, wie da vor seinen, vor aller Augen ein Mensch, der vor zwei Tagen noch gesprochen, geplant, entschieden hatte, sich im wahrsten Sinne des Wortes in Asche verwandelte. Er sollte später noch oft an solcher Stätte stehen, doch nie traf ihn diese Erfahrung so in der tiefsten Seele wie an diesem Tage.
Das reinigende Feuer brauchte länger, als er es sich vorgestellt hatte. Das Krachen und Bersten der glühenden Hölzer, der beißende Geruch der verschiedenen Aromata, die starke Rauchentwicklung und Hitze ließen alle zurücktreten; stumm oder betend verfolgten sie den seit Ewigkeiten allen lebenden Wesen vorgeschriebenen Prozeß des Werdens und Vergehens, und ein großes, einigendes Wissen war um sie alle, die zur Gemeinschaft der noch Lebenden gehörten. Doch manch einer unten ihnen stellte die bange Frage, wer wohl der nächste aus ihrer Mitte sei.
Ehrfürchtig standen sie, den Blick auf das grausige Geschehen gerichtet, und verfolgten, wie der Scheiterhaufen an Höhe verlor. Keiner wich von der Stelle, bis nur noch ein glühender Rest von verkohlten Hölzern und Gebeinen am Boden der Grube lag. Damit war die Hauptzeremonie beendet, und die meisten Trauergäste machten sich auf den Rückweg zum Hause des Verstorbenen.
Nun gab Segimerus ein Zeichen, man reichte ihm bereitstehenden Wein, mit dem er die noch glimmenden Kohlen löschte. Es zischte kurz auf, weißer Rauch stieg in den Himmel, und wieder begannen die noch Anwesenden zu beten. Diese letzte Phase der Abkühlung brauchte ihre Zeit, und es verging eine weitere Stunde, bis die allerletzte Glut gelöscht war und die Reste sich soweit abgekühlt hatten, daß Segimerus seines traurigen Amtes weiter walten konnte. Er sammelte die noch erkennbaren Gebeine, begoß sie noch einmal mit Wein und auch mit Milch und trocknete sie mit weißem Linnen ab. Dann legte er sie, vermischt mit allerlei Salben, flüssigen und trockenen Wohl-

gerüchen, in die bereitstehende gläserne Urne. Zuoberst häufte er eine Handvoll Erde und verschloß das Gefäß.
Damit war die eigentliche Zeremonie beendet. Nur die engsten Freunde blieben noch zurück, um Zeuge der Beisetzung des Gefäßes in dem vorbereiteten Grab in der Erde zu sein. Als Beigaben wurden um die versenkte Urne gläserne Trinkgefäße, Krüge, eine Lampe, feines Eßgeschirr gestellt. Dann wurde die Grube geschlossen. Später würde davor ein großes steinernes Grabmal errichtet werden. Die bis zum Ende ausharrenden Trauergäste wurden nun durch Besprengen mit geweihtem Wasser gereinigt und entlassen.
Das rituelle Totenmahl hier am Ort würde erst stattfinden, wenn die Tochter Lollia mit ihrem Mann daran teilnehmen konnte. Also machten sich alle auf den Rückweg zum Hause an der Hafenmauer.

VI

Das große Speisezimmer war aus Anlaß des gemeinsamen Mahles der engsten Freunde und Geschäftspartner festlich hergerichtet. Die

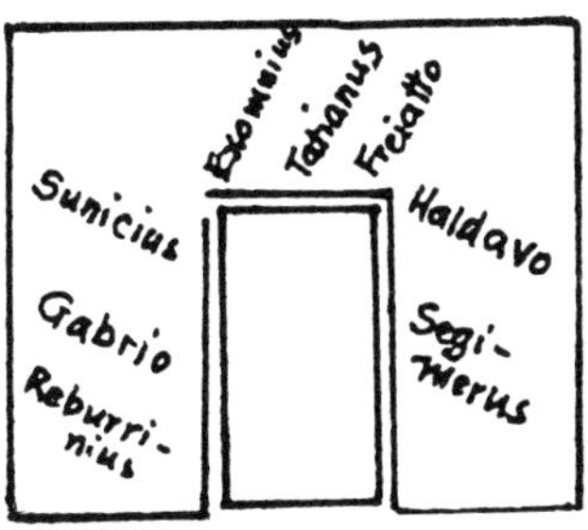

schwarzen Tücher waren entfernt worden, so daß einem Fremden auf den ersten Blick nicht aufgefallen wäre, daß es sich bei der Tischgemeinschaft um eine Trauergesellschaft handelte, zumal während des Essens hier und da gelacht wurde. Freilich hielt sich diese Heiterkeit in Grenzen, weil das Aroma von Weihrauch und anderen liturgischen Essenzen die Erinnerung an das vorausgegangene Geschehen wachhielt.
Haldavo, der zwischen Segimerus und seinem Vater lag, spürte, daß sich Freiatto in Gesellschaft der Händler und Kaufleute nicht wohlfühlte. Segimerus gab sich große Mühe, den wortkargen Bauern in ein Gespräch zu ziehen und kam ihm entgegen, indem er agrarische Themen berührte, nach dem Stand des Getreides, nach der Gesundheit des Viehs fragte, und Freiatto gab ihm mit wenigen kargen Wor-

ten die notwendigen Erklärungen: daß er gute Erfolge mit dem neuen Nacktweizen habe, besonders nach einem Winter, der nicht zu kalt noch zu naß gewesen; er könne eine zufriedenstellende Ernte erwarten.

Dies hatte Gabrio mitbekommen, und er gab sich interessiert, wohl um sein Interesse an allen Dingen der Welt herauszukehren. Haldavo, der blitzschnell fremde Charaktere analysieren konnte, deutete es als Eitelkeit und empfand es als unangenehm. Er hielt sich zurück. Es lag ihm mehr daran, die Männer, die durchweg – von Segimerus abgesehen – zwischen vierzig und fünfzig Jahren alt waren, zu beobachten und sie unauffällig auf ihre Eigenschaften und Besonderheiten hin zu taxieren.

Das Verhalten Gabrios war ihm nicht neu. Es paßte zum Bild des weltmännisch auftretenden Advokaten, der sich wortgewandt und glatt mit jedem der Anwesenden austauschen konnte, ohne doch innerlich dabei beteiligt zu sein. Sein wahres Wesen blieb verdeckt, denn selbst in seiner Konzilianz hielt er sich reserviert. Seine körperliche Fülle, die sich gerade hier, im Liegen, in den quellenden drei Kinnfalten Raum schuf, überspielte die wache Intelligenz dieses Mannes, der auf den ersten Blick gemütlich wirkte; Haldavo aber konnte sich gut vorstellen, wie Gabrio als Anwalt gestandene Richter für sich einzunehmen, wie er gegnerische Anwälte einzuschüchtern vermochte, zumal er auf eine Art zuhören konnte, die im Gegenüber den Eindruck erweckte, er sei ganz bei der Sache, ganz bei den Problemen, die den andern beschäftigten. So nickte er seinem Gesprächspartner wiederholt ermunternd oder bestätigend zu, lächelte gefällig und verstand es schlau, von sich selbst und seinen Gedanken abzulenken. Wieweit er nun, nach dem Abtreten von Lollius Iustus, noch als Freund des Hauses auftreten würde, blieb abzuwarten.

Exomnius war wie immer, redete weit ausholend, glänzte mit geistreichen Zitaten der Dichter, sprach in langen Sätzen, deren ausgewogene Syntax freilich einen nüchternen Kopf wie Gabrio nicht beeindruckten.

Anders Tatianus, der kaum ein Wort von sich gab, dafür um so reichlicher dem Weine zusprach und sich durchaus neben Freiatto wohlfühlte, dem er sogar gestand, daß er lieber Bauer geworden wäre und

auf dem Lande lebte, als sich mit den schnell wechselnden Vorlieben und Wünschen seiner Kundschaft abgeben zu müssen – Moden, die nun einmal das Leben in dieser großen Stadt zunehmend bestimmten. Tatianus machte auf Haldavo den Eindruck eines Kleinbürgers, dem nichts über den geruhsamen Ablauf seiner Tage ging; geistig nicht beweglich, war ihm jeder Wechsel der Umstände zuwider. Er würde sein Leben in zehn Jahren genauso träge zubringen wie vor zwanzig Jahren, ohne Ehrgeiz, bescheiden das Vorhandene bewahrend, und sein höchstes Ziel mußte es sein, den Lebensabend dereinst im Kreise von Kindern und Enkeln geruhsam zu genießen.
Sunicius wirkte unsicher. Er gab zu allem, was Exomnius ihm mit aufgeregter Gestik und Mimik vortrug, sein Einverständnis, gerade dann, wenn er den Inhalt nicht erfaßt hatte. Seine Augen zuckten oft, er schien nervös zu sein und machte den Eindruck eines gehetzten Mannes, der sich dauernd in der Gefahr sieht, bloßgestellt zu werden. So wurde er von Gabrio auch kaum angesprochen, und wenn, dann nickte er seine Zustimmung schon im voraus.
Den Reburrinius hatte Haldavo vor diesem Tage noch nicht gesehen. Er wußte aber, daß er zu einer Gruppe potenter Spediteure gehörte, die aus den derzeitigen straßenbaulichen Maßnahmen des Kaisers ihren großen Nutzen zogen. Alles was er sagte, wie er sich gab und bewegte, nach den Speisen und Getränken griff, hinterließ den Eindruck eines fest in sich ruhenden Mannes. Es entging Haldavo nicht, daß der mit allen Wassern gewaschene Gabrio ihn mit einer gewissen Ehrerbietung, ja Untertänigkeit behandelte und sich bei seinen Antworten genau die Worte überlegte, als ob ihm daran gelegen sei, vor Reburrinius einen guten Eindruck zu machen. Dieser wiederum sprach mit dem Gewicht fachmännischer Argumente, ein Mann, dessen Wissen freilich nicht auf sein Metier beschränkt blieb, da es aus der klugen Beobachtung und Wertung der menschlichen Dinge und Schwächen herrührte, erwachsen aus weitsichtiger Erfahrung; denn er stand in geschäftlichem wie menschlichem Austausch mit Kunden und Lieferanten weit über die Region hinaus, war schon tief in Gallien, ja in Italien gewesen, hatte dort als Abgesandter einer Gruppe von Unternehmern erkundet, wie es um die Möglichkeiten stehe, an entfernteren Orten in anderen Provinzen Handelshöfe zu errichten,

um die Warentransporte bündeln und so größeren Gewinn erwirtschaften zu können. Und ausgerechnet er war es, der sein Wort unerwartet an Haldavo richtete:
»Und du willst also neue Wege beschreiten, mein Junge ...«
Haldavo merkte auf, hellwach, denn dieser Mann und sein Wort hatten Gewicht. War dieses »mein Junge« am Ende ironisch gemeint, wie vielleicht der ganze Satz? Was sollte er dazu sagen?
Gabrio bemerkte sein Zögern und sprang für ihn ein: »Neue Wege, sagst du? Wieso neue Wege? Er bewegt sich durchaus noch auf den alten. Du müßtest wissen, wie schwierig es ist, in dieser Stadt neue Wege zu beschreiten.«
Dazu lächelte er, und er spielte vielleicht auf einen Vorfall in der Vergangenheit an, als Reburrinius sich vielleicht mit einem Projekt übernommen hatte. Reburrinius aber reagierte nicht auf den Einwurf, sondern bestand kühl auf einer Antwort: »Ich habe den Haldavo gefragt – nicht dich, mein Freund!«
Das saß, und Haldavo sah, wie sich Gabrios Augen kurz verfinsterten, als ob er mit einer scharfen Entgegnung erwidern wolle, doch hielt er sie zurück; hier waren nicht der Ort und die Zeit zu solchen Auseinandersetzungen. Haldavo aber kam nun an einer Entgegnung nicht vorbei. Lächelnd erklärte er bescheiden:
»Wie könnte ich solche Dinge wagen! Ich vollstrecke nur den Willen des verstorbenen Patrons. Ich werde Fehler machen ...«
Reburrinius sah ihn an und sondierte seinen freundlichen Gesichtsausdruck, und was er sah, schien ihm zu gefallen, denn er setzte mit seiner tiefen Baßstimme hinzu: »Die machen wir alle. Aber es kommt darauf an, aus Fehlern zu lernen! Und wie ich gehört habe, lernst du sehr schnell. Mach so weiter, Haldavo! Der Stadt kann es nur gut tun, wenn neue Ideen das Geschäft beleben. Nicht wahr, Tatianus!«
Er klopfte dem neben ihm liegenden Tatianus jovial auf die Schulter, und alle nahmen mehr oder weniger schmunzelnd die Anspielung auf die Behäbigkeit des braven Mannes zur Kenntnis. Zu Haldavo gewandt, fuhr er fort:
»Wenn du Zeit hast, besuche mich doch einmal in meinem Kontor. Vielleicht ergibt sich die Möglichkeit einer Zusammenarbeit in dieser oder jener Sache ...«

Dazu lächelte er gewinnend, und Haldavo verbeugte sich leicht im Liegen. Ansonsten schwieg er weiter, denn er hielt es für unangebracht, in diesem Kreise der Fachleute mitreden zu wollen. Das Gespräch wechselte öfters die Themen, Familiäres kam zur Sprache, die unerwartete Erkrankung dieses und jenes Bekannten, die bevorstehenden Rennen im Circus, und Haldavo erfuhr beiläufig, daß Reburrinius ein eigenes Gespann laufen ließ. Mehr noch: Die Züge des ernsten Mannes begannen zu leuchten, wenn er von seinen Pferden sprach, die er zärtlich bei ihren Namen nannte und beschrieb, als ob es sich um vernunftbegabte Wesen handele.
Schließlich, als alle der Meinung waren, man habe dem Andenken des Verstorbenen Genüge getan – es ging gegen Mittag – erhob sich die Tischgesellschaft, und jeder strebte seinem eigenen Hause zu, um sich von den Strapazen des Vormittags durch einen mehr oder weniger langen Schlaf zu erholen.
Auch Freiatto hielt es nicht länger am Ort. Er hatte seiner Pflicht genügt und den Patron durch seine Anwesenheit geehrt. Allerdings war er neugierig auf die Verkaufsräume, deren Leitung seinem Sohn übertragen war, und nicht ohne Stolz führte Haldavo den Vater hin, zeigte und erläuterte ihm alles, und Freiatto kam nicht umhin, den Sohn und sein Avancieren zu loben. Freilich tat er es auf seine stille, wortkarge Art, und Haldavo deutete sein wiederholtes Kopfnicken als Anerkennen, auch diese lakonische Bemerkung:
»Nun ja, es war also nicht falsch, daß du in die Stadt gingst. – Aber vergiß nie, woher du gekommen bist!«
Zum Abschied wünschte er ihm Glück und den Segen der Götter. Sie schieden in gutem Einvernehmen voneinander, wohl wissend, daß sie nun verschiedenen Welten angehörten. Und Haldavo spürte, daß der Vater erleichtert war, wieder in die seinige heimzukehren.

Expansion

I

In den folgenden Tagen widmete Haldavo sich ganz der Arbeit, war morgens als erster in der Taberna und ging abends als letzter. Manchmal, wenn er über seinen Listen und Aufstellungen saß, hielt er inne und ließ das Geschehen der vergangenen Monate an sich vorbeiziehen. Dann kam es ihn an, dies alles für einen Traum zu halten. Doch wenn er auf die Kolonnen der Ziffern und Buchstaben vor sich blickte, wußte er, daß es wirklich war, und er lächelte einen Augenblick lang glücklich.

Das für ihn entscheidende Wort hatte Reburrinius gesprochen, während des Essens an der großen Tafel des Tricliniums. Er hatte die Aufmerksamkeit des wichtigen Mannes erregt, der – abgesehen von Gabrio – bei weitem der intelligenteste und einflußreichste Kopf unter den Gästen gewesen. Haldavo war gespannt, wann er wieder von sich hören lassen würde. Er wußte, daß Reburrinius ein großes Haus beim Westtor hatte; wer dort wohnte, gehörte zu den oberen zwanzig Familien der Stadt, die in allen Bereichen der Colonia ein entscheidendes Wort mitzureden hatten.

Fünf Tage nach der Beisetzung von Iustus erschien Lollia mit ihrem Mann Friattius im Hause an der Hafenmauer, und man schickte unverzüglich einen Knecht herüber, um es Haldavo mitzuteilen, damit er möglichst bald herüberkomme. Doch Haldavo ließ sich Zeit, brachte die Verhandlung mit einem Lieferanten in Ruhe zu Ende, informierte seine beiden Angestellten und machte sich gemächlich auf den Weg. Längst waren er und sein Laden im Umkreis mehrerer Insulae bekannt, und viele Bürger, Händler, auch Kinder und Sklaven grüßten ihn. Er gab die Grüße zurück, war aber nicht bei der Sache. Lollia ... Würde sie sich mit allem, was ihr Vater testamentarisch festgelegt hatte, einverstanden erklären? Was war mit ihrem Mann? Würde er sich einmischen, weil er vielleicht größere Erfahrungen als Haldavo im Handel hatte?

Lollia kam ihm im Atrium entgegen, blieb stehen und betrachtete ihn einige Augenblicke lang. Sie sah ihrem Vater ähnlich, hatte dessen Augen und die Lachfältchen an den Seiten. Er wußte, dies war der wichtige Augenblick, denn beim ersten Gegenübertreten fiel die Entscheidung darüber, ob zwei Menschen einander sympathisch waren oder sich auf eine unerklärliche Weise abstießen.
»Das kann doch nur Haldavo sein!« rief sie spontan, und er schloß daraus, daß man ihr nur Gutes über ihn berichtet hatte. »Friattius!« rief sie, und ihr Gemahl trat aus einem der Nebenräume; er wirkte zurückhaltender als Lollia, doch ebenso um Freundlichkeit bemüht. Haldavo spürte, daß Friattius sich in dieser Situation als der Unterlegenere empfand, weil er in Erinnerung an frühere Besuche wohl immer noch unbewußt die Anwesenheit seines Schwiegervaters Iustus miteinbezog. Aber Lollia ließ keine Steifheiten aufkommen, sie ging auf Haldavo zu und sagte lächelnd:
»Wie schön, dich kennenzulernen. Vater hat uns immer nur Gutes von dir erzählt. – Nicht wahr, Friattius!«
Dem Angesprochenen blieb nichts anderes übrig, als dies mit einem »So ist es!« zu bestätigen; dann reichte auch er Haldavo die Hand, die weicher als die seiner Frau war. Haldavo registrierte schon in diesen ersten Augenblicken ihrer Begegnung, daß die Frau in ihrer Ehegemeinschaft das Sagen hatte. Dieser Umstand kam ihm sehr gelegen, denn wenn es ihm in den nächsten Stunden und Tagen gelang, Lollia für sich einzunehmen, hatte er von der Seite der Erben nichts zu befürchten.
Sie aber fuhr fort, den Blick immer noch auf ihn gerichtet: »Wie dem Segimerus, bin ich auch dir dankbar für alles, was ihr in den letzten Tagen getan habt.«
Haldavo verbeugte sich höflich, während sie sich besann und ihr hübsches Gesicht von Trauer überschattet wurde: »Niemand hatte mit diesem schnellen Ende gerechnet.«
Tapfer kämpfte sie gegen die Tränen an und wechselte das Thema: »Segimerus hat mir schon alle Punkte des Testamentes vorgetragen. Welch ein Glück, daß wir so erfahrene Männer wie ihn und dich haben. Ich wüßte nicht, wie ich dies alles hätte bewerkstelligen sollen ...« Wieder bezog sie ihren Mann nicht in ihre Überlegungen ein.

Sie trat zu Haldavo, griff seinen Arm, zog ihn zur Seite, zu einer Bank im Schatten des Umgangs, und fuhr fort, zu ihrem Mann gewandt: »Nicht wahr, Friattius!«

Friattius blieb wieder nichts als bestätigend zu nicken. Er mochte um die Dreißig sein. Was sein Metier war, wußte Haldavo nur oberflächlich. Doch es interessierte ihn wenig, denn längst war ihm klargeworden, daß sich hier wenig, wenn überhaupt etwas ändern würde.

Lollia, in ihren jungen Jahren schon ganz energische und mütterliche Frau, erkundigte sich nun mit warmem Interesse nach den Lebensumständen Haldavos, fragte nach seiner Familie, kommentierte seine knappen Ausführungen mit Zwischenrufen wie »Das ist aber schön für dich!« oder »Dann geht's deinen Eltern also gut?« – und wieder schloß Haldavo aus solchen anteilnehmenden Bemerkungen, daß er mit dieser Frau immer ins reine kommen würde.

Natürlich bestand sie darauf, den neuen Laden beim Forum möglichst bald kennenzulernen, und Haldavo tat ihr den Gefallen, sie hinzuführen. Am Ort nahm sie alles interessiert zur Kenntnis, stellte kluge Fragen zu den Vorgängen, ohne dabei den Eindruck zu erwekken, als wolle sie etwas gutheißen oder kritisieren.

Nach zwei Stunden wußte Haldavo, daß seine Befürchtungen überflüssig gewesen waren. Und Friattius, der sie begleitete, nickte zu allem sein Einverständnis – es blieb ihm beim Temperament seiner zupackenden und intelligenten Frau ohnehin nichts anderes übrig.

Lollia und Friattius blieben sieben Tage. Als sie dann mit ihrem Wagen aufbrachen, war das gesamte Personal im Hof angetreten, und die Erbin und Herrin verabschiedete sich von jedem mit einem freundlichen Wort. Dann trat sie etwas zurück und erklärte:

»Haltet euch in allem an Segimerus und Haldavo! Sie haben das Recht, in meinem Namen zu entscheiden. So wie ihr bisher meinem Vater treu gedient habt, so dient nun mir. Mögen die Götter uns alle beschützen!«

Man begleitete den Wagen noch ein Stück auf der Hafenmauerstraße und über eine Querstraße bis zum Cardo Maximus. Dort ließ Lollia noch einmal halten und wandte sich an Segimerus und Haldavo:

»Dank euch noch einmal für alles!«

Sie umarmte den alten Cherusker, dem vor Rührung die Tränen in die Augen traten, und Haldavo ahnte, warum: Würden sie sich wiedersehen?

Haldavo verbeugte sich tief vor ihr, und sie entließ ihn schließlich lächelnd, beugte sich noch einmal vom Wagen herunter und tätschelte ihm die Wange.

»Bleib gesund, Haldavo! – Wir sind ja nicht aus der Welt. Und du kannst ja schreiben ...«

»Natürlich ...«

Wenige Augenblicke später war der Wagen im Verkehr der Nord-Süd-Achse verschwunden.

II

Hatte das Personal nach dem Tode des Patrons akzeptiert, daß nun Segimerus und Haldavo die ranghöchsten Vertreter der Erbin am Ort waren, so hatte deren Besuch diesen mehr oder weniger schwebenden Zustand legalisiert. Man trat dem alten Cherusker mit noch größerer Ehrerbietung gegenüber, und Segimerus schien es zu genießen, weil es ihm auf ganz natürliche Weise angemessen erschien.

Was Haldavo betraf, so stand er nun – der neuen Regelung entsprechend – auf der nächsten Stufe der Hierarchie unter dem Alten. Doch schon bald zeigte sich, daß man ihn mehr fürchtete als Segimerus. Die einfachen Gemüter hatten ein feines Gespür dafür, daß der alte Mann ihnen nicht gefährlicher sein würde als vorher; seine Autorität, die er schon auf natürliche Weise besaß, war lediglich in einem juristischen Akt festgeschrieben worden, als Bestätigung der schon längst durch Gewohnheit eingetretenen Verhältnisse.

Bei Haldavo war es anders. Seine verschlossene Haltung gegenüber dem Personal, seine offensichtliche Gefühlskälte, dazu eine über das normale Maß hinausgehende Allgemeinbildung, verbunden mit pedantischer Pflichterfüllung, nüchterner Disziplin und klarer Ordnung, dies alles zusammen trennte ihn von ihrer Welt. Der Respekt, den sie ihm zollten, erwuchs darum mehr aus Angst als aus Anerkennung, denn sie konnten ihn und sein Wesen nicht erfassen; das, was man nicht begreift, weckt Angst, um so mehr, wenn man von dem, der sie auslöst, abhängig ist. Sie beobachteten, daß nicht nur er den Segimerus um Rat fragte, sondern daß der Alte immer öfter ihn um seine Meinung bat, wenn es um Dinge ging, die schnelles Denken, Entscheiden und Handeln forderten. Die Tatsache, daß Haldavo perfekt das Lesen und Schreiben der lateinischen Sprache beherrschte, hob ihn weit über alle hinaus, Segimerus inbegriffen.

Nun hatte die sichtbare Erhöhung des jungen Mannes auch Folgen für Fannia. Sie, die zuvor dem schönen Jüngling auf – wie sie meinte – gleicher Ebene mit ihren unzweideutigen Angeboten nachstellte, sah sich unerwartet tief unter ihm plaziert und bar jeder Hoffnung, ihn noch zu gewinnen. Doch gab sie die Hoffnung nicht auf, daß er sie wenigstens als Beischläferin nehme, ohne davon viel Aufhebens zu machen, so wie auch Iustus in besseren Jahren sich an der Arvania ergötzt hatte; also hielt sie klammheimlich ihr Angebot aufrecht, wenn auch zurückhaltender. Doch Haldavo übersah sie vollkommen. Ihm stand der Sinn nicht nach neuen Abenteuern. Und das weitere Verhältnis zu Arvania nahm allmählich die alltäglichen Formen einer Fast-Ehe an. Arvania selbst nahm es als höchst kurios zur Kenntnis, daß ihr vorheriger Liebhaber erheblich älter, der jetzige jünger als sie selbst war. Doch wußte sie um die Gefahren für dieses Verhältnis, da sie nun schneller altern würde. Also suchte sie ihn durch besondere Aufmerksamkeit, durch kleine freundliche Gesten, ein liebes Wort, das unerwartet kam, an sich zu binden. Und dennoch spürte sie mit dem Instinkt der erfahrenen Frau, daß sie gerade das auf Dauer nicht vermochte. Sie beobachtete ihn genau, stellte erleichtert fest, daß er kein Auge auf andere, Jüngere warf. Doch auch sie vermochte nicht diesen unsichtbaren Panzer zu durchdringen, mit dem er sich vor Gefühlseinbrüchen abschottete. Also nahm sie die Dinge, wie sie waren; ihre Zukunft war durch das Testament gesichert. Vielleicht wäre es gut, wenn sie von ihm ein Kind bekäme. Ja, dachte sie und malte sich schon eine goldene Zukunft aus als anerkannte Gattin und Matrona, die den Aufstieg dieses Haldavo mitgemacht hatte, Herrin über alles innerhalb der Mauern des Anwesens. Und so plante sie ihr Beisammensein sehr genau, um nicht den möglichen Tag der Empfängnis zu versäumen.

In dieser Zeit – es waren an die vier Monate seit dem Tode des Patrons vergangen – begann Segimerus zu kränkeln. Er behauptete, es sei nur ein leichter Husten, den er sich an einem zugigen Tag unten beim Hafentor geholt habe, wo es immer ziehe; doch das Hüsteln blieb, verstärkte sich von Woche zu Woche, und manchmal wurde er von einem Hustenanfall heimgesucht, der nicht enden wollte. Dann brauchte er eine Stunde und länger, bis er wieder zu Kräften kam.

Haldavo, wenn er unten im Kontor war, kümmerte sich dann selbst um die Versorgung des alten Freundes. Er befahl mit einem Ton, der keinen Widerspruch duldete, die notwendigen Hausmittel, Tees, Aufgüsse, Salben und wohlriechenden Essenzen zu holen, legte selbst mit Hand an, und der Alte ließ es mit der Geduld eines greisen Hundes über sich ergehen. Haldavo ordnete an, daß man ihn unverzüglich zu benachrichtigen habe, sollte sich der Zustand des Cheruskers verschlechtern. Meist besserte er sich über einige Tage und Wochen hin, und er schien seine frühere Gesundheit wiedererlangt zu haben. Nur Arvania blieb skeptisch: »Er gefällt mir nicht. Du mußt dir einmal seine Augen anschauen. Der Glanz ist raus! Und auf den Wangen die roten Flecken!«

Als er wieder bei besseren Kräften war, ging er wie immer seiner Arbeit nach, und die Knechte dankten den Göttern. Segimerus war für sie alle etwas wie ein Vater, jemand, den sie sich so und nicht anders als eigenen Vater gewünscht hätten. Von nun an achteten sie darauf, daß er keine schweren Lasten anhob, daß er nicht in Zugluft geriet, sich stets und überall gemäß den Wetterverhältnissen kleidete, nicht zu warm, nicht zu kalt, und er ließ sich ihre Fürsorge gerne gefallen.

Manchmal, wenn Arvania gerade eine besorgte Äußerung über den Alten von sich gegeben, konnte Haldavo stehenbleiben, der Frau ins Gesicht sehen und doch an anderes denken: wie es wäre, wenn er, er allein, die Verantwortung für alles hier trüge. Der Zeitpunkt rückte näher, je mehr das allgemeine gesundheitliche Befinden des Cheruskers sich verschlechterte.

III

Wochen waren vergangen, und Haldavo hatte nicht mehr an Reburrinius gedacht, als an einem Vormittag, gegen die zweite Stunde*, einer von dessen Leuten in der Taberna beim Forum erschien und ihm sehr höflich mitteilte, sein Herr würde sich freuen, wenn er, Haldavo, ihn, den Reburrinius, am späten Nachmittag dieses Tages aufsuchen würde. Falls dies aus geschäftlichen Gründen nicht angehe, habe er selbstredend Verständnis dafür. Sie könnten für den Fall einen anderen Termin ausmachen.

Es stand nichts im Wege, und Haldavo sagte zu, am Nachmittag, gegen die elfte Stunde* zu kommen.

»Sei vorsichtig!« mahnte Segimerus, dem er gegen Mittag davon berichtete. »Laß dich auf nichts ein, das du nicht verantworten kannst!«

»Natürlich nicht!« erklärte er lächelnd. »Haben wir das nötig?« Segimerus nickte beifällig und warf dem »Sohn« einen langen Blick nach. Er war selbstsicherer geworden. Es zeigte sich darin, daß er sogar ihm gegenüber, wie soeben, einen leicht ironischen Ton anschlug, den er vor einem Jahr noch nicht gewagt hätte. Aber alles in allem war er mit ihm zufrieden. Was konnte man mehr erwarten! Die Götter hielten ihre Hand über ihn. Er hatte die Gabe nicht verloren, Fremde für sich einzunehmen – wenn er es wollte! Sein kindlicher Charme war allmählich einer gezielt eingesetzten Liebenswürdigkeit gewichen, mit der er souverän umzugehen verstand. Da er, Segimerus, der einzige Mensch im Umkreis des Hauses war, dem gegenüber sich Haldavo öffnete, so entging ihm dennoch die andere Seite des Wesens seines Schützlings: daß er sich in einem Maße verschlossen hielt, welches ihm von einigen bereits als Hochmut ausgelegt wurde.

»Nimm den Sittus mit!« rief Segimerus ihm nach, als er schon im Türrahmen stand.

Haldavo nickte und ging weiter. Er wußte, was der Alte damit bezweckte: Wer etwas auf sich hielt, meldete sich nie ohne eine Begleitung als Besucher in einem wohlhabenden Hause, es sei denn, man war intim miteinander. Es war dies das erste Mal, daß Segimerus auf solche Etikette bei Haldavo wert legte; und die Knechte in der

Nähe, die den Ruf gehört hatten, leiteten daraus einmal mehr die Höhe der Stellung ab, die der Junior-Chef erreicht hatte.
Dem Sittus, von träger Natur mit Hang zum Müßiggang, kam die Anweisung, den jungen Herrn zu begleiten, nicht ungelegen, denn während des Aufenthaltes in der fremden Villa Urbana ergab sich immer eine Gelegenheit zu Gesprächen mit dem Haus- und Küchenpersonal, und ein Becher Wein vom Besten war allemal darin enthalten.
Haldavo war noch nie im Hause des Reburrinius gewesen, unterließ es darum auch, sich bestimmte Vorstellungen zu machen. Überhaupt war er in der Verfassung, alles in Ruhe auf sich zukommen zu lassen. Diese Grundeinstellung war Kern seines Wesens, seit er denken konnte, denn schon als Kind war ihm bei häuslichen Auseinandersetzungen klargeworden, daß mit gelassener Ruhe mehr zu erreichen war als mit vorlautem Geschrei. Mochten die Götter wissen, warum er anders war als die andern – er nahm es hin als seine Natur und zog daraus den Nutzen, wenn es sich ergab. Warum sollte es verwerflich sein?
Das Haus des Reburrinius lag in der vorletzten Insula an der Nordseite des Decumanus Maximus, keine hundert Schritt vom großen Westtor entfernt. Der Verkehr von Fußgängern und Wagen, Lastenträgern und Eseltreibern hatte nach der Mittagspause wieder zugenommen, erreichte aber nicht mehr die Dichte, den Lärm und die Aufdringlichkeit der morgendlichen Stunden.
Es war längst Herbst geworden. Er liebte diese Jahreszeit mehr als den Sommer. Vielleicht hing es damit zusammen, daß er als Kind von Tag zu Tag verfolgte, wie sich die Wälder an den Ausläufern der Eifelberge allmählich verfärbten und jene warmen Töne zwischen Ocker, Goldbraun und Dunkelrot annahmen, die in ihm Erinnerungen an Märchen und magische Geschichten weckten, Gefühle, die zu beschreiben er auch heute nicht in der Lage war. Er liebte das mildere Licht, die längeren Sonnenuntergänge, die fernen Dünste, die die Berge geheimnisvoll einhüllten. Und all dies war ihm auch hier in der Stadt in sinnenhaft starker Erinnerung, denn er war ein Eidetiker, der sich einmal Gesehenes jederzeit vor sein inneres Auge projizieren konnte.

Haldavo schickte den Sittus voraus, damit er den Türklopfer betätige und die Ankunft des Besuchers melde. Schon einen Augenblick später wurde die Klappe im oberen Teil der Tür geöffnet, jemand vom Personal fragte nach dem Begehr und gewährte sofort Einlaß. Sittus trat zur Seite und ließ Haldavo vorausgehen. Ein recht griesgrämiger Portier machte vor ihm die Andeutung einer Verbeugung, sagte »Bitte einzutreten!« und schloß hinter ihm und Sittus wieder den Eingang. Dann machte er sich auf den Weg, seinen Herrn zu benachrichtigen.
Während Haldavo die wenigen Schritte durch den Gang zum Atrium ging und sich neugierig umschaute, empfand er sofort den Unterschied im Geschmack zwischen der Ausgestaltung dieses Hauses und dem von Iustus. War die Anlage der Wände, Gänge und Türen im Haus an der Hafenmauer, bedingt durch mehrfache Umbauten und Erweiterungen, mehr oder weniger zufällig, so lag diesem Hause hier in seiner gesamten Planung ein ästhetischer Wille zugrunde, sei es daß einer der Vorbesitzer den Bau schon so entworfen, sei es daß Reburrinius selbst durch eine kostspielige Umgestaltung den Räumen eine neue Form gegeben hatte – die Villa Urbana erschien im Detail wie im Ganzen als durchgestalteter Bau. Zeichnung und Farbgebung des Rankenwerks, der gemalten Kandelaber, der Rahmen, alles war von feinster Qualität; die Töne spielten in einer Weise miteinander, daß das Auge der Komposition entzückt folgte. Dunkles Rot und Schwarz stand neben gebrochenem Ocker und Goldbraun, das Blattwerk schien wie hingehaucht. Der Boden, durchweg in geometrisch geordneten Mosaiken ausgelegt, hielt sich in vornehmer Zurückhaltung gegenüber den Farbkompositionen, und Haldavo war hingerissen vom hohen Niveau der Ausstattung.
Langsam ging er, gleichsam den Raum mit den Augen ertastend, unter dem umlaufenden Dach des Atriums entlang, erkannte in den größeren Feldern Figurengruppen aus der Odyssee, das Schiff des Helden, als es zwischen Skylla und Charybdis gerade ins offene Meer entkam; den einäugigen Kyklopen Polyphem, wie er von der Höhe des Berges einen Felsbrocken hochstemmte, um ihm dem fliehenden Schiff nachzuschleudern; Nausikaa, wie sie am Meeresstrand mit ihren Mädchen Ball spielte, und in der Nähe, hinter Schilf verborgen, der schlafende Odysseus.

»Na, gefällt's dir?«
Haldavo fuhr beim Klang der bekannten Stimme herum und schaute in das freundlich lächelnde Gesicht von Reburrinius.
»Wunderbar!« sagte Haldavo leise und wandte sich noch einmal den Bildern zu.
»Du kennst die Bedeutung?«
»Gewiß ...« Er nannte die Szenen, beschrieb die Situationen, und Reburrinius nahm nicht ohne Erstaunen die excellenten mythologischen Kenntnisse des jungen Mannes wahr.
»Woher stammt dein Wissen?«
»Von Exomnius. – Aber ich lese auch viel.«
»Und nicht ohne Gewinn!« lobte Reburrinius. »Bei wem kaufst du deine Bücher?«
Er nannte den Händler. Darauf Reburrinius: »Hm. – Er wird dich übers Ohr hauen! Ihm fehlt die Konkurrenz. Wenn du wieder mal etwas brauchst, sag' mir Bescheid. Ich besorge dir's billiger.«
Haldavo dankte erfreut, während Reburrinius ihn leicht am Arm nahm und voraus in den Flur ging, der zum hinteren Teil des Anwesens führte. Dort erkannte Haldavo den Hausgarten, bepflanzt mit verschiedenen Sträuchern und Stauden, einer kurz gehaltenen Taxushecke, die neben dem Weg herlief. Sie stiegen über eine hölzerne Treppe nach oben, und der Hausherr geleitete ihn in ein geräumiges, lichtes Zimmer, das ihm wohl als privater Arbeitsraum diente. An den Wänden Regale mit Buchrollen. Ein großer Arbeitstisch, dahinter ein hochlehniger Stuhl. In einiger Entfernung davon ein kleinerer Bronzetisch mit Löwenfüßen, rechts und links davon zierliches Gestühl. Reburrinius bot ihm Platz und setzte sich ihm gegenüber.
»Ich dachte, wir könnten uns vor dem Essen noch etwas unterhalten, wenn es dir recht ist ...«
Das war ihm sehr recht. Er hatte erwartet, daß er zusammen mit Reburrinius zu Abend essen würde; ein Ereignis, das ihn leicht verunsicherte, da er noch nie in einem so vornehmen Hause gespeist hatte und die letzten Feinheiten der Etikette bei Tisch nicht kannte.
»Nein, ich meine das im Ernst«, griff Reburrinius seinen Gedanken wieder auf. »Bücher sind ohnehin teuer genug. Oft steht der Preis in keinem Verhältnis zum Inhalt. Ich habe da eine gute Quelle in

Lugdunum.* Du mußt mir nur gelegentlich eine Liste mit den gewünschten Titeln schreiben. Dann sehen wir weiter.«
Sie blieben eine Weile beim Thema, sprachen über die Gründe für die hohen Buchpreise – teure Einzelproduktion in Handarbeit, lange Lieferwege, begrenzte Verkaufsmöglichkeiten in einer an der Grenze zum Barbarenland gelegenen Stadt wie der CCAA – und Haldavo meinte schließlich nicht ohne Schwung: »Es fehlt an Schulen! Ohne sie keine Kenntnis der Literatur und der Wissenschaft!«
»Das ist richtig«, pflichtete ihm Reburrinius bei. »Exomnius ist zu alt. Ihm fehlt eine Konkurrenz. Wir müssen uns für die Zukunft Gedanken machen, wer als Nachfolger in Frage kommt. Auch du solltest Augen und Ohren offenhalten.«
Mit Genugtuung nahm Haldavo zur Kenntnis, daß er im Denken dieses mächtigen und einflußreichen Mannes eine gewisse Rolle spielte, und es erfüllte ihn mit Freude und Stolz.
Dann kam ohne Übergang die Frage: »Wie gehen die Geschäfte?«
Haldavo überlegte einen Augenblick, ehe er antwortete: »Wie immer. – Der Tod von Iustus hat keine Veränderung in den Vorgängen gebracht.«
Reburrinius schaute ihn, kaum daß er den Satz beendet hatte, eine Weile starr an, denn wieder einmal registrierte er, mit welcher Eloquenz dieser junge Mensch, selbst noch Sohn eines halben Barbaren, sich auszudrücken vermochte; dazu diese kühle Beherrschtheit und Sachlichkeit: »... hat keine Veränderung in den Vorgängen gebracht ...«
Von diesem Achtzehnjährigen ging eine seltsame, nicht in Worten zu fassende Anziehungskraft aus. Die Mischung seiner Charakterzüge schien ihm einzigartig: hohe Intelligenz, scharfer Verstand, augenscheinlich eine empfindsame Sensibilität, die sich unbewußt in seinen Augen zeigte; dazu, nur dem geübten Menschenkenner wahrnehmbar, eine gewisse Skrupellosigkeit und Bereitschaft, sich über die geltenden Maßstäbe hinwegzusetzen. – Es waren dies ähnliche Empfindungen und Beobachtungen, die schon einen Segimerus beschäftigten, nur daß dieser nicht in der Lage gewesen wäre, sie so differenziert in Worte zu fassen. Reburrinius aber war fasziniert von diesen Zügen und sein erster Eindruck, den er beim Totenmahl im

Hause an der Hafenstraße bekommen hatte, war nicht nur bestätigt, sondern verstärkt worden. Sein Fazit lautete: Aus ihm könnte man etwas machen!

»Nun«, meinte Reburrinius, »der Erfolg eines Geschäftes zeigt sich unter anderem darin, daß man unabhängig von den Besitzverhältnissen Gewinn macht, wenn man den Dingen ihren guten Lauf läßt, ohne sie treiben zu lassen. Das erfordert Geschick. Du hast es bewiesen. Und so denke ich, du hättest das Zeug zu größeren Unternehmungen.«

Haldavo horchte auf und sagte: »Ich bin durchaus an die gegebenen Verhältnisse gebunden. Es gibt da feste Abmachungen mit der Erbin.«

»Natürlich. Ich weiß, ich weiß. Aber wie die Dinge nun einmal liegen, wird es nicht lange dauern, und du bist derjenige, der entscheidet, in welche Richtung sie sich entwickeln. – Ich möchte ganz offen sein: Segimerus ist ein alter Mann und, wie ich höre, krank. Also mußt du jederzeit mit seinem Ausscheiden rechnen. Des Iustus Tochter ist weit vom Schuß. Selbst wenn sie in der Stadt wohnte, wäre sie nicht imstande, dir Richtlinien an die Hand zu geben über das, was du tun oder lassen solltest.«

Er lehnte sich zurück, stützte das Kinn in seine Rechte und dachte nach, während er sein Gegenüber nicht aus den Augen ließ. »Warum ich dir das alles erzähle, wirst du fragen. Nun, ich will es dir sagen: Diese Stadt und ihre Bürger nehmen für sich in Anspruch, von einer Kaiserin gegründet zu sein und sich über alle Siedlungen im weiten Umkreis erhaben zu fühlen. Das mochte bis vor kurzem so sein, ja, aber die Zeit steht nicht still. Seit der Kaiser* energisch den Ausbau der Colonia Traiana* vorantreibt, könnte uns im Norden eine gewisse Konkurrenz in mancher Beziehung entstehen. Ich sage: könnte! – Aber ganz unabhängig davon werden die Handelsbeziehungen hier an der Rheingrenze nach allen Richtungen zunehmen – immer vorausgesetzt, daß der Frieden erhalten bleibt, und es sieht ganz so aus, daß es so sein wird.

Bei solchen Aussichten liegt es auf der Hand, daß sich in den nächsten Jahren für junge Leute reichlich Gelegenheiten ergeben, an diesem Aufschwung teilzuhaben – wenn sie über die notwendigen Fähigkeiten und Kenntnisse verfügen und eine gewisse Risikobereitschaft mitbringen, auch Durststrecken durchzustehen. Ich glaube, du verstehst, was ich sagen will ...«

Er lächelte Haldavo freundlich zu, und dieser nickte:

»Ich verstehe.«

»Gut.« Reburrinius verschränkte einen Augenblick lang die Arme, nahm sie dann wieder auseinander, betrachtete gedankenvoll ihre Innenseiten, faltete sie und fuhr fort: »Du weißt vielleicht, daß meine Freunde und ich dabei sind, Beziehungen zu anderen Provinzen im Süden und Westen aufzubauen ...«

Haldavo nickte, und Reburrinius fuhr fort: »Leider fehlt es an fähigen Köpfen, die beides – wie soll ich sagen – souverän beherrschen: die geschäftlichen Vorgänge wie den Umgang mit Menschen! Der Aufbau eines solchen Projektes ist einem Spinnennetz vergleichbar; so wie die Spinne an jedem Punkt des Netzes spürt, wenn sich ein Insekt darin verfängt, so muß auch das von mir ins Auge gefaßte Netz von Handelshöfen äußerst sensibel reagieren, wenn sich andernorts etwas bewegt. Kurz, ich meine, du solltest dir einmal in Ruhe überlegen, ob du nicht Lust hättest, an einem solchen Unternehmen mitzuwirken ... Nein, du sollst jetzt nicht antworten!« Er hob die Hand. »Solche Dinge müssen reifen. Nichts darf überstürzt werden, denn es steht viel auf dem Spiel. Gerade darum brauchen wir wendige und zugleich verantwortungsbewußte junge Leute, die frischen Wind in die erstarrten Beziehungen bringen. Denke also in Ruhe nach!«

Haldavos Herz hatte schon längst stärker zu schlagen begonnen, und sein Gesicht hatte sich leicht gerötet, ohne daß er es bemerkte; doch war es Reburrinius nicht entgangen, der es zufrieden registrierte, denn er sah bestätigt, was er über den Charakter und die Antriebe des jungen Mannes vermutet hatte.

In diesem Augenblick wurde die Tür geöffnet, und ein Mädchen von vielleicht fünfzehn Jahren sagte: »Das Essen ist fertig. Du ... Verzeihung! Ihr möchtet kommen!«

Sie lächelte kurz zu Haldavo hin und war schon wieder verschwunden.

Nach dem langen Gespräch mit Reburrinius unter vier Augen hatte er seine Befangenheit verloren und begab sich gelockert zusammen mit dem Hausherrn nach unten und ins Triclinium. Die übrigen Familien-

mitglieder, die am Essen teilnehmen würden, hatten bereits Platz genommen. Es waren fünf Personen: neben der Herrin, die vorne auf ihrem Ehrenplatz im hochlehnigen Korbsessel saß, auf einem zweiten Sessel eine ältere vergrämte Frau, die Reburrinius sehr ähnlich sah und vielleicht eine Verwandte war, die im Hause lebte; dann das Mädchen, das sie benachrichtigt hatte, und zwei jüngere Brüder.
Die beiden starrten ihn neugierig an, als er eintrat. Er lächelte freundlich, wie er überhaupt seinen ganzen Charme einsetzte, um in diesem Hause und seinen für ihn so wichtigen Bewohnern einen guten Eindruck zu hinterlassen.
»Das ist Haldavo!« stellte der Hausherr ihn vor und wies mit den Augen auf den Gast. Alle schauten herüber, freundlich und neugierig zugleich. Aus der lakonischen Formulierung von Reburrinius schloß Haldavo, daß sein Name hier schon genannt worden war, und dies wurde bestätigt, denn die Herrin sagte:
»Schön, daß du gekommen bist, Haldavo. Reburrinius hat schon einiges von dir berichtet.«
Sie behielt ihn lächelnd im Auge, und er verbeugte sich leicht. Dann stellte Reburrinius ihm die übrigen Teilnehmer des Essens vor: »Meine Schwester Perula ... Reburrinia ... Autronius und Reburrinius!«
Später erfuhr er, daß seine Gattin Autronia hieß und somit italischer Herkunft war; ihr Urgroßvater hatte noch in der Armee des Augustus gedient und war ins Rheinland verschlagen worden. Darum führte auch einer der beiden Söhne den römischen Namen der Mutter, Autronius, und der andere den gallischen des Vaters, Reburrinius.
Das Essen war nicht außergewöhnlich, sondern entsprach durchaus dem Gewohnten, wie es auch im Hause an der Hafenmauer serviert wurde.
Autronia zog ihn in ein Gespräch über sein Leben, seine Familie, und er stellte erfreut fest, daß hinter ihren Fragen warmes Interesse stand, das sich auch in ihren Blicken zeigte. Er schätzte sie auf Mitte dreißig. Sie war also erheblich jünger als Reburrinius, der erst spät geheiratet hatte. Beide Gatten schienen sich sehr gut zu verstehen, denn Autronia streifte ihren Mann bisweilen mit einem freundlichen Blick, wenn ihr das, was Haldavo berichtete, gefiel. Daraus schloß er, daß alle

Dinge der Familie und des Hauses von beiden gemeinsam besprochen und entschieden wurden. Es war klar, daß der geschäftliche Bereich ganz in die Domäne des Mannes fiel.
Es entging Haldavo nicht, daß Reburrinia ein sehr schönes Mädchen war. Alles an ihr war licht und hell, die blauen Augen, das strohblonde Haar, ihre weiße Kleidung. Man hätte sie für kerngesund gehalten, wäre da nicht eine auffallende Blässe im Gesicht gewesen, die unter den Augen sogar den Schimmer eines bläulichen Schattens angenommen hatte. Ihr Gesicht besaß die so seltene ideale Rundung, wie man sie an den klassischen Köpfen der Iuno oder Minerva antraf; die Harmonie der Anordnung von Augen, Nase, Brauen und Mund war makellos. Er mußte aufpassen, daß er sie nicht zu lange anschaute; doch immer wieder kehrte sein Blick, auch wenn er mit einem der anderen sprach, zu ihr zurück, nur kurz, doch so, daß sie es merkte.
Die beiden Brüder, wohl dreizehn und zwölf Jahre alt, gaben sich ganz natürlich und fragten ihn keck nach Dingen, die sie interessierten, nach den Schiffen im Hafen, ob er schon in Germanien gewesen, ob es stimme, daß auf dem Mond menschenähnliche Wesen lebten und dergleichen mehr, so daß Autronia sie lächelnd ermahnte, sich etwas zurückzuhalten, da der Gast sich auch mit den übrigen unterhalten möchte.
Nach dem Essen zogen sich die Jungen denn auch bald zurück, da es sie langweilte, an einem Gespräch über geschäftliche Dinge teilzunehmen. Auch die wortkarge Schwester des Hausherrn, die während des Essens geschwiegen hatte, verließ den Raum, und an der Art, wie sie sich vorsichtig bewegte, erkannte Haldavo, daß sie an einem körperlichen Gebrechen litt, vielleicht an einer fortgeschrittenen und sehr schmerzhaften Gicht. Er schätzte ihr Alter auf Mitte fünfzig. Niemand kümmerte sich weiter um sie und ihr Verhalten, weil man es täglich gewohnt war zu sehen, und weil sie zur Familie gehörte.
So blieben also neben dem Hausherrn Mutter und Tochter zurück, während zwei Dienerinnen stumm die Reste der Mahlzeit abräumten und den Raum verließen.
Er blieb noch etwa eine Stunde, und während des angeregten Gesprächs verging die Zeit wie im Fluge, so daß er sich schließlich

entschloß, seinen Aufbruch anzukündigen, weil er ahnte, daß es unhöflich gewesen wäre, länger zu bleiben.
Reburrinius hielt ihn denn auch nicht davon ab, aber er sagte: »Nachdem wir uns nun näher kennengelernt haben, bitte ich dich, nur öfter zu kommen. Wir sollten dann auch unbedingt über die Einzelheiten unserer Pläne sprechen ...«
»Pläne?« fragte Autronia mit hochgezogenen Brauen.
»Ja, du weißt doch, die Einrichtung von Handelshöfen im Süden ...«
»Oh! Du meinst ... du willst Haldavo mit einbeziehen?«
»Ja. Wir haben oben schon allgemein darüber gesprochen.«
Haldavo bemerkte, wie diese Mitteilung bei beiden Frauen zustimmende Blicke auslöste, und wieder schaute er einen Augenblick länger zu Reburrinia als es notwendig war. Ihre Antwort war ein Lächeln.

IV

Das Lächeln begleitete ihn durch das Dunkel der leeren Straßen, während Sintus stumm mit der Fackel vor ihm herging. Das Gespräch mit Reburrinius hatte seine Phantasie mächtig beflügelt. Er sah sich bereits als Leiter eines Kontors in Gallien, in Rätien, in Italien. Er diktierte Briefe an Partner und Lieferanten, drohte Schuldigern mit Strafen, hatte Entscheidungen von großer Tragweite zu fällen, bewohnte ein großes lichtes Haus. Es gingen wichtige Männer ein und aus. Täglich sah er sein Vermögen wachsen, er beteiligte sich selbst an weitreichenden Geschäften. Er trat in Kontakte mit mächtigen Beamten des Kaisers. Wurde von ihnen eingeladen, lud sie zu sich ein. Er hatte Umgang mit Künstlern, Dichtern, Philosophen. Das Personal wurde vergrößert, damit man ihm den Kleinkram abnahm und er mehr Zeit bekam für die geistigen Dinge. Er würde lesen, teure Schriften kaufen, vielleicht selbst zu schreiben beginnen. Dann kam eine Einladung aus Rom ...
»Herr, wir sind da!«
Der behäbige Sintus riß ihn aus seinen Träumen, brachte ihn zurück in die Wirklichkeit, und die hieß Arbeit, Durchhalten, Fleiß, Zähigkeit. Er trug Verantwortung für das Erbe des Iustus. An diesem Abend

empfand er sie zum erstenmal als Last. Aber er wußte, es gab nur den Weg über diese Hürde. Wie es schon Reburrinius vorsichtig angedeutet hatte: Segimerus war ein hinfälliger, alter Mann geworden. Und kaum, daß er an ihn dachte, wurde ihm warm ums Herz, denn ihm hatte er vieles, wenn nicht alles zu danken, was ihn in den letzten Jahren vorangebracht hatte.

Er suchte ihn trotz der späten Stunde noch auf und fand ihn schlafend in seiner Kammer. Leise zog er sich zurück und ging selbst zu Bett. Arvanias Fragen beantwortete er wortkarg und an der Grenze von Verdrossenheit. Also ließ sie ihn in Ruhe, wie sie früher schon Iustus in Ruhe gelassen, wenn er mit sich und seinen Problemen befaßt war. Sie war auf ihn nicht angewiesen.

Haldavo aber sah vor dem Einschlafen, sogar später in einem Traum, Reburrinias Gesicht, sah ihr Lächeln und hörte sie sanft sprechen, doch was sie sagte, hatte er beim Erwachen vergessen.

Mit frischem Eifer und gewachsenem Selbstvertrauen machte er sich in den folgenden Tagen an die Arbeit, nahm voll Trauer und doch gefaßt zur Kenntnis, wie es mit Segimerus unaufhaltsam bergab ging; ließ den besten Arzt der Stadt kommen und hörte nur die Bestätigung dessen, was er längst wußte, daß er es nicht mehr lange machen werde. Vielleicht noch einen Monat, vielleicht mehr, es liege bei den Göttern und ihren Entscheidungen. Der Husten nahm nun kein Ende mehr, Erstickungsanfälle machten dem Alten das Leben zur Qual. Er hatte nun auch Wasser in den Beinen. Alle waren nur noch bestrebt, ihm sein Leiden zu erleichtern, wo und wie es nur ging. Arvania pflegte ihn mit Hingabe und ohne viele Worte, mit der ganzen Stärke ihrer einfachen Seele. Sie saß lange an seinem Lager, erledigte dabei kleinere Handarbeiten und reichte ihm zu den vorgeschriebenen Zeiten die Medizin, die der Arzt verschrieben. Oft war er in Schweiß gebadet und fröstelte zugleich. Diese fliegende Hitze blieb über Stunden und schwächte seinen Körper. Es war, als ob er zu schrumpfen begann. Das Gesicht wurde kleiner, faltiger, die einst so starken Arme zitterten, wenn er nach etwas griff. Und wenn er eine halbe Stunde oder mehr auf den Beinen war, mußte er sich an den Wänden und Möbeln stützen, um das Gleichgewicht zu wahren. Seine Schritte waren zum Schlurfen verkümmert, er konnte die Füße kaum noch

heben. Täglich wechselte ihm Arvania das Bettzeug, damit es nicht unangenehm zu riechen begann vom Schweiß der Schwäche und Krankheit. Die bösen Säfte hatten den Leib im Griff, und sie würden nicht locker lassen, bis er den letzten Atemzug getan.
Haldavo nahm sich die Zeit und las ihm aus Texten vor, die der Alte nicht kannte und die ihn doch fesselten; besonders solche, die von fernen Gegenden des Erdkreises berichteten. Dann stellte er Fragen, und Haldavo bemühte sich, sie alle zu beantworten. In solchen Augenblicken war tiefes Einvernehmen zwischen ihnen, und die Rätsel der großen Welt schienen alle in der kleinen Kammer versammelt. Doch immer wieder kam der Alte auf die Zukunft zu sprechen, nicht auf seine, er fühlte sich geborgen im Werden und Vergehen der Natur; das Haus, das Kontor, die verzweigte Handlung, die überkommenen Geschäfte seines alten Patrons Iustus waren es, die ihn ununterbrochen beschäftigten – das Erbe! Und als ob er um die Gefahren wisse, die dieser junge Mensch, sein »Sohn«, zu bestehen haben würde, zwang er ihn immer wieder, seine Ziele zu überdenken: »Du wirst es weiter bringen als er ...« Er hauchte es mit matter Stimme. »Ich weiß, daß es so sein wird ... Aber es können schlimme Zeiten kommen. Sie kommen immer, wenn du nicht damit rechnest, denn die Götter sind neidisch ...« Er wandte ihm seinen Blick zu, griff matt nach seiner Hand, und Haldavo ließ sie ihm eine Weile.
»Du darfst aber nie den zweiten Schritt vor dem ersten tun ... Hörst du!« Er hob den Kopf und sah ihn aus übergroßen, wissenden Augen an, die halb aus dem Jenseitigen kamen. »Du mußt den Ring des Patrons stets in Ehren halten. Er war ein guter Mann ...« Er ließ sich zurücksinken und sprach weiter, den Blick gegen die Decke gerichtet. »Ich blieb immer der ich war ... ein einfacher Mann, den die Laune der Götter hierher verschlagen hat. Du bist klüger als ich. Du bist ehrgeizig und wirst dich mit dem jetzigen Zustand nicht zufriedengeben. Das mag gut sein. Für dich mag es so gut sein. Du bist so gemacht. Vergiß aber nie, daß du von ganz unten gekommen bist. Du brauchst immer andere, die dir helfen auf deinem Wege ... wohin auch immer er dich führt ...«
Seine Stimme wurde schwächer, denn wieder ließen seine Kräfte nach, und so erhob sich Haldavo, trocknete ihm mit einem Tuch die

feuchte Stirn, reichte ihm einen Schluck Wasser und ging leise aus dem Zimmer.
Drei Tage später kam Sintus atemlos gelaufen und stieß hervor: »Du sollst kommen! Es geht zu Ende mit ihm! Er will dich sprechen!«
Er verließ auf der Stelle die Taberna und eilte hinüber. Es war ein schöner Herbsttag. Allerlei Düfte schwebten durch die Straßen, auch solche, die von außerhalb kamen, der Geruch von gepflügter Erde, das Modern des Laubes, das köstliche Aroma verbrannten Strohs. Die Menschen bewegten sich gelassener als im Sommer. Man war dabei, sich auf den Winter vorzubereiten, und das erforderte Aufmerksamkeit, Augenmaß, Ruhe.
Als er die Kammer betrat, saß Arvania bei ihm. Er hielt die Augen geschlossen, seine Hände lagen ausgestreckt zur Seite des Körpers. Obwohl er sehr leise eingetreten war, mußte Segimerus es wahrgenommen haben, denn er öffnete langsam die Augen und sah ihm entgegen. Arvania stand auf, und Haldavo nahm ihren Platz ein. Er griff die Hand des Todkranken und streichelte sie. Der Alte wandte sich ihm noch einmal zu und hauchte etwas. Haldavo beugte sich zu ihm hinunter, um zu hören, was er sagte:
»Du kannst es nie allen recht machen, mein Sohn ... Aber mache es so, daß du dereinst ... in Frieden ... sterben kannst ... Du warst ... eine große Freude für ... mich ... Ich habe den Göttern ... dafür oft gedankt ... Sie mögen dich immer beschützen!«
Er schaute ihn an, und Haldavo sah, wie seine Seele allmählich aus dem Auge wich. Er atmete mit einem letzten großen Seufzer aus. Dann war er drüben.
Haldavo drückte ihm die Augenlider zu, während ihm urplötzlich ein gewaltiger Tränenstrom über die Wangen lief. Arvania schrie auf, und alle in Haus und Lager Anwesenden wußten, es war geschehen.
Haldavo stand auf, sah, daß Arvania ganz mit sich und ihrer Trauer beschäftigt war, und verließ den Raum. Angehörige des Personals forschten in seinem Gesicht, und er nickte ihnen bedeutungsvoll zu. Dann gingen sie zu den anderen, um es ihnen zu melden.
Haldavo aber betrat entschlossen das Kontor, setzte sich an den Tisch von Iustus und Segimerus, starrte eine Weile gedankenvoll auf die Platte, dann griff er ein Blatt Papyros, tauchte die Rohrfeder ein und

schrieb die notwendigen Zeilen an Lollia. Eine halbe Stunde später war bereits ein Bote auf dem Weg.

V

Die Trauerfeierlichkeiten für Segimerus wurden nicht weniger würdevoll gestaltet als die für den Patron; Kenner solcher Veranstaltungen wußten im nachhinein zu berichten, daß die Ergriffenheit der Teilnehmer entschieden größer gewesen sei als für den Patron. Wieder waren Nachbarn, Freunde und Vertreter befreundeter Häuser am Ort der Verbrennung und Beisetzung. Und diesmal war es Haldavos Amt, den Ritus zu vollziehen und die *laudatio funebris* am Scheiterhaufen zu halten. Er fand, wie man ihm nachher bestätigte, die richtigen Worte, aber was sagte das schon aus bei einem Mann, der sein ganzes Leben lang nie viele Worte über seine stille Arbeit und Pflichterfüllung verloren hatte – und in diesem Sinne hatte Haldavo gesprochen. Seine Ergriffenheit war groß, denn er verlor einen Mann als Freund, der ihm mehr bedeutet hatte als alle anderen, die er bislang kannte.

Lollia und ihr Friattius waren nicht abkömmlich. Eines ihrer Kinder lag danieder mit einer fiebrigen Krankheit, die die Anwesenheit der Mutter forderte. Im Schreiben, das zwei Tage nach der Beisetzung eintraf, schilderte Lollia ihre Betroffenheit, fand angemessene Worte für den Verstorbenen und ging im gleichen Atemzug dazu über, daß sie nun das Schicksal des Hauses ganz in die Hände Haldavos lege. Er allein sei nun für alle Vorgänge verantwortlich; er habe alle Vollmachten, in ihrem, Lollias Namen, Entscheidungen zu treffen, zu kaufen oder zu verkaufen, wie es ihm angemessen erschiene. Selbstverständlich könne er über den Ertrag verfügen und auch sein eigenes Salär innerhalb der Gesamtsituation des Umsatzes festsetzen. Sie vertraue ihm vollkommen. Zu gegebener Zeit werde sie selbst kommen und sich mit ihm zu beider Zufriedenheit einigen.

Noch am selben Tag setzte er ein Antwortschreiben auf, in dem er sich bedankte für ihr Vertrauen und ihr mitteilte, er sei bestrebt, ganz in ihrem, ihres Vaters und auch Segimerus' Sinne zu wirtschaften.

Das Jahr ging allmählich in jenen Teil über, der noch nicht Winter, aber nicht mehr Herbst war. Naßkalte Winde fegten über die Ebene vor der Stadt, und die Menschen blieben nun gern in ihren Häusern, widmeten sich Ausbesserungsarbeiten, horteten die Feldfrüchte in Kellern und Kammern, holten das Winterzeug hervor, und die Frauen stopften die Löcher, die die Motten den Sommer über in Mäntel und Umhänge gefressen. Die Vorräte an Kerzen und Öl wurden überprüft und ergänzt, denn die Abende wurden länger, die Sonne stand nur noch schräg und schickte ein milchiges Licht. Haldavo, sonst sehr empfänglich für die Wechsel der atmosphärischen Vorgänge, nahm sie in diesem Jahr kaum zur Kenntnis. Sein Tag war ausgefüllt mit Arbeit, denn er wollte vor sich selbst bestehen, nicht nur aus Loyalität den Erben gegenüber. Dabei war ihm der junge Melonius eine große Hilfe, denn er konnte Zahlen und Listen lesen und beherrschte einigermaßen die Grundrechenarten.
Obwohl er nur ein Jahr älter war als Melonius, war zwischen ihnen der Abstand von Herr und Knecht. Er wunderte sich selbst darüber, wie schnell das Personal, besonders die älteren unter den Männern, seine Autorität akzeptierten. Nie hätte Melonius es gewagt, ihm irgendeinen Auftrag abzuschlagen oder sich nicht an die strikte Ausführung auch langwieriger Arbeiten zu halten. Der ältere Dregenus um so weniger, da er ohnehin zufrieden war, wenn man ihn über Stunden Dinge erledigen ließ, die ein anderer als zu stumpfsinnig empfunden und sich dagegen aufgelehnt hätte.
Zusammen mit Melonius machte er sich an eine Generalüberprüfung aller Bestände, wobei er die Listen kontrollierte, die der andere ihm, meist abends, vorlegte, und die er Punkt für Punkt kritisch durchging. Er selbst prüfte die Verpflichtungen seiner Schuldner, der säumigen Zahler, und schrieb eigenhändig kurze, aber scharfe Briefe, in denen er ihnen die Termine setzte, bis wann sie die Summen zu hinterlegen hätten. Er wußte, daß Iustus einst in diesen Dingen lockerer verfahren war, aber er war sich völlig im klaren, daß dies einer der Gründe war, warum Iustus eine gewisse Schwelle nie überschritten hatte. Seine Geschäfte hatten bei allem vordergründigen Gewinn etwas von Wurschteln gehabt, und je wortreicher er seinen Status und seine Reputation herausstrich, um so weniger war an Substanz vorhanden.

Dies wurde Haldavo erst jetzt, wenn er über den Listen saß, bewußt, und es war sein Ziel, den Ruf des Hauses auf eine entschieden höhere Ebene zu bringen. Reburrinius war sein großes Vorbild.
Wie er erwartet hatte, lud Reburrinius ihn nun öfters zu sich ein, und sie besprachen nicht nur die schon recht weit gediehenen Planungen der Handelshöfe, sondern Reburrinius ließ ihn mehr und mehr teilnehmen an seinen privaten Dingen, und an erster Stelle rangierten hier die Pferde. Aus seiner Studienzeit bei Exomnius wußte er, daß in Rom bis weit in den Herbst die »Spiele«, vor allem die Pferderennen abgehalten wurden. So fanden noch vom 4. bis 17. November in der Hauptstadt die *Ludi Plebeii,* die Plebejischen Spiele statt, bei denen es auch die *probatio equorum,* die Prüfung der jungen Pferde gab. Das naßkalte Wetter der nördlichen Regionen erlaubte diese Veranstaltungen am Ende des Jahres in der CCAA nicht. Um so wichtiger war die Aufzucht. Und Reburrinius steckte ein Vermögen in den Ankauf von Zuchthengsten und Stuten, deren Nachwuchs er, wenn er ihn nicht selbst behielt, mit großem Gewinn weiterverkaufte.
In diesen Wochen begleitete er ihn oft zu den Ställen, die westlich der Stadt auf dem Gelände einer Villa Rustica lagen, die ebenfalls Reburrinius gehörte. Und dann lernte er einen anderen kennen, einen Mann, der ins Schwärmen geriet, wenn er ihm die Vorzüge der einzelnen Tiere aufzählte. Er hatte schon viele Rennen gewonnen. Noch etwas beobachtete er: Reburrinius wurde von seinen Stallmeistern und Knechten in einer Weise respektiert, die über alles, was er selbst bisher erfahren oder beobachtet hatte, weit hinausging. Dabei war er im Umgang mit ihnen durchaus leutselig, freilich auf eine Weise, die nicht gekünstelt wirkte, und in der Haltung der Untergebenen war eine Achtung, die nicht aus Verstellung oder Liebedienerei kam, sondern aus der Wertschätzung des aufrechten Mannes, bei dem Macht, Einfluß und Ethos im Einklang standen. Kaum vorstellbar, daß sie hinter seinem Rücken falsch über ihn redeten.
Er lernte viel über Pferde. Reburrinius strebte ein edles Vollblut an: hohe Hufe, weiche Beugen, starke Polsterung an Brust und Schenkeln, knochigen Kopf mit kleinen Ohren und kleinem Kinn, hohen Widerrist, tiefe Flanken, kurze flache Hüften und kleine Hoden. Erstaunliches gab Reburrinius in diesem Zusammenhang von sich:

»Von größtem Nutzen erweist sich immer noch Mago des Puniers Lehrbuch über die Landwirtschaft, obwohl schon vor zweihundertfünfzig Jahren geschrieben!«
»Mago der Punier?« Haldavo gestand offen seine Unkenntnis ein, und Reburrinius klärte ihn auf: Mago, ein karthagischer Agrarschriftsteller, habe das umfangreichste Buch über die Landwirtschaft geschrieben. Kurz nach der Zerstörung Karthagos sei es auf Beschluß des Römischen Senats von D. Iunius Silanus ins Lateinische übertragen worden. Eine griechische Bearbeitung sei dann sechzig Jahre später von einem gewissen Cassius Dionysos aus Utica herausgekommen.
»Vieles«, fuhr er fort, »hat auch Terentius Varro, der gelehrteste Mann seiner Zeit, übernommen in seinen drei Büchern ›Über die Landwirtschaft‹, und ich lese gerne darin.«
»Du besitzt sie?« fragte Haldavo staunend.
»Gewiß. Meine Interessen sind durch meine Geschäfte nicht ausgelastet. Es gibt nichts Edleres, als sich mit agrarischen Fragen zu befassen. Ich sammle alles, was ich nur ergattern kann. Du kannst gerne einmal darin lesen.«
Bei seinem nächsten Aufenthalt im Hause des Reburrinius ließ dieser ihn dann einen Blick in seine wohlgeordnete Bibliothek werfen, die einige hundert Bücher aus den unterschiedlichsten Gebieten vereinte. Neben den Schriften der großen Historiker enthielt sie viel Griechisches, Auszüge aus Plato und Aristoteles, einige Stücke der drei großen Dramatiker Aischylos, Sophokles und Euripides, ebenso Komödien des Aristophanes, dann solche aus der Feder des Plautus und Menander.
»Wenn du wissen willst, wie man in Rom vor dreihundert Jahren dachte, lebte, lachte und redete, dann lies den Plautus! Leider werden seine Stücke zu wenig aufgeführt. Aber ich plane eine Premiere für nächstes Jahr mit dem ›Amphitryon‹. Du solltest das Stück über den Winter einmal lesen ...«
Haldavos Respekt vor der geistigen Aufgeschlossenheit und Weite des Kaufmanns wuchs von Mal zu Mal. Und da ihr Verhältnis zueinander sich in dem Maße lockerte, wie sie ernsthaft über diese Dinge miteinander sprachen, wagte Haldavo allmählich, aus sich herauszugehen und Fragen zu stellen, die, wie sollte es anders sein, aus seiner

Herkunft und der fehlenden geistigen Schulung in seiner Kindheit und frühen Jugend herrührten; umgekehrt hatte Reburrinius längst erkannt, daß Haldavos Interesse dem seinigen sehr ähnlich war, und es machte ihm große Freude, den Jüngeren in die für ihn neue Welt der Literatur und der Wissenschaft einzuführen.

»Weißt du ...«, hielt er einmal mitten in einer seiner Ausführungen inne, »mir ging es in gewisser Hinsicht ähnlich wie dir. Mein Vater interessierte sich nur für die geschäftlichen Dinge und überließ mich mit meinen Fragen mir selbst. Natürlich hatte er dafür gesorgt, daß ich möglichst früh Lesen und Schreiben und all die Dinge lernte, die mir im Geschäft einmal nützlich sein würden. Aber ich hatte ja einen älteren Bruder, der als Erbe des Betriebs vorgesehen war. Er starb mit vierundzwanzig an einer unheilbaren, plötzlich ausgebrochenen Krankheit. Da nahm er mich, wie nicht anders zu erwarten, in die Pflicht. Aber ...« Er lächelte vielsagend und blickte über seine Buchschätze, »die Saat war aufgegangen, und niemand, auch mein Vater nicht, konnte mich davon abhalten, ein Bücherwurm zu bleiben. Heute weiß ich, daß beides, harte Arbeit und geistige Muße, sich gut miteinander vereinbaren lassen. Voraussetzung ist eine strikte Trennung im Alltag. Ich glaube, gerade du verstehst, was ich meine.«

Von diesem Tage an herrschte zwischen ihnen eine nicht in Worten zu fassende Vertrautheit, und Haldavo wußte noch Jahrzehnte später genau Tag und Stunde, Ort und Umstände, das Wetter inbegriffen, zu nennen, als Reburrinius sich ihm so weit geöffnet hatte. – Aber dann blieben die harten Selbstvorwürfe nicht aus, denn es sollten Dinge geschehen, die er in diesen schönen Tagen nicht für möglich gehalten hätte.

VI

Dieses neue freundschaftliche Verhältnis zu Reburrinius blieb nicht ohne Folgen für seinen Status in dessen Haus und Familie. Autronia ließ ihn nur gerne und offen ihre Zuneigung spüren, hatte immer ein gutes Wort, wenn er das Haus betrat; sie überraschte ihn oft mit irgendeiner kleinen Leckerei, die sie gekauft oder selbst gebacken

hatte, und auch die beiden Jungen sahen in ihm, der mit dem strengen Vater befreundet war, bald jemanden, den sie angingen, wenn sie einen Rat brauchten, wie sie sich in dieser oder jener Sache gegenüber dem Vater verhalten sollten. Er selbst revanchierte sich durch kleine Geschenke, einen Strauß Blumen, von einem Gärtner im Treibhaus gezogen, für Autronia, einen stumpfen Dolch oder funktionstüchtigen Bogen samt Pfeilen für die Jungen, und so rückte er im Verlauf weniger Wochen auf zum gern gesehenen Gast und Hausfreund.
Das alles machte nun einen Teil seines Denkens aus, doch in dessen Mittelpunkt rückte Reburrinia. Ihm war nicht entgangen, daß ihre körperliche Verfassung sehr unterschiedlich war, daß sie auf einen Umschlag der atmosphärischen Strömungen empfindsam reagierte; manchmal war sie über Tage hin in Mattigkeit befangen, die auch ihre Seele in Beschlag zu nehmen schien. Dann saß sie teilnahmslos mit am Tisch, sagte kaum ein Wort, und vergeblich suchte Reburrinius sie mit allerlei Späßen und Neckereien zu erheitern, doch ihr Lächeln antwortete nur müde. Ihre Wangen strahlten dann ein unnatürliches, fieberndes Rot aus, während Hände und Arme blaß blieben. Dann wurde sie auch von einem seltsamen Husten heimgesucht; doch anders als Segimerus, spuckte sie feuchten Auswurf, und sie hatte immer ein leinenes Tuch in der Hand, um ihren Mund zu trocknen. Einmal, als er im Hause war, wurde er unbeabsichtigt Zeuge eines Gesprächs, das Reburrinius im Atrium mit einem Arzt führte.
»Die Atembeschwerden«, erläuterte der Medicus, »beruhen meist auf einem sehr lästigen Leiden der Lungen. Es werden nämlich durch einen zähen und kalten Schleim, der in den Lungen haftet, die Hohlräume und Öffnungen derselben verschlossen. Wenn die Beschwerden wiederkommen, sollte dafür gesorgt werden, daß die Kranke beim Schlafen mehr sitzt als liegt. Schläft sie im oberen Stockwerk?«
»Ja«, sagte Reburrinius.
»Das ist gut.«
»Warum?«
»Ein niedrig gelegenes Schlafgemach wirkt der Erleichterung des Körpers und der Befreiung von verschließenden Stoffen entgegen. Das Beste wäre freilich eine Luftveränderung – oder eine weite Reise.«

Er gab dann noch Anweisungen über die Handhabung der Salben, mit denen man Hals und Oberkörper, auch den Rücken, einreiben sollte. Dann begleitete Reburrinius den Arzt bis zur Tür.
Als er zurückkam, war er sehr ernst. Haldavo schaute ihn teilnehmend an, fragte aber nichts, so daß Reburrinius seufzte und erklärte: »Wahrscheinlich kann er ihr auch nicht helfen ...«
»Hat sie diese ... Krankheit schon lange?«
»Ja, seit ihrer Kindheit. Damals hieß es, sie würde sich auswachsen, wenn die Menstruation einsetze. Aber sie hat sich nur noch verschlimmert.«
Haldavo sah das Mädchen lange Zeit nicht, da sie bettlägerig war, doch schickte er ihr oft Blumen und einmal eine Sammlung von märchenhaften Geschichten, die er für sehr viel Geld erworben hatte. Als er wieder einmal im Reburrinischen Hause am Westtor weilte, teilte der Hausherr ihm mit, sie sei mit ihrer Mutter für einige Zeit zu Freunden, die auf einer Anhöhe am Rande der Eifel ein Landhaus besäßen. Der Arzt habe dringend zu der Luftveränderung geraten, solange der Winter noch nicht hereingebrochen sei.
Dann wechselte er das Thema und erklärte beiläufig, es bestehe zur Zeit großer Bedarf an Fuhrwerken für den Straßenbau.
»Du hast doch einige Wagen nicht voll ausgelastet – oder?«
Er bestätigte dies.
»Gut. Wenn du willst, kannst du in das Geschäft einsteigen ...«
Dann nannte er Einzelheiten. Der Kaiser habe Befehl gegeben, daß alle von der Stadt abzweigenden Landstraßen, besonders die in der Rheinebene, neu hergerichtet, verbessert oder ausgebaut werden sollten. Die Armee, die die Baumaßnahmen leite, benötige dringend Fuhrwerke. Er habe darum seinen, Haldavos, Namen, bei einem der zuständigen Leute genannt.
»Der Mann heißt Macco, Gaius Macarius Macco. Ein Benefiziarier*. Du triffst ihn morgens nach Sonnenaufgang in der Straßenstation beim Bonntor. Du kannst dich auf mich berufen.«
Während Haldavo sich bedankte, überlegte Reburrinius schon weiter: »Wenn es sich gut anläßt, wie ich vermute, wird es sich für dich lohnen. Du kennst die Spielregeln: Wer zuerst kommt, mahlt zuerst.«

VII

Gleich am nächsten Morgen machte Haldavo sich auf den Weg zur Benefiziarierstation. Er hatte bisher noch nicht mit Angehörigen der Truppe zu tun gehabt; das wenige, was er wußte, stammte aus eigenen Beobachtungen oder hier und da hingeworfenen Bemerkungen von Iustus oder Segimerus.

Vor noch nicht langer Zeit befand sich vor dem Südtor freies Feld, doch seit dem stetig wachsenden Zuzug von Menschen war hier, im Süden der ummauerten Stadt, ein dicht mit Wohnhäusern und Handwerksbetrieben besiedeltes neues Viertel entstanden. Wer hier wohnte, gehörte nicht zu den Wohlhabendsten, doch blieb den Manufakturen keine andere Wahl zur Niederlassung, weil der in der Nähe der Südmauer vorbeifließende Bach* für Töpfer, Gerber, Glasmacher und andere von grundlegender Bedeutung war. Auch Iustus hatte zeitweise mit dem Gedanken gespielt, ein neues, größeres Lager hier einzurichten, weil der Raum an der Hafenmauer begrenzt und nicht willkürlich zu vergrößern war, da mittlerweile erhebliche Auflagen, Beschränkungen und auch Verbote bestanden, innerhalb der Mauer Produktions- oder auch nur Handelsbetriebe neu zu errichten.

Die Straßenstation war so alt wie die Stadt selbst, denn von dort aus wurde der ein- und ausgehende Verkehr ebenso überwacht wie die Straße selbst. Der Gebäudekomplex lag auf der östlichen Straßenseite, etwa hundert Schritt vom Tor entfernt, der Eingang hinter einer Kolonnade versteckt. Haldavo hielt sich an die Tür, aus der soeben zwei Legionäre kamen, und ging hinein.

»Wo finde ich Macarius Macco?« fragte er zwei Uniformierte, die im Gang miteinander sprachen.

»In seinem Dienstzimmer!« Der Ältere wies zum rückwärtigen Teil des Vorraums. »Die mittlere Tür.«

Haldavo dankte und ging darauf zu. Sie war nur angelehnt, und er zögerte, ob er einfach hineingehen sollte, doch dann klopfte er zweimal mit den Fingerknöcheln gegen das harte Buchenholz. Da sich immer noch nichts regte, schob er die Tür zur Seite und trat ein. Es war niemand anwesend. So konnte er in Ruhe die Einrichtung studieren, sah vorne zwei Schreibpulte, ihre schräge Schreibplatte, darüber,

in der Waagerechten, die Schreibgeräte, verschiedene Rohrfedern, Lineal, Glasbehälter für schwarze und rotbraune Tinte, das Radiermesser, den Schwamm, um bei einem Fehler die noch frische Tinte absaugen zu können. Alles machte den abgenutzten Eindruck jahrelangen täglichen Gebrauchs, und es herrschte ein ähnlich abgestandener Geruch wie in des Exomnius Schule. Beim hinteren Fenster ein sehr großes Pult. Darauf ebenfalls Schreibgerät, einige verschlossene, eine geöffnete Rolle, Wachstafeln, einzeln und zu Codices gebündelt und gestapelt. Dahinter ein derber, sehr stabiler Stuhl ohne alle Verzierung. An zwei Wänden Regale mit Rollen, deren Beschriftungsbänder, die den Inhalt festhielten, herunterhingen. Als einziger Schmuck in einer Nische die Büste des Traianus in Bronze. Und es waren nur seine sympathischen Züge, die in die Kühle der Amtsstube etwas Leben brachten. An der Rückwand ein großes Fenster, durch das man auf einen Innenhof blickte.
Plötzlich schnelle Schritte und die unwirsche Stimme: »Wie oft habe ich euch schon gesagt ...«
Der Mann, der den Raum betreten hatte, hielt inne, als er den fremden Zivilisten erkannte und blieb einen Augenblick lang stehen, um ihn näher in Augenschein zu nehmen; und was er sah, paßte nicht in das Bild der Leute, die gewöhnlich hier vorsprachen. Der junge Mann, der da vor ihm stand, lächelte freundlich und selbstsicher. Seine Tunika und der Mantel waren von bester Qualität, und am Ringfinger der Linken trug er einen kostbaren Siegelring. Sein Gesicht strahlte trotz der offensichtlichen Jugendlichkeit einen zwingenden Ernst aus, das dunkle Blau seiner Augen ruhte neugierig und sehr souverän auf dem Gegenüber, und Macarius hatte schon vergessen, daß er mit einer Schimpfkanonade das Zimmer betreten hatte.
Haldavo eröffnete das Gespräch mit einer leicht gestelzten Frage: »Gehe ich recht in der Annahme, es mit Gaius Macarius Macco zu tun zu haben?«
Wieder stutzte der Soldat, überrascht von dem ungemein selbstsicheren Auftreten des unbekannten Besuchers. Dann schien es ihm angemessener zu sein, erst einmal hinter seinem Tisch Platz zu nehmen. Dort lehnte er sich zurück und erklärte:
»Ja, der bin ich. Womit kann ich dienen?«

Haldavo registrierte die Floskel, mit der Macarius wohl Fremde, die etwas von ihm wollten, zu begrüßen pflegte. Er trat zwei Schritte näher heran, wies auf den seitlichen Stuhl, sagte: »Darf ich?« – und nahm schon Platz, ehe der Principalis sein »Bitte!« loswerden konnte. Haldavo fuhr fort: »Der Decurio Reburrinius wird mit dir gesprochen haben. Es geht um die Bereitstellung von Fuhrwerken ...«
»Der Decurio Reburrinius!« Sein Blick hellte sich schlagartig auf.« Ja, natürlich hat er mit mir ... Dann bist du also ...«
»Haldavo!« nickte dieser langsam.
»Aber ja doch! Haldavo! Der Decurio sagte, du bist in der Lage, mehrere Wagen zum Transport von Kies zur Verfügung zu stellen ...«
Auf der Stelle ging das Gespräch in einen Gedankenaustausch über, bei dem es um technische Fragen ging, und der Principalis machte genaue Angaben über die Mengen, die zu bestimmten Baustellen in der Umgebung zu transportieren wären. Dabei sprach er ganz als Fachmann; sobald er aber auf den »edlen Reburrinius« zu sprechen kam, spürte Haldavo, welchen Einfluß dieser selbst bei einem gestandenen Mann hatte, der, wie er schätzte, an die zwanzig Dienstjahre hinter sich haben dürfte. Im übrigen erfuhr er, daß man auch Frachtschiffe benötige, um von einigen Steinbrüchen rheinaufwärts Material in die Stadt zu bringen.
»Es hängt natürlich davon ab«, warf Macarius einmal ein, »wann der erste Kälteeinbruch kommt und die Jungs zwingt, eine Pause einzulegen. Aber wir wollen jeden frost- und schneefreien Tag nutzen. Das heißt, du kannst gleich morgen deine Wagen schicken!«
»Wohin?«
»Zu der Kiesgrube ... Augenblick!« Er stand auf, ging zu einer Karte, die an der Wand hing, fuhr mit dem Finger die Strecke parallel zum Rhein abwärts: »Hier!«
Haldavo trat neben ihn und erkannte, daß der Ort in der Ebene südlich der Stadt lag, in der Nähe des Flusses.
»Das ist günstig«, nickte er. »Sie werden morgen dort sein.«
»Gut.« Macarius trat wieder zum Tisch, besann sich und erklärte: »Die Bedingungen sind wie üblich ...« Er nannte einen Preis, der zwar unter den Erwartungen Haldavos lag, aber die Menge würde es bringen.

»Abrechnung am Monatsende!« fuhr Macarius fort. »Du kannst jemanden mit Vollmacht schicken. Hoffen wir, daß das Wetter mitspielt!«
Dann bot er ihm noch einen Becher Wein an, doch Haldavo lehnte mit der Begründung ab, er trinke so früh am Tag nicht.
»Dann werden wir es später einmal abends nachholen.« Macarius lachte breit. »Und denk über die Bereitstellung von Schiffen nach!« Er griff nach seinem Mantel, der an einem Haken neben der Tür hing, und schloß das Gespräch mit einem Bedauern: »Tut mir leid. Aber der Dienst ... Ich werde dir den Vertrag morgen zuschicken. Es muß ja alles seine Richtigkeit haben.«
Er begleitete seinen Besucher und neuen Partner bis zur Tür.

Macarius Macco

I

Haldavo machte sich nicht sogleich auf den Rückweg, sondern suchte einen Stellmacher auf, der in der Nähe der Station seinen Betrieb hatte. Er war schon öfters mit Iustus dort gewesen und kannte den Meister, so daß es nicht langer Vorstellungen und Gespräche bedurfte, ehe man zur Sache kam. Fannius – so hieß der Meister – hörte sich das Anliegen Haldavos an, kratzte sich hinterm Ohr und bedeutete ihm, mit nach draußen, in den Hof zu kommen. Dort standen einige ältere Exemplare, die er, wie er sagte, in Zahlung genommen hatte. Er griff in die Speichen eines Rades und rüttelte daran: »Tadelloses Holz! Alle tragenden Teile sind in Ordnung! Was willst du damit bugsieren?«

»Kies, Steine, Sand.«

»Hm ...« Er kratzte sich noch einmal am Ohr. »Straßenbau, he?« Und als Haldavo nickte, begann er imaginäre Dinge an den Fingern abzuzählen, murmelte Unverständliches, dann hieß es: »Also, da müssen wir ganz auf Sicherheit gehen. Das beste wäre natürlich, du kaufst zwei anständige neue!«

Er wies zur anderen Seite des Hofes, wo zwei stabile Neukonstruktionen nebeneinander standen.

»Was kosten sie?« fragte Haldavo.

Fannius nannte den Preis und machte die Ergänzung, daß man bei Abnahme von zwei Wagen natürlich darüber reden könne. Darauf machte Haldavo den Vorschlag, er gebe zwei Wagen in Zahlung und werde eventuell vier neue erwerben. Dies wiederum veranlaßte den Meister zu einem Klagelied über die Schwierigkeiten, gebrauchte Fahrzeuge an den Mann zu bringen. So handelten sie eine Weile hin und her, und als Fannius merkte, daß Haldavo von bestimmten Vorstellungen ausging, einigten sie sich so: Kauf der beiden Wagen und eventuell noch eines dritten, zugleich Überarbeitung von drei älteren, die Haldavo vorbeischicken werde, so daß beide, Hersteller und Käufer, auf ihre Kosten kamen.

»Ich lasse sie morgen früh holen.«
Das Geschäft wurde per Handschlag besiegelt, und Fannius hängte an die Deichseln der Laster Schilder mit der Aufschrift »Verkauft«.
Als er wieder im Haus an der Hafenmauer war, ließ er Sintus sogleich die Knechte zusammenrufen und teilte ihnen mit, was sich ab morgen ändern werde.
»Dann brauchen wir noch vier Ochsen!« brummte Satto.
»Richtig!« nickte Haldavo. »Also wirst du heute vier Ochsen besorgen. Du kennst dich hervorragend aus mit den Tieren. Laß dich nicht übers Ohr hauen. – Haben wir genügend Ketten und Lederzeug?«
Und ohne die Antwort abzuwarten, teilte er zwei andere ein, das vorhandene Material zu sichten, mangelhafte Teile auszusondern und neue zu beschaffen.
Als er endlich am Arbeitstisch des Kontors saß und die Kosten überschlug, die durch die Ausweitung des Fuhrunternehmens entstanden, nickte er zufrieden. Bis zum nächsten Frühjahr würde er die Summe wieder eingefahren haben, vorausgesetzt, der Winter würde nicht streng werden. Er war sich dessen bewußt, daß Iustus sich in dieser Sache zögernder verhalten haben würde, und auch Segimerus hätte Bedenken vorgebracht. Er hörte geradezu seine behutsamen Ermahnungen. Doch er war fest entschlossen, auf dem neuen Weg weiterzugehen. Hatte nicht Reburrinius selbst, ein äußerst vorsichtiger und wägender Geschäftsmann, ihn auf diese Investition hingewiesen?
Wie immer, wenn er über den Büchern saß, schweiften seine Gedanken weit voraus. Schiffe! Macarius Macco brauchte Transportraum für schweres Gestein! Er sollte Reburrinius um seine Meinung fragen. Allein wagte er nicht zu entscheiden, ob sich ein so hoher Einsatz an Geld lohnen würde. Er wußte nicht, was ein Treidelkahn kostete. Er hatte auf diesem Feld überhaupt keine Erfahrungen. Aber erkundigen sollte er sich. Vielleicht konnte ihm Macarius einen Hinweis geben. Leute wie er kannten von Berufs wegen alle Transportunternehmer. Je länger er über diese schwierigen Fragen nachdachte, desto klarer wurde ihm, daß er jemanden brauchte, der ihm zur Hand ging, der das, was er plante, in Vorgänge verwandelte und dabei selbst einen Teil der Verantwortung trug. Melonius? – Der Junge war zuverlässig, gewiß, er konnte mit seiner schönen Schrift gut lesbare Listen füllen,

aber für die Aufgaben eines Verwalters fehlte ihm Entscheidendes: Entschlußkraft und Autorität. Das Amt verlangte Kennerschaft, persönliches Gewicht, Ansehen vor der Gruppe der Knechte. Doch gerade das ging Melonius ab. Er war eine Buchhalternatur, unbestechlich, zuverlässig, fleißig, aber keine Respektperson wie Segimerus, wie ... wie er selbst! Er vermochte sich durchaus wie einen Fremden zu beurteilen, und dies war eine seiner Stärken. Und wenn er seinen beispiellosen Aufstieg in den Blick nahm, kam es ihm vor, als sei der Knabe, der vor Jahren den Hof verließ und zu Iustus ging, sein jüngerer Bruder.
Er ließ die Gesichter der Männer, die er im Umfeld der Handlung kannte, an sich vorbeiziehen und blieb an diesem scheuen Sunicius hängen, den er beim Totenmahl für Iustus kennengelernt hatte. Sunicius ... War da nicht in letzter Zeit die Rede gegangen, er stecke in Schwierigkeiten? Dregenus hatte Andeutungen gemacht: Dem Sunicius sei das Lager abgebrannt, er habe keine Rücklagen und sei gezwungen, das Geschäft aufzugeben.
Haldavo konzentrierte sich auf dieses Gesicht. Warum sollte Sunicius nicht der Mann sein, den er brauchte? Er hatte ihn als zurückhaltenden, ja schüchternen Teilnehmer der Tischrunde in Erinnerung. Sunicius gehörte nicht zur Händlerprominenz der Stadt. Aber war das denn wichtig? Würde nicht gerade er sich als Verwalter bewähren, wenn er, Haldavo, ihn mit seiner Autorität decken würde? Würde man nicht auch seine, Haldavos Mildtätigkeit rühmen, wenn er dem vom Schicksal geschlagenen Mann hilfreich unter die Arme griff? Man könnte einmal mit ihm reden. Es kostete nichts, und er hatte nichts zu verlieren.
Er rief den Sintus und beauftragte ihn, unverzüglich den Sunicius aufzusuchen mit der Bitte, im Laufe des Tages einmal vorbeizukommen. Nach einer knappen Stunde kam Sintus zurück und teilte mit, der Mann werde gegen die zehnte Stunde* erscheinen.
Na also! Die prompte Reaktion war ein gutes Omen.

II

Sunicius erschien pünktlich – sofern man dies beim nur ungefähren Tropfen der Wasseruhr sagen konnte. Es zeigte im übrigen, daß er sich an die ungeschriebenen Normen hielt, denn jemanden während der langen Mittagsruhe aufzusuchen galt als unschicklich.
Haldavo hatte sich nach kurzem Überlegen für das Kontor als Ort des Gesprächs entschieden, um von vorneherein die Geschäftsmäßigkeit des Gedankenaustausches zu betonen. Sintus meldete den Besucher, und Haldavo nahm hinter dem großen Tisch von Iustus Platz. Als Sunicius dann eintrat, fiel Haldavo trotz des freundlichen Lächelns die Trauer auf, die von den Augen ausging und das ganze Gesicht überschattete.
Er hielt sich nicht lange mit dem Austausch von belanglosen Höflichkeiten auf, sondern steuerte direkt sein Ziel an:
»Ich habe dich hierher gebeten, Sunicius, um von dir einen Rat zu bekommen ...« So hatte er sich's vorgenommen, denn er wußte, daß eine Bitte, selbst wenn sie rhetorisch taktierend daherkam, die Position des Gegenübers zunächst erhöhte. Sunicius reagierte denn auch wie erwartet:
»Ein Rat? Von mir? Du siehst einen Mann vor dir, dem die Götter übel mitgespielt haben.«
»Ich habe davon gehört. Aber das berührt nicht die Dinge, um die es geht. Um es kurz zu sagen: Ich brauche einen zuverlässigen Verwalter, der sich in den Dingen, um die es geht, auskennt ... einen Mann, der ...« er nannte all die Eigenschaften, die das Arbeitsgebiet erforderte, und Sunicius hörte sich diese Beschreibung mit Interesse an, ohne schon einen Bezug zu seiner Person herzustellen. Er meinte vielmehr, dafür werde sich doch unter den Angestellten des Hauses eine geeignete Person finden lassen. Dies wiederum wehrte Haldavo mit den Gründen ab, die er sich schon zuvor zurechtgelegt hatte.
So entstand eine kurze Pause der Sprachlosigkeit, bis Sunicius bedauernd sagte: »Tja, leider kann ich dir da nicht helfen. Es ist, wie ich weiß, schwierig, eine vertrauenswürdige Person zu finden ...«
Es war der Punkt erreicht, an dem Haldavo zu seinem Anliegen kam: »Ich hörte, du willst dein Geschäft aufgeben ...?«

Sunicius wurde unangenehm berührt von der Frage, aber Haldavo sah keinen anderen Weg, den vor ihm sitzenden, leicht verstörten Mann für seinen Vorschlag zu interessieren. So wartete er auch geduldig, bis Sunicius sich zu einer Antwort durchrang, die sehr leise kam:
»Es bleibt mir nichts anderes übrig.«
»Und dann?«
»Ich weiß es nicht. In meinem Alter noch einmal von vorne anfangen?« Er hob beide Hände und seufzte tief auf.
»Ich verstehe«, sagte Haldavo mitfühlend. »Darum möchte ich dir einen Vorschlag machen. Du könntest ab sofort bei mir die Tätigkeit eines Verwalters aufnehmen, mit allen Rechten und Pflichten.«
Er sah, wie es in Sunicius' Augen kurz aufleuchtete, und fuhr fort: »Du hast Verpflichtungen?«
Sunicius wand sich unter seinem Blick: »Ja, ich ... eh ...«
»Wie hoch?«
Er nannte eine Summe, die zu hoch war, als daß er sie aus eigener Kraft jemals in den nächsten Monaten und Jahren würde abtragen können. Haldavo hatte ihn da, wo er ihn haben wollte. Er lehnte sich zurück, zwinkerte mehrmals, beugte sich dann vor, griff nach Stift und Wachstafel und notierte die genannte Zahl, stellte dann ein paar Rechnungen an, während Sunicius stumm mit den Augen folgte, dann erklärte er in einem sehr freundlichen Ton:
»Hör zu, Sunicius! Ich übernehme deine Verpflichtungen gegenüber deinen Gläubigern. Dafür bringst du dein Geschäft, die Räume, die Wagen, das Personal mit ein, und wir arbeiten von heute ab zusammen. Du wirst als Verwalter und mein Vertreter in beiden Häusern fungieren. Über den Anteil deines Gewinns werden wir uns gewiß einigen. Ich schlage ein Verhältnis vor von zwanzig vom Hundert für dich.«
Der Einfall zu dieser Regelung war ihm während der letzten Minuten gekommen, und nun beobachtete er gespannt die Reaktion seines Besuchers. Sunicius hielt den Blick auf die Tischplatte gesenkt und rieb sich unruhig die Hände. Er wurde sich in diesem Augenblick bewußt, daß Haldavos Angebot ihn zwar vom Abgrund zurückreißen würde, daß er aber, wenn er zusagte, alle bisherige Souveränität verlor. Haldavo ahnte, was den anderen bewegte und fügte hinzu:

»Du mußt dich nicht jetzt entscheiden ...«
Sunicius hob den müden Blick und erklärte tapfer: »Nun, es bleibt mir kein Spielraum. Du sagtest zwanzig vom Hundert?«
»Ich sagte es!« Es klang unabänderlich, und er war nicht gewillt, darüber mit sich handeln zu lassen.
»Gut. Aber wir sollten es schriftlich machen und hinterlegen.«
Haldavo frohlockte, ließ sich aber nichts anmerken, erklärte vielmehr: »Wir können alle Einzelheiten sofort festlegen. Ich lasse dann zwei Abschriften machen, und wir werden sie vor Gabrio als Zeugen siegeln – wenn es dir recht ist ...«

III

Der Vertrag regelte die neue Geschäftslage und die Zuständigkeiten der Partner sehr genau. Der für Haldavo wichtigste Punkt bestimmte, daß Sunicius ohne Zustimmung Haldavos keine eigenen Geschäfte tätigen durfte. Damit hatte Haldavo einem möglichen eigenmächtigen Vorgehen seines Gesellschafters einen Riegel vorgeschoben. Sunicius mußte sich fügen, wollte er überleben.
Ein Teil der Geschäfte des Sunicius hatte im Ankauf von Fellen aus dem rechtsrheinischen Germanien bestanden. Das sollte auch so bleiben, denn Haldavo wollte in seinem feinen Laden am Forum nun auch kostbare Rauchwaren anbieten. Die beiden Knechte des Sunicius, erfahrene Männer in diesem Geschäft, sollten weiterbeschäftigt werden und die Felle auf der jährlich mindestens einmal stattfindenden Rundreise zu den germanischen Lieferanten aufkaufen oder gegen Waren, die Haldavo anbot, eintauschen.
Sunicius hatte nun seinen Platz im Kontor des Hauses an der Hafenmauer, und er hätte es sich nie träumen lassen, einmal auf dem Stuhl seines alten Freundes Segimerus zu sitzen. Seine Lagerhallen, außerhalb der Mauer im südlichen Wirtschaftsgelände gelegen, wurden von den letzten Resten des Brandschutts gesäubert, restauriert und nach Haldavos Vorstellungen mit neuen Regalen ausgestattet. Des Sunicius Wohnhaus hatte den Brand der Geschäftsräume unbeschadet überstanden.

Wie Haldavo erwartet hatte, arbeitete sich Sunicius schnell in den neuen Aufgabenbereich ein. Seine bescheidene und zurückhaltende Art kam bei den Knechten gut an. Dennoch machte Haldavo ihnen klar, daß alle Anordnungen des neuen Verwalters von ihm als dem Herrn gedeckt würden.

»Schlamperei werde ich, sollte ich davon erfahren, streng ahnden!«

Da er nun endlich, schneller als erwartet, von den täglich anfallenden kleineren Vorgängen entlastet wurde, widmete er sich ganz seinen weitgesteckten Zielen, der Zusammenarbeit mit Macarius Macco und dem Ausbau der freundschaftlichen Beziehungen zu Reburrinius. Als er diesem von den neuen Aktivitäten berichtete, nickte er beifällig, denn er fand bestätigt, was er von den Talenten seines jungen Freundes erwartet hatte: neue Wege zu beschreiten.

An einem dieser Tage kam ein Bote und brachte einen Brief von Reburrinia. Er zog sich damit in sein Kontor am Forum zurück, um ihn ungestört lesen zu können.

»Reburrinia grüßt Haldavo.

Endlich habe ich Gelegenheit, Dir für Dein schönes Geschenk zu danken, da ein Bote mit verschiedenen Briefen in die Stadt fährt.

Noch nie habe ich so schöne Geschichten gelesen. Du hast mir damit eine große Freude gemacht. Da ich einige Zeit liegen mußte, habe ich sie gleich zweimal gelesen. Nun geht es mir besser. Ich bin viel mit den beiden Kindern meiner Gastgeber draußen. Von der Höhe hat man bei klarem Wetter einen wunderschönen Blick über die weite Ebene, und manchmal meine ich, in der Ferne die Stadt zu sehen. Ich denke oft und gerne an unsere Gespräche. Wenn das Wetter so ruhig bleibt, soll ich noch einige Zeit hier verbringen. Ich freue mich, dich wiederzusehen. Auch Mama läßt grüßen.

Leb wohl!«

Als er die Schrift überflog, lächelte er, denn er erkannte, daß sie sich besondere Mühe gegeben hatte, schön und ausgewogen zu schreiben. Es beruhigte ihn, daß sie ihm mitteilte, es gehe ihr besser. Aber was besagte das schon bei der Schwere der Krankheit. Er nahm sich vor, ihr gleich morgen aus den noch vorhandenen Beständen von Sunicius ein weiches Fell zum Zudecken zu schicken. Den Brief setzte er schon jetzt auf:

»Haldavo grüßt seine kleine Reburrinia.
Du mußt vorsichtig sein bei diesem wechselhaften Wetter. Gehe nur dann aus dem Haus, wenn es ohne Gefahr für Deine Gesundheit ist. Diese Landhäuser haben nicht die beste Heizung. Darum ordne ich an, daß Du Dich des Nachts immer sorgfältig mit dem wärmenden Fell zudeckst! Du mußt gesünder zurückkehren als du gegangen bist ...«

Er überlegte, ob er Andeutungen von seinen Gefühlen ihr gegenüber machen dürfe, verwarf den Gedanken aber, denn der Zeitpunkt war verfrüht. Also schrieb er noch einige neckisch formulierte Ermahnungen und hoffte, daß sie seine Zuneigung zwischen den Zeilen erkennen möge. Er schloß damit, daß er am liebsten selbst auf die Höhe käme, doch ließen es im Augenblick seine Pflichten nicht zu.

Er ließ den Sintus sich umhören, ob und wann ein Reiter oder Wagen nach Südwesten abgehe, Sintus fand jemanden, und für eine kleine Gebühr übernahm er es, die Rolle beim Empfänger abzuliefern.

IV

Der Winter kam zwar spät, aber mit großer Kälte Ende Dezember. Danach blieb es über den halben Januar recht mild, doch es regnete viel. Dadurch wurden die Straßenbauarbeiten unterbrochen und verzögert. Der Rhein führte Hochwasser, so daß auch die Schiffahrt ruhte. Zweimal wurde das Hafengelände überflutet, und es dauerte lange, bis man die Schlammreste und das angetriebene Gut wieder beseitigt hatte. Haldavo war froh, daß er den größten Teil seiner Bestände, die noch in der Halle auf der Insel gestapelt waren, in die neu hergerichteten Lagerräume des Sunicius gebracht hatte. So hielt sich der Verlust durch Wasserschäden in Grenzen, während die Flut einige andere hart getroffen hatte.

Während dieser Tage und Wochen ging ihm nicht aus dem Sinn, daß Macarius Macco gesagt hatte, er brauche Schiffe. Haldavo hatte sich umgehört und die Preise für Frachtkähne in Erfahrung gebracht. Wie es seine Art war, wenn ihn ein Problem beschäftigte, hatte er verschiedene Möglichkeiten ins Auge gefaßt: Er konnte einen großen Last-

kahn oder zwei kleine erwerben; zwei Exemplare waren teurer, aber leichter beweglich; bei einer Havarie mit folgendem Sinken – wegen der schlechten Steuerbarkeit geschahen solche Unglücke öfter – hätte er noch ein Schiff in Reserve. – Er war wie besessen von der Idee, ein eigenes Schiff zu besitzen, doch immer wenn er von Fachleuten die Preise erfuhr, schreckte er zurück, denn die Summen, die genannt wurden, gingen bei weitem über das hinaus, was er zur Zeit bereitstellen konnte; und Schulden mochte er auf keinen Fall machen.
Durch das Hochwasser waren einige Schiffe von ihren Liegeplätzen gerissen, ineinander verkeilt und ihre Planken zum Teil erheblich beschädigt worden. Mehrmals ging er hinunter zum Hafen und begutachtete die lädierten Rümpfe, sprach auch mit diesem und jenem Schiffer, den er kannte, doch rieten diese erfahrenen Männer ihm davon ab, einen solchen Kahn zu kaufen, da sie schon an die zehn und mehr Jahre alt seien; wenn man anfange zu reparieren, entdeckte man immer neue Mängel, und da lohne es sich schon, ein neues Boot zu kaufen.
Er war in diesen Tagen von einer inneren Unruhe befallen, die nicht weichen wollte. Abends hielt es ihn nicht im Hause, er ging durch die leeren Straßen, doch immer wieder trieb es ihn zum Hafen. Lange blickte er über die glatte Fläche des ruhig ziehenden Wassers, und sein dunkles Strömen wurde ihm zum Gleichnis für den stetigen Fluß der Zeit.
Wenn er sich zur Stadt wandte, sah er hinter der Hafenmauer den Palast des Statthalters aufragen. Manchmal kam in Fetzen Gelächter herüber, und er versuchte sich das Treiben in den Hallen, Gängen und Räumen vorzustellen. Dort saßen Männer, die allein durch ihre Geburt schon zu den Bevorzugten gehörten. Männer, die oft kein eigenes Verdienst auf diese Höhe gebracht hatte, sondern nur die Herkunft. Aber aus den Geschichten, die ihm Exomnius erzählt, die er selbst später gelesen hatte, wußte er, daß Rom einmal klein, sehr klein begonnen hatte. Ein winziges Dorf an einer Furt über den Tiber! – Bauern, Händler, Handwerker, Soldaten waren es, die diese Macht allmählich aufgebaut hatten. Und nun saßen deren Nachfahren in der zehnten, fünfzehnten Generation und erhoben den Anspruch, das genießen zu dürfen, was ihnen ihre Ahnen errungen hatten. – Er

erinnerte sich, daß einige der Autoren, deren historische Berichte er gelesen hatte, offen über diese Dekadenz schrieben und den Zeitgenossen die Alten mit ihrer Tatkraft, Bescheidenheit und Würde als besseres Beispiel vor Augen stellten. Aber die Zeiten waren wie sie sind. Dem wachen Geist boten sich auch heutzutage erhebliche Möglichkeiten zum Aufstieg. Auch die Urgroßväter eines Reburrinius hatten ganz unten begonnen, waren noch halbe Barbaren, der latinischen Sprache kaum mächtig. Nun schickte Reburrinius sich an, das höchste Amt in der Hierarchie der CCAA anzustreben, und Haldavo war sich völlig sicher, daß er es erreichen würde.

Man konnte nicht warten, bis jemand kam und sagte: Du bist ein guter Junge: Nun mach mal dies und das! – Nein, alle Kraft mußte aus ihm selbst wachsen! Hilf dir selbst, dann hilft dir ein Gott! Mehr denn je war er von der Wahrheit dieser Sentenz überzeugt. Sein Vater war Bauer, sein Bruder ebenso, und nie würden sie ihre Welt in Frage stellen. Der größte Teil der Menschheit dachte, handelte, lebte so. Aber nicht er! Er hatte seine Talente erprobt, hatte schon einige wichtige Stufen auf dem Weg nach oben hinter sich gelassen, und er war nicht gewillt, auf halber Strecke stehen zu bleiben.

Plötzlich stand sein Entschluß fest: Ich werde das Schiff kaufen! Ein neues! Sollte man doch im Umkreis zur Kenntnis nehmen, daß da jemand im Kommen war, mit dem sie zu rechnen hatten!

Gleich am nächsten Morgen machte er sich auf den Weg zu den Schiffsbauern am oberen Ende der Insel. Noch von Segimerus wußte er, daß dort die besten und festesten Rümpfe gebaut wurden.

Der Meister führte ihn über das Gelände der Werft, fragte, für welchen Zweck er die Fahrzeuge brauche, blieb dann stehen und erklärte: »Ich kann dir alles verkaufen, was du haben willst, aber bist du denn Mitglied der Schiffergilde?«

Sunicius hatte einmal beiläufig erwähnt, daß er früher ein Schiff besessen, das er aber, als es alt und morsch wurde, billig abgestoßen habe. Also mußte Sunicius Mitglied der Gilde sein. So bejahte Haldavo einfach diese Frage, und der Meister ergänzte:

»Könntest sonst Ärger kriegen! Könnte ja jeder kommen und einfach einen Betrieb aufmachen! Nein, nein, das muß alles seine Ordnung haben! Schauen wir mal. Was sagtest du, willst du transportieren?«

»Steine.«
Der Meister blickte über das Gelände und ging dann zielsicher auf einen Schuppen zu, dessen beide Türen weit offenstanden.
»Kann mit dem Bau kaum nachkommen!« brummte der Alte.
»Das Hochwasser!« nickte Haldavo.
»Das auch. Aber alle Welt will nun diese flachgehenden Frachter haben! Da sind gerade zwei fertig geworden.«
»Bestellung?«
»Eigentlich ja.« Er kratzte sich am Ohr. »Wieviel willst du denn?«
»Hängt vom Preis ab.«
»Hm. Wenn du zwei nimmst, wird's etwas billiger.«
Er nannte den Preis, und Haldavo überschlug im Kopf seine Möglichkeiten. Währenddessen strich der Meister die Qualität der Arbeit heraus:
»Beste Eiche! Und alle Dübel nur aus Hartholz! Mischbauweise!«
Er wies in das Innere des Prahms: »Halb Schalen-, halb Skelettbau! Ist sicherer!«
Haldavo wußte, was es bedeutete: Es wurden zunächst nur fünf, sechs oder sieben hufeisenförmig gebogene Spanten verplankt, und erst danach zur Verstärkung die Zwischenräume mit weiteren Spanten gefüllt, so daß Skelett und Planken den bestmöglichen Halt bekamen. Zuletzt wurden rechts und links an den Stellen der größten Biegung der Spanten zwei Innenkiele aufgedübelt, die der Konstruktion ihre endgültige Stabilität gaben.
»Die seitlichen Planken sind alle mit Federn* verklammert. Das macht die eigentliche Güte dieser Frachter aus!« Der Schiffsbaumeister winkte ihn zu einem im Bau befindlichen Schiff, wo er ihm die Details an einem halbfertigen Rumpf zeigte.
»Der Aufwand ist, wie du dir denken kannst, enorm. Darum sind die Kähne auch nicht billig. Aber alles andere ist Pfusch! Und wie du siehst, ist der ganze Rumpf aus Eiche! Wir bauen sogar seegängige Frachter!«
Bug und Heck waren als flache Rampen gebildet. Daher brauchten diese über 60 Fuß langen Frachter keine Hafenanlagen, sondern konnten überall aufs Ufer laufen und über die Bugrampe be- und entladen werden.

»Wann kann ich die beiden haben?«
»Hm«, wieder kratzte er sich am Ohr. »Müssen noch einen Schutzanstrich aus verflüssigtem Harz kriegen. Könnten die Jungs morgen machen. Also zwei willst du?«
»Vorerst, ja. Vielleicht später mehr.«
»Du kommst von Iustus, nicht wahr?«
»Ich führe jetzt den Betrieb.«
»Hm, guter Mann, der Iustus! Hatte auch eine Lizenz für den Flußtransport. Aber den hast du ja nun, nich'! Ja, ja der Iustus ... Habe noch erlebt, als er hier ankam. Gott, war'n das Zeiten! Soso, und nun machst du den Kram! Also, dann wollen wir dir mal einen Sonderpreis zum Einstieg machen, nich'!«
Er kam ihm in der Tat sehr entgegen, und Haldavo machte den Kauf mit Handschlag perfekt.

V

Als er dem Sunicius mitteilte, er habe zwei Prähme erworben, wollte dieser den Namen des Schiffsbauers wissen und meinte dann: »Guter Betrieb! War mir allerdings immer zu teuer. Aber Qualität hat ihren Preis. – Wen willst du an Bord schicken?«
Darüber hatte Haldavo noch nicht nachgedacht.
»Du kennst dich doch gut aus in dem Fach. Schau, ob du passende Leute findest. Ich gehe jetzt zu Macarius Macco. Bin danach am Forum, wenn du mich brauchst ...«
Sie hatten es sich zur Angewohnheit gemacht, daß der eine dem anderen mitteilte, wohin er ging, wenn er das Haus verließ, damit man sich gegenseitig schnell erreichen konnte, um plötzlich notwendige Entscheidungen gemeinsam abzusprechen.
In der Benefiziarierstation hieß es, Macco sei den ganzen Tag über dienstlich unterwegs.
»Falls du ihn heute noch sprechen willst, triffst du ihn am ehesten ›Im Großen Faß‹«, riet ihm ein Schreiber.
Dazu grinste er kurz, und Haldavo schloß daraus, daß Macco dort Stammgast war.

Also erledigte er die anfallenden Arbeiten, ging gegen Mittag noch einmal zum Hafen, um den Fortgang der Konservierungsarbeiten an den Rümpfen zu begutachten; später kam dann Sunicius mit den angeheuerten Leuten für die beiden Frachtkähne; es waren erfahrene Flußschiffer, die den Strom von den Alpen bis zur Mündung kannten. Auf Haldavos Frage, warum sie sich bei ihm meldeten, erklärte einer von ihnen, ein vielleicht fünfunddreißigjähriger kräftiger Mann mit einem Schnauzbart nach gallischer Art:

»Wir haben früher, vor Jahren, schon für Iustus gearbeitet ...«

»Aha!« rief Haldavo erfreut. »Späte Heimkehr!«

»Ja, so kann man beinahe sagen ...« Er lachte breit.

Diese Mitteilung war Haldavo sehr angenehm, denn dann kannten die Burschen den Betrieb, das übrige Personal, die Räumlichkeiten hier an der Mauer und beim Hafen. Allerdings lagen die zu erwartenden Personalausgaben weit über der von ihm angenommenen Summe, die monatlich auszuzahlen war. Als er sich im Laufe des Nachmittags hinsetzte und alle Neuausgaben addierte, dazu die Gelder für die Ausstattung der Schiffe mit Segel, Seilen, Anker, Bordschutz der Planken, Lederriemen und all den zahlreichen kleinen Dingen der Ausrüstung, da erschrak er, denn er konnte die Summe nicht vom Gewinn der letzten Monate abschöpfen, sondern mußte, wenn er bei der Anschaffung blieb, von der Substanz nehmen.

Er stützte beide Ellenbogen auf die Tischplatte auf, starrte auf die Zahlen vor sich und dachte angestrengt nach, nahm alle möglichen Entwicklungen in den Blick und kam zu dem Ergebnis, daß er schlimmstenfalls beide Schiffe mit Verlust verkaufen müßte, eine Ausgabe, die er verkraften würde. Doch war dies nur die Hintertür, die er sich offenhielt für alle Fälle.

Mit gemischten Gefühlen machte er sich zu Beginn des Abends auf den Weg zum »Großen Faß«. Das Lokal war eines der ältesten der Stadt, und ganze Generationen von Schiffern hatten hier schon ihren Verdienst halb oder ganz versoffen. Ein Veteran aus der Zeit der Agrippina hatte vor 50 Jahren mit seiner Abfindung den Platz gekauft und den Vorgänger mit einem überhöhten Angebot dazu gebracht, ihm die heruntergewirtschaftete Kneipe an der Ecke zu überlassen. Der Mann hatte es letztlich gern getan, da er froh war, sich aus dem ebenso lauten wie unansehnlichen Geschäft zurückziehen zu können. Sein Nachfolger – der Gevatter des jetzigen Eigentümers – hatte ein riesiges Faß aus Gallien mitgebracht und es an einer Wand des Schankraums aufgestellt. Daher der Name des Lokals. Und er zog nicht nur Schiffer und in der Nachbarschaft wohnende Bürger an, sondern auch Fremde, die schon aus Berichten von der Einmaligkeit des Weinfasses gehört hatten und sommers in Scharen kamen, die Attraktion zu bestaunen. Daß es dann nicht bei einem einzigen Becher Wein, Met oder Bier blieb, lag auf der Hand und war ganz im Sinne des Besitzers. *»Ad Cupam Grandem«* – *»Zum Großen Faß«* – war denn auch bald eine Adresse, die man einem Zugereisten gab, wenn er fragte, wo man sich »... ein bißchen amüsieren könne ...«. Der Enkel des Gründers, von der Zahl seiner Jahre her selbst schon ein Großvater – was er auch war –, hatte nun aber Ambitionen, die nach Höherem strebten. Vielleicht war es die Nähe zum Praetorium, dem Palast des kaiserlichen Statthalters, dessen Glanz und Anspruch auch ihn gewaltig anspornte, die Niederungen der Gastronomie zu verlassen und sein Etablissement zu einem Lokal gehobener Ansprüche umzugestalten; ging er doch davon aus, daß angereiste Beamte und Offiziere aus Italien oder Gallien höhere Ansprüche stellten als die einheimischen subalternen Magistrate der Stadt. Und so hatte er den Gewinn von Jahrzehnten in einen grundlegenden Umbau gesteckt, hatte ein zweites Geschoß aufgestockt und dafür gesorgt, daß nun reichlich Gelegenheit zum Übernachten vorhanden war.Um nun aber nicht die Einheimischen, die an der alten Kneipe hingen, zu verprellen, hatte er eine Zweiteilung vorgenommen: Der alte Eingang blieb gleich an der Ecke bestehen, die dortige Lokalität ebenso, und wenn man durch das mittlere, große Hafentor die Stadt betrat, fiel der Blick zwangsläufig auf die alte Kneipe und das monströse Schild mit dem Schriftzug *Ad Cupam Grandem.* Und die Erfahrung der letzten Jahre hatte gezeigt, daß das alte Stammpublikum der Schiffer, Handwerker, Händler und Reisenden dem Laden treugeblieben war. Zwar schimpfte man allenthalben über die Erweiterung der Herberge, aber solange er die Preise für die handfesten Mahlzeiten und Getränke nicht erhöhte, nahm man es in Kauf, mehr noch, man war stolz, im gleichen Hause ein- und auszugehen, das nun auch von Angehörigen

der Oberschicht als Quartier genutzt wurde. Freilich hatte er für einen gesonderten Eingang gesorgt, damit das vornehmere Publikum nicht von angetrunkenen Schiffern und anderen Angehörigen der Plebs belästigt wurde.
Hier also verkehrte Macarius Macco. Haldavo vermutete, daß der Benefiziarier sich im alten Schankraum aufhielt, denn sein Rang in der Armee hatte zwar die höchste Stufe der Unteroffiziere* erreicht, doch galten die Principales wie übrigens auch die entschieden höher rangierenden Chargen der Centurionen, offiziell als milites, Soldaten, und nicht als Offiziere in dem Sinne, wie Militärtribunen, Praefekten oder gar Legaten eingestuft wurden. – Andererseits hatte Maccos Rang eine Höhe erreicht, die einem einfachen Soldaten ebenso wie einem Bürger imponieren konnte. Er befand sich im Mittelfeld der Hierarchie und wußte seine Stellung durchaus realistisch einzuschätzen.
Haldavo betrat die Schenke. Es schlug ihm jener Geruch entgegen, wie man ihn nur in alten Kneipen fand, eine Mischung aus den säuerlichen Aromen von Wein und Essig, dem mehr süßen des Mets und Biers, vermischt mit einem undefinierbaren Gemisch heimischer und exotischer Gewürze. Haldavo trat über die hohe Schwelle und erreichte den kurzen Gang zum Schankraum. Schon ehe er die schwingenden Doppeltüren öffnete, hörte er Musik; jemand blies eine verschlungene Weise auf der Panflöte, Tamburin und Zimbeln hielten sich noch im Hintergrund. Doch als er die Tür öffnete, schlug das ruhige Vorspiel in einen wilden, stark akzelerierenden Tanz um, und ein Teil der Gäste folgte der Darbietung mit rhythmischem Kopfnicken, Klatschen oder Stampfen der Füße.
Er kannte die Truppe nicht. Auch das war eine Neuerung von Apronius, dem jetzigen Besitzer der Schenke, daß er stets für den Reiz neuer Musik sorgte. Abrupt brachen die Instrumente ab, und die Gäste klatschten Beifall.
Einige warfen ihnen Münzen zu, die von den Musikanten mit routiniertem Geschick aufgefangen wurden. Es waren zwei Männer und eine Frau. Ob es sich um die Tochter oder Frau eines der beiden handelte, ließ sich nicht ausmachen. Sie war stark geschminkt, besonders um die Augen, und wollte erheblich jünger aussehen, als sie war. Ihre

Haltung und ihr Blick zeigten Erfahrung und jenes geschäftsmäßige Kokettieren, das diese Frauen schon sehr früh lernten. Mit einem amüsierten Lächeln nahm Haldavo wahr, wie sie besonders den jüngeren unter den anwesenden Legionären den Kopf verdrehte.
Langsam schlenderte er durch den großen Raum, wurde hin und wieder von links und rechts gegrüßt, gab es mit einem Kopfnicken zurück.
Da hockten Männer über ihren Spielbrettern und ließen sich von nichts ablenken; andere stopften Unmengen von billiger und scharfer Wurst in sich hinein, als ob sie ab morgen fasten müßten. Manche freilich ließen es bei vier, fünf Bechern Weißwein aus dem Rheintal bewenden, weil ihnen der Rote aus Gallien zu teuer war.
Trotz des vorgeschrittenen Winters war es feuchtwarm, ja schwül in dem Raum. Und es war die Mischung der Dünste, die den Eintretenden wie ein Schlag traf. Er hatte eine große Abneigung gegen solche Lokale.
In der Mitte des freien Raumes blieb er stehen und schaute sich suchend nach Macco um. Er erkannte ihn in einer Ecke neben der nach hinten führenden Tür. Macco kehrte ihm den Rücken zu und unterhielt sich mit einem Gleichaltrigen. Beide Männer waren in Zivil, dennoch vermutete Haldavo, daß auch der zweite am Tisch ein Angehöriger der Truppe war.
Haldavo ging hinüber und grüßte beide. Macarius Macco darauf lachend:
»Oh, welche Überraschung!«
»Ja, ich hörte, daß man dich hier um diese Zeit treffen könnte ...«
»Das ist gut!« tönte Macco. »Komm, setz dich zu uns! Was möchtest du trinken?«
Während Haldavo sich von Macco beraten ließ, erhob sich der andere und sagte: »So, Macco ... Ich muß mal verschwinden ... Ich komme später noch mal ...«
Macco nickte, ohne ihn anzuschauen, und der andere ging durch die Tür zum Hinterhof, wo sich die Toilette befand. Währenddessen war eines der bedienenden Mädchen gekommen und fragte, was Haldavo zu essen wünsche.
»Was bietet das ›Große Faß‹ denn an?«

Sie nannte ihm, was in den Töpfen und Pfannen der großen Küche schmorte, briet, kochte oder warmgehalten wurde: Erbsensuppe mit Speck, verschiedene Wurstarten warm oder kalt, harter Käse, weicher Stinkkäse, Quark mit oder ohne Kräuter, Salate, geschnippelte oder gekochte Bohnen, saure Gurken, in Öl glasig gekochte Möhren. Besonders letztere waren eine Spezialität des Hauses, und Haldavo hatte sie lange nicht mehr gegessen.

Also bestellte er sie, dazu kalten Rinderbraten, Fenchel und Liebstöckel.

»Und was willst du trinken, Herr?«

Er bestellte Bier, nachdem Macco ihm dazu geraten: »Er hat einen guten Brauer an der Hand. Es ist immer frisch.«

Das Mädchen nickte zu allem und ging, um die Speisen und das Getränk an der Theke zu bestellen. Da alle Teile des Gerichts vorrätig und servierbereit waren, hatte er sie schon wenige Augenblicke später vor sich auf dem Tisch stehen. Macarius, der auch noch nicht gegessen hatte, nahm das Gleiche, und so wurde während der folgenden Viertelstunde wenig gesprochen, weil sie mit dem Essen beschäftigt waren.

»Na, schmeckt's?« fragte Macarius.

»Doch ja, gut«, nickte Haldavo, und es mundete ihm wirklich ausgezeichnet.

Er sollte hier öfters einmal essen gehen.

Nachdem die Schüsseln und Teller abgeräumt waren, beide einen kräftigen Schluck aus den Bechern genommen hatten und sich mit dem Handrücken über den Mund gefahren waren, lehnte Macco sich zufrieden zurück, sah sein Gegenüber lächelnd an, rülpste und meinte: »Solltest öfters hier essen. Die beste Küche der Stadt!«

»Genau das dachte ich eben«, bemerkte Haldavo. Sie ergingen sich noch eine Weile über das kulinarische Niveau der verschiedenen Lokale der Stadt, die Haldavo meist nur dem Namen nach kannte. Als Macarius das bemerkte, rief er: »Es ist nicht zu fassen! Wir müssen uns öfters treffen! Ich werde dir den Führer machen. Man kennt und fürchtet meine Zunge! Hahaha ...«

Er lachte laut und fröhlich, hielt plötzlich inne und fragte: »Sag mal, was ist denn passiert, daß du mich hier aufsuchst?«

Es gefiel Haldavo, daß Macarius ihn so offen anblickte, denn das würde das folgende Gespräch erleichtern. Macarius redete zwar bisweilen übertrieben wie ein Maulheld, aber er war keiner. Der Mann hatte die Ochsentour hinter sich. Haldavo wußte, daß man sich in der Truppe gewaltig anstrengen mußte, um aus dem Mannschaftsgrad zum Benefiziarier aufzusteigen.
»Ich hielt es für besser, wenn wir uns hier treffen.«
Dieser Satz enthielt unausgesprochen den Hintergedanken, daß es um eine Sache ging, die nicht für die Ohren von Maccos Untergebenen in der Schreibstube der Station geeignet war. Doch bevor Haldavo eine weitere Erklärung abgeben konnte, rief jemand von einem der entfernteren Tische, wo man beim Würfeln saß, herüber: »Macarius! Hast du keine Lust zu einem Spielchen? Könntest das wieder reinholen, was du gestern verloren hast!«
Haldavo sah, wie sich Maccos Gesicht verfinsterte.
»Heute nicht. Ein andermal.«
Alle Fröhlichkeit war aus seinen Zügen gewichen. Er wirkte wie jemand, den man ertappt hatte, und Haldavos schneller Verstand erkannte Zusammenhänge, die er nicht vermutet hatte: Macarius war ein Spieler! Er versuchte zwar, den negativen Eindruck zu entkräften, indem er ein paar flapsige Bemerkungen über das Glücksspiel im allgemeinen und das Würfeln im besonderen machte, doch es wollte ihm nicht recht gelingen, weil er spürte, daß Haldavo ihn durchschaut hatte.
»Naja, Fortuna ist eben eine launische Gottheit! Ich hatte eine Pechsträhne ... Das kommt vor ... Aber ...«
Haldavo sah ihn starr an, wartete auf die Vollendung des Satzes, und als sie nicht kam, fragte er unverblümt: »Du hast Spielschulden ... hohe Spielschulden ...?«
»Wie? – Ja, beim Hercules, wer hat sie nicht!«
Haldavo ließ nicht locker: »Du kannst sie nicht zurückzahlen ...«
»Nein. Wenigstens zur Zeit nicht ...« Er gestand es leise. Haldavo hielt den Blick ruhig und sachlich auf ihn gerichtet und fragte weiter: »Wieviel ist es denn?«
Ihre Blicke trafen sich, und Macarius war drauf und dran, diesem jungen Mann ins Gesicht zu schreien: »Das geht dich einen Dreck

an!« – doch er tat es nicht, weil er meinte, im Auge des Gegenüber etwas wie Verständnis, wie diskrete Anteilnahme zu finden. Er nannte leise die Zahl:
»An die zweitausend ...«
»Sesterzen?«
»Denare!«
»Beim Hercules!« rief Haldavo und pfiff durch die Zähne. Ein Legionär verdiente im Jahr 340 Denare! »Das kannst du doch nie zurückzahlen! Ich meine, von deinen jetzigen Einkünften.«
»Wenn ich wie ein Bettler lebe, ginge es. Aber ...« Er lachte verbittert, hob resignierend beide Hände, und alle Forschheit und Fröhlichkeit war von ihm gewichen.
»Wann ist wieder eine Zahlung fällig?« fragte Haldavo weiter.
»Morgen.«
»Wo?«
»Hier!«
»Wieviel?«
»Vierhundert.«
»Wann?«
»Zu dieser Stunde.«
»Bist du morgen früh in deiner Schreibstube?«
»Wie? – Ja, natürlich. Warum?« Er merkte auf und verstand die Frage nicht.
»Ich schicke dir jemanden rüber mit dem Geld. In Denaren und Gold! Du wirst dir deine Rückzahlung schriftlich quittieren lassen ... für meine Akten!«
Es war ein Ton in Haldavos Sprache, die Macarius Macco aufhorchen ließ. So hatte noch nie jemand mit ihm gesprochen. Dieser junge Mann verfügte über ihn, als ob er sein Vorgesetzter sei. Andererseits verstand er immer noch nicht, warum Haldavo das alles ankündigte. Also fragte er, immer noch ungläubig:
»Sag mal, warum machst du das? Was gehen dich meine Spielschulden an?«
»Eigentlich nichts«, gestand Haldavo mit einem freundlichen, doch kalten Lächeln.
»Warum dann ...?«

»Du riskierst einen Prozeß, nicht wahr, wenn du so weitermachst?«
»Ja, sicher.«
»Und das hätte Folgen für deine Karriere?«
»Ja, hätte es ...«
»Du spekulierst aber darauf, noch Centurio zu werden!«
Macco schluckte, ehe er antwortete. Konnte der Mann Gedanken lesen?
»Ja, sicher ... Soll denn alles für die Katz sein?«
»Siehst du, und darum helfe ich dir.«
Sie schauten einander einen Augenblick an, Macarius Macco sah das freundliche, jugendliche und doch völlig emotionslose Gesicht dieses jungen Mannes, und Haldavo erkannte die nun ganz offen zu Tage getretene Verzweiflung und Hoffnungslosigkeit des Draufgängers und Spielers, der stets alles auf eine Karte setzte und doch verlor, weil das Glück ihn im Stich ließ. Wahrscheinlich hatte er Frau und Kinder, ohne Ehevertrag, da er erst nach Ablauf der Dienstzeit heiraten durfte. Und sie machte ihm täglich Vorhaltungen, nahm ihm immer neue Versprechungen ab, daß er nun aufhöre mit den Würfeln, und er versprach ihr das Blaue vom Himmel; doch wenn er dann hier oder anderorts im Kreise spielender Kameraden saß, kam es unwiderstehlich über ihn, er witterte die Chance, die einmalige Gelegenheit, er wußte, heute würde es gelingen, blind glaubte er daran, und wirklich, er strich einige hohe Gewinne ein, und mit ihnen kam die Gier, unaufhaltsam, sie nebelte sein Bewußtsein ein, er war keiner vernünftigen Entscheidung mehr fähig und setzte aufs neue ... Macarius Macco wußte, er kam ohne fremde Hilfe nicht mehr aus der Schlinge. Und plötzlich erkannte er, daß dieser junge Mann mit dem kalten Verstand eines leidenschaftslosen Kaufmanns ihn durchschaute, seine Lebensverhältnisse erahnte, ohne sie zu kennen, daß er in seinem Gesicht las wie in einem offenen Buche, daß dieser Mann sein Retter sein könnte. Doch im gleichen Augenblick durchfuhr ihn ein Schrecken: Was will er dafür? Er wird etwas wollen! Er wird von mir Dinge verlangen, die ich ...
»Was willst du dafür?« fragte er leise.
»Die Quittung des oder der Gläubiger! Ich muß die Gewähr haben, daß du das Geld nicht beim Spiel einsetzt. Du verstehst?«

»Ich verstehe ... Du willst doch was! Was? Was willst du?«
Sein Ton war wieder selbstsicherer und energischer geworden. Haldavo wartete eine Weile, ehe er antwortete, und dieses Warten steigerte in Macarius Macco die innere Spannung fast bis zum Bersten.
Endlich fuhr Haldavo fort, und obwohl er nun leise sprach, hatten die Worte die Wirkung von Blöcken, die auf den Zuhörer niederstürzten und ihn zu erdrücken drohten.
»Ich möchte dir einen Vorschlag machen«, begann Haldavo weitschweifig, kam aber sofort auf den Punkt: »Du wirst fürs erste zwei meiner Schiffe unter Vertrag nehmen ...«
»Das war doch sowieso abgesprochen!« rief Macarius.
Haldavo ging nicht darauf ein, sondern fuhr in diesem aufreizend sachlichen und leisen Ton fort: »Was den Transport von Kies mit den Wagen betrifft ... Es gehen doch alle Papiere, alle Listen und Abrechnungen über deinen Schreibtisch – oder nicht?«
Macarius sah ihn ganz aus der Nähe an: »So ist es.«
»Das ist gut.«
»Wieso?«
»Es wäre eine Kleinigkeit für dich, die Zahl der Ladungen heraufzusetzen.«
Macarius begriff allmählich, was er meinte. Und es war weniger die betrügerische Idee, die ihn stutzen ließ, als die Schwierigkeiten der praktischen Durchführung: »Wie stellst du dir das vor? Die Fuhren werden gezählt!«
»Na, dann wirst du sie eben zählen lassen! Es dürfte für dich doch eine Kleinigkeit sein, die Zahlen zu ändern, da niemand deiner Leute die von dir eingetragenen Lieferungen in den Büchern einsieht. Wer will das kontrollieren außer dir? Im Prinzip das gleiche wirst du mit den Steinladungen vornehmen. Du wirst dafür sorgen, daß meine Schiffe den Auftrag bekommen, Randsteine für die Straßen zu liefern. Und du wirst, wie bei den Kieslieferungen, die Endabrechnung durchführen.«
Macarius preßte eine Weile die Lippen fest aufeinander und starrte auf den Becher, dann erklärte er, nun völlig ruhig und alle Folgen eines solchen Unternehmens bedenkend: »Du weißt wohl, daß das,

was du da vorhast, Betrug im großen Stil ist! Staatsbetrug! Wenn da einer was mitkriegt, sind wir beide geliefert!«

»Das liegt ganz bei dir, Macco ...« Haldavo lächelte fein. »Du wirst in etwa so die doppelte Menge dessen, was ich liefere, verrechnen. Du wirst mit fünfzehn vom Hundert am Verdienst beteiligt. Ich übernehme deine Schulden ...« Er beugte sich vor und wurde eindringlich: »Die Bezahlung der Armee liegt weit unter dem üblichen zivilen Satz! Und die Magistratur der Stadt steckt doch mit denen unter einer Decke! In diesem Zusammenhang sollten wir das Wort Betrug durchaus vermeiden. Was sich da draußen abspielt, ist eher Ausnutzung und Ausbeutung der Provinzbevölkerung! Kein Grund, daß wir ein schlechtes Gewissen haben sollten. Und auch du solltest ruhig schlafen. Ein ziviler Beamter mit deinen Aufgaben würde ein Vielfaches deines Solds verdienen. Also dramatisiere die Dinge nicht! Wir müssen nur stets Ruhe bewahren und klug, nie hastig vorgehen. Wir dürfen uns auch nicht zu oft in der Öffentlichkeit treffen, sondern geheime Treffpunkte ausmachen, die unverdächtig sind. Und vergiß nicht: Niemand außer uns beiden weiß um unsere Abmachungen.«

Haldavo lehnte sich wieder zurück, fügte aber leise, doch geradezu drohend hinzu: »Vergiß nicht, ohne mein Angebot bist du erledigt!«

Schon wenige Augenblicke später erhob sich Haldavo, verabschiedete sich und machte sich auf den Heimweg. Zuurück blieb ein hin und her gerissener Macarius Macco. Doch als er erneut zu einem Spiel eingeladen wurde, schützte er Gallenschmerzen vor und begab sich ebenfalls nach Hause.

Lange lag er an diesem Abend wach und grübelte, wog ab, was dafür und dagegen sprach, kam aber immer zum gleichen Ergebnis: Man nutzt mich und meine Fähigkeiten aus. Aber jetzt nicht mehr! Schluß damit ...!

Und wie immer, wenn er sich für eine Sache entschieden hatte, schaute er nach vorne und ließ sich von den alten Skrupeln selten bedrücken.

VI

Es folgte eine Periode sehr milden Wetters über Wochen hin, und das schlug sich sogleich in neuen Aktivitäten beim Straßenbau nieder. Die Dinge nahmen ihren Lauf, so wie die beiden es abgesprochen hatten. Macarius Macco schönte die Zahlen, die er in seine Endabrechnung eintrug, sorgte zugleich dafür, daß die täglichen Notizen auf den Wachstafeln abends vernichtet wurden. Er verstand es geschickt so einzurichten, als ob dies eine Sache der allgemeinen Ordnung in der Schreibstube sei, spielte den scharfen Kontrolleur, der alle paar Abende die Codices* der betroffenen Soldaten in Augenschein nahm und auf der Stelle bei ungeglätteter Tafel Strafen verhängte, worunter besonders der nächtliche Wachtdienst oder eine abendliche Ausgangssperre am abschreckendsten wirkten.

Der Erfolg stellte sich schon am nächsten Tag ein; trotzdem kontrollierte er weiter, so daß binnen kurzem von Macco die Rede ging, er sei plötzlich so ehrgeizig geworden, weil er im übernächsten Jahr Centurio werden wolle.

Er selbst, wenn er von solchem Gerede Kenntnis bekam, war's zufrieden, hatte er doch erreicht, was er wollte, und niemand wäre auf den Gedanken verfallen, er lasse die Tafeln reinigen, um etwas zu vertuschen. – Wußte doch schon am nächsten Morgen niemand seiner Leute mehr genau, wieviel Wagen denn insgesamt zu den einzelnen Baustellen gefahren waren und Kies gebracht hatten. Und außer diesen Aufzeichnungen auf den Wachstafeln gab es nur die, welche er selbst am Abend in die Hauptliste mit Tinte eintrug. Niemand seiner Untergebenen hatte je dort hineingeschaut, geschweige denn dies in kritischer Absicht getan oder es überhaupt in Erwägung gezogen.

Es gab nur einmal eine heikle Viertelstunde, als einer seiner Vorgesetzten vom Stab ihn fragte, wieso sich die Zahl der Kieslieferungen in der zweiten Hälfte des Februar erhöht hätte; doch konnte seine ruhige Antwort den Mann auf der Stelle befriedigen: Das Wetter! Alles hänge in diesen Dingen vom Wetter ab! – Damit war die Frage für den Centurio beantwortet, denn Macarius Macco galt als erfahrener, unbestechlicher Fachmann.

Auch Haldavo beobachtete in den ersten Wochen mißtrauisch und gespannt die Entwicklung, die sie in die Wege geleitet hatten. Manchmal träumte er in diesen Tagen, jemand komme auf ihn zu und befahl: »Die Tafeln! Sofort vorzeigen!« – Dann suchte er sie überall und fand sie nicht. Schon hieß es: »Mitkommen!« Er landete dann in einem finsteren, feuchten Verlies, wo er auf seinen Prozeß wartete, der doch nie begann ...

Diesen Traum hatte er am Anfang sehr oft, manchmal leicht abgewandelt: Statt im Kerker zu landen, fiel er in einen unergründlichen Abgrund oder tauchte in der Tiefe des Rheins unter. Es waren Augenblicke der schrecklichsten Angst, und er wachte schweißgebadet auf. Manchmal saß dann Arvania neben ihm an Bettrand und redete beruhigend auf ihn ein, sagte, er habe nur geträumt und nun sei wieder alles gut. Also mußte er geschrien haben. Dann war er dankbar, daß diese Frau bei ihm war, und den Rest der Nacht verbrachte sie an seiner Seite, ging erst am Morgen zurück in ihr Zimmer.

Längst wußte das Personal, daß die beiden in eheähnlichem Verhältnis zusammenlebten, und alle nahmen es gleichsam als naturgegeben hin. Arvania kümmerte sich wie schon unter Iustus um die gesundheitlichen oder seelischen Belange der Knechte, seit des Segimerus Tod um so mehr, und jeder wußte ihre zupackende Art zu schätzen, ihre Neigung zu schweigen, wo andere lamentierten, und man akzeptierte sie als eine Art Mutter, so wie man Segimerus als Ersatzvater angesehen hatte.

Schon bei der ersten Abrechnung zeigte sich, mit welch großem Gewinn Haldavo rechnen konnte. Er hatte zwar zunächst in Betracht gezogen, selbst Einblick in die Endliste Maccos zu nehmen, war dann aber bald davon abgekommen, weil er ja genau wußte, wieviel Ladungen er geschickt hatte, so daß er ungefähr die Endsumme hochrechnen konnte.

Auch der Transport zu Schiff ließ sich gut an, wenn auch die Abstände zwischen den Lieferungen, bedingt durch den langen Wasserweg von den Brüchen* und die langsame Bergfahrt, erheblich waren. Entsprechend hoch waren die üblichen Forderungen, wobei er sich in etwa nach der Konkurrenz richtete. Hierbei war es nicht möglich, die Zahl der Lieferungen willkürlich zu erhöhen, denn die beiden Prähme

landeten höchstens dreimal im Monat mit ihrer Ladung an. Dennoch war der Gewinn, bedingt durch das riesige Ladevolumen, höher als er es erwartet hatte.
Er frohlockte. Schon vor Ende des Jahres würde er die Kosten, die er investiert hatte, wieder in der Kasse haben. Sein monatlicher Gewinn lag im Schnitt bei zwei- bis dreitausend Denaren. Gemessen an dem, was Iustus früher eingenommen, waren das riesige Summen – für Haldavo aber erst der Anfang.
In diesen Tagen hatte Arvania eine Fehlgeburt, und sie ließ viele Kräfte, denn sie blutete lange, und kein Medicus konnte helfen. Von diesem Schlag erholte sie sich erst langsam und über viele Wochen hin. Danach war sie um Jahre gealtert. Hatte Haldavo anfangs durchaus regen Anteil genommen – er hätte einen Sohn oder eine Tochter bekommen können – so vergaß er dies bald wieder und gestand sich, daß es am Ende so besser sei, als mit einem unehelichen Kind sich abgeben zu müssen, dessen Mutter er wohl nie zur anerkannten Gattin erheben werde. Sein Verhältnis zu Arvania erhielt dadurch keine Trübung, da sie sich längst mit den Bedingungen ihres Lebens abgefunden hatte und sie keineswegs bedauerte. Andererseits wußte sie es nach ihrer Genesung so einzurichten, daß sie besonders dann miteinander Verkehr hatten, wenn sie besonders empfänglich war, in der vagen Hoffnung, nach einer erneuten Schwangerschaft und möglicherweise der Geburt eines Sohnes durchaus einige Stufen höher zu rücken vor ihm und vor der Umwelt. Doch lange erfüllte sich ihr Wunsch nicht.
Hin und wieder ritt er selbst hinaus an eine der Straßenbaustellen, denn der technische Betrieb interessierte ihn. Dann kam er bisweilen mit einem der Ingenieure ins Gespräch, und er lernte eine Menge über die Kunst des perfekten Straßenbaus. Das vollkommen Neue einer römischen Straße war ihr gerader Verlauf. Über flaches Gelände lief sie wie ein abgeschossener Pfeil, und selbst dort, wo es nicht völlig eben war, konnte sie sich über zwanzig oder dreißig Meilen mit einer Abweichung von nur einer halben Meile hinziehen.
Stets war es das Ziel der Planer, wo immer nur möglich durchgehende Straßenzüge zu haben, die zu allen Jahreszeiten und bei jedem Wetter benutzbar waren. Also mußten sie auf fester Unterlage verlegt,

den Bedürfnissen entsprechend dräniert und da, wo es viel Verkehr gab, mit einer festen Steindecke belegt sein. Für die römischen Ingenieure, die nur über begrenzte Arbeitskräfte verfügten, war das eine gewaltige Herausforderung und Aufgabe. Für die Arbeit an den Hauptverkehrsstraßen stand nur einfachstes Gerät zur Verfügung, wie Spitzhacke, Hammer, Breithacke, Schaufel und Spaten. Störende Felsbildungen mußten mühselig weggeschlagen, Geländeerhebungen beseitigt, Steinsplitter, Geröll und Erde fortgetragen werden.
Bei solchen Gesprächen erfuhr er aber auch etwas über die hierarchische Ordnung der Arbeiten. Der Fernstraßenbau ging immer auf staatliche Initiative zurück, während lokale Straßen durchaus von Privatleuten gebaut werden konnten. Ein vom Kaiser bestellter Beamter führte die Aufsicht über den Straßenbau, der meist von Soldaten, aber auch Straßenanliegern durchgeführt wurde. Dazu zählten auch die Kommunen, durch deren Gebiet eine neue Straße führen sollte.
Die Kosten mußten direkt von den Anliegern getragen werden. Teilweise wurden die Gemeinden hierbei vom Kaiser unterstützt, indem er ihnen aus seiner Privatschatulle Gold zuschoß. Haldavo erfuhr, daß zum Beispiel die Erneuerung eines Teilstücks der Via Appia in Italien bei einer Länge von 16 Meilen* 1.470.000 Sesterzen gekostet hatte. Dazu hatten die Anlieger nur 569.000 Sesterzen zu zahlen, während die Hauptsumme an den Kaiser ging. Umgerechnet auf eine Meile, beliefen sich die Kosten auf 108.958 Sesterzen. Nicht ganz so hoch, 100.000 Sesterzen, war der Jahressold eines Beamten der dritthöchsten Klasse. Der Chef der germanischen Finanzverwaltung, der dem zweiten Rang angehörte, erhielt dagegen schon 200.000 Sesterzen.
Straßenneubauten waren sehr viel teurer, da auch Rasthäuser und Pferdewechselstationen miterrichtet werden mußten. Der Bau einer Straße begann mit der Vermessung der Trasse und der Festlegung der Standorte von Straßenstationen. Soweit das Gelände es zuließ, verliefen die Straßen schnurgerade, nur wenn es gar nicht anders ging, wurden kleinere Umwege gemacht.
Hier, in der breiten Rheinebene, ging die Arbeit zügig vonstatten. Der Humus wurde abgetragen und in Körben beiseite geschafft. Für den Bau wurde stets andersartiges Füllmaterial als das anstehende

verwendet. Es wurde mit Lastwagen herbeigeschafft, und für diese Transporte hatte Haldavo sich verdingt.
Er ließ sich den Schichtbau der Straße genau erklären: Das Fundament bestand aus groben Steinen. Darüber kamen zwei weitere Schichten aus Grobschutt und grobem Kies. Der eigentliche Straßenkörper, seine Decke, bestand aus Kies. Er war so gewölbt, daß das Wasser jederzeit in die beiden seitlichen Straßengräben gut abfließen konnte. Steigungen wurden direkt überwunden; dadurch war der Anstieg oft so steil, daß vorgespannt werden mußte. In der Ebene verliefen die Straßen meist zweispurig. Starke Steigungen, die zu Pässen führten, wurden einspurig angelegt, doch waren Ausweichmöglichkeiten vorgesehen.
Auch seinen Sprachschatz erweiterte er: Die großen Fernstraßen wurden *viae publicae,* öffentliche Straßen, genannt. Lief eine Straße über Privatgrund, hieß sie *via privata.* Straßen zweiter Ordnung waren *viae vicinales,* die zwei *vici,* Gemeinden, verbanden. Diese Wege waren nicht so gut ausgestattet wie die Fernstraßen, es fehlten die Meilensteine ebenso wie die Straßenstationen. Straßen dritter Ordnung waren die *viae agrariae,* die der Bauer benutzte, um auf seinen Acker zu gelangen. In diese Kategorie gehörten auch die Landwege, die *viae rusticae.* Eine *via militaris* schließlich war eine Straße, die vorwiegend von strategischer Bedeutung war und vom Militär genutzt und auch stets unter militärischer Kontrolle gehalten wurde. Doch bedeutete dies nicht, daß sie ausschließlich vom Militär gebaut und unterhalten wurde. Dies traf auch für die Straßenabschnitte zu, denen Haldavo den Kies zuführte.
Der Ingenieur meinte: »Alle haben ihren Nutzen davon! Aber wenn du die Verantwortlichen in der Verwaltung ansprichst, hörst du nur Klagen ... nur Klagen!«
Haldavo wußte, was er meinte: Die Auflagen zum Beispiel, die der Legat des Kaisers der Stadt aufgebürdet hatte, waren erheblich, und die *duoviri aediles,* die auch für die Wasserversorgung und den Feuerschutz zuständig waren, standen in einem ständigen Ringen mit den kaiserlichen Beamten im Praetorium und feilschten um jeden Denar und Sesterz, der der Stadt auferlegt worden war. Er kannte diese Querelen aus Berichten von Reburrinius, der sie ja täglich miterlebte.

VII

In dieser Zeit lernte Haldavo nicht nur die Technik und Organisation des Straßenbaus kennen, sondern – und das war für sein Fortkommen von größerer Bedeutung – er erhielt einen tiefen Einblick in die politischen Zusammenhänge. Und es war wieder Reburrinius, der ihm die Perspektiven aufzeigte. Meist geschah es im lockeren, schnell die Gegenstände wechselnden Gespräch bei Tisch oder danach, und da die übrige Familie, außer den beiden Knaben, nicht im Hause war, brauchten sie auf die weiblichen Interessen keine Rücksicht zu nehmen.

Reburrinius nahm sich gern die Zeit, mit seinem jungen Freund zu plaudern und ermunterte ihn, Fragen zu stellen.

»Sicher ...«, sagte er einmal, als sie nach dem Essen bei einem Becher guten gallischen Weins in seinem Zimmer saßen, »... die Rheingrenze ist ruhig, Handel und Wandel blühen, die Siedlungen am Strom erleben einen Aufschwung, ihre Einwohner produzieren wie nie zuvor, die Überschüsse wachsen und können hier oder andernorts gewinnbringend angelegt werden; auch unsere Beziehungen zu den Barbaren drüben sind besser denn je. Endlich haben sie eingesehen, daß sie nur vom friedlichen Austausch die größeren Vorteile haben ...«

»Aber ...?« fragte Haldavo, als Reburrinius innehielt und gedankenvoll in seinen Becher starrte.

»Es brodelt im Osten, an der Donau. Der dortige Krieg verschlingt vieles von dem, was die westlichen Provinzen, die beiden Germaniae*, Gallia und Hispania erwirtschaften. Der Kaiser ist gezwungen, hier Truppen abzuziehen. Die Städte müssen zu großen Teilen selbst für Instandhaltung oder Neubau von Straßen, Brücken, Wasserleitungen aufkommen. Und das sind, wie du selbst weißt, ungeheure Ausgaben. Es ist sehr schwierig, dies den Leuten verständlich zu machen. Sie haben nur das im Blick, was hier am Ort, in der Umgebung, allenfalls in der Provinz vor ihren Augen geschieht.«

Plötzlich hielt er mit diesen allgemeinen Ausführungen inne und fragte direkt:

»Wie alt bist du?«

»Zwanzig«, sagte Haldavo, wenn auch noch ein paar Monate fehlen.
»Hm«, nickte Reburrinius. »Für einen Zwanzigjährigen hast du's weit gebracht – wenn man bedenkt, wie du begonnen hast ...«
Reburrinius erhob sich, ging einige Schritte auf und ab, blieb vor dem Regal mit seinen Bücherschätzen stehen und griff nach einigem Suchen eine bestimmte Rolle heraus. Damit trat er zum Lesepult, öffnete sie und suchte einige Augenblicke. Dann begann er laut zu lesen:
»... darfst du während deiner Bewerbung weder im Senat noch in der Volksversammlung zu den politischen Tagesereignissen Stellung nehmen, solltest dir vielmehr folgendes zur Regel machen:
1. Der Senat muß aufgrund deiner Lebensführung glauben, daß du für seine Autorität eintreten wirst.
2. Die Ritter und die biederen, gutsituierten Bürger müssen angesichts deines bisherigen Lebenswandels glauben, daß dir um Ruhe und normale Verhältnisse zu tun ist.
3. Die Masse soll glauben, daß du nicht gleichgültig gegen ihre Forderungen sein wirst, weil du, jedenfalls nach deinen Äußerungen in Volksversammlungen und vor Gericht zu urteilen, immer ein Mann des Volkes gewesen bist ...«
Reburrinius schaute über die Kante des Lesepults mit hochgezogenen Brauen und leicht geöffnetem Mund zu Haldavo hinunter:
»Na, was sagst du dazu?«
Haldavo, der weder Text noch Verfasser kannte, tastete sich vorsichtig heran: »Da gibt jemand einem vertrauten Freund Ratschläge ...«
»Gut! Weiter!«
»Es scheint sich um einen Wahlkampf zu handeln ...«
»Natürlich!«
»... und Wahlen spielten in der alten Römischen Republik eine entscheidende Rolle.«
»Sehr gut! Und wer könnte ...?«
»Cicero?«
»Richtig! Aber nicht der große Rhetor, sondern sein jüngerer Bruder Quintus! Diese fabelhafte Analyse der Technik und Taktik des politischen Kampfes ist zeitlos. Sie gilt heute so wie vor hundertfünfzig Jahren. Aber hör nur weiter!« Er vertiefte sich wieder in den Text und fuhr fort: »Das ist es, was mir betreffs der beiden ersten Punkte jenes

zu allmorgendlichem Gebrauch empfohlenen Rezeptes in den Sinn kommt, was du dir, wie gesagt, Tag für Tag für Tag, wenn du zum Forum hinuntergehst, vor Augen halten mußt: *Novus sum, consulatem peto!* – Ich bin ein Neuling! Ich bewerbe mich um das Consulat! – Es fehlt noch der dritte Punkt: *Roma est!* Es handelt sich um Rom! Eine Bürgerschaft, die sich aus dem Zusammenströmen vieler Nationalitäten gebildet hat, wo Intrigen, Betrügereien, Laster aller Art grassieren, wo man mit Anmaßung, Trotz, Übelwollen, Hochmut, Haß und Belästigungen von vielen Seiten zu rechnen hat. Offenbar bedarf es großer Klugheit und Geschicklichkeit, wenn man sich unter so vielen Menschen mit Lastern jeder Art und Schwere bewegt, nirgends anzustoßen, nicht ins Gerede zu kommen, sich Intrigen zu entziehen, der rechte Mann zu sein, der sich nach der Vielfalt dieser Gewohnheiten, Redensarten und Gefühle anzupassen weiß. Darum fasse immer wieder den Weg ins Auge: Brilliere mit deiner Redekunst! Damit hält man in Rom die Leute bei der Stange, lockt sie an und nimmt ihnen die Lust, sich dir in den Weg zu stellen und dich zu verletzen. Und da die Bürgerschaft darin besonders lasterhaft ist, daß sie Mannhaftigkeit und Verdienst meist vergißt, wenn Bestechung im Spiel ist, besinne dich auf dich selbst, das heißt: Werde dessen inne, daß du derjenige bist, der seinen Mitbewerbern eine Heidenangst vor Gericht und Prozessen einjagen kann. Laß sie merken, daß du sie überwachst und beobachtest. Sie werden deine Umsicht, dein Ansehen und die Wirksamkeit deiner Worte und gewiß auch die Sympathien des Ritterstandes gegen dich fürchten . . .«

Reburrinius ließ die Rolle in ihre runde Form zurückschnellen und reichte sie Haldavo: »Wenn du sie lesen möchtest . . .««

Haldavo schlug die Stelle noch einmal auf und überflog die Seite, die Reburrinius vorgetragen hatte. Wieder einmal wurde ihm bewußt, wie wenig er eigentlich von der politischen, literarischen, von der geistigen Welt Roms wußte. Er dankte für das Angebot, sagte, er werde es mit großem Interesse lesen, und es blieb eine unausgesprochene Frage zurück; Reburrinius mußte einen Hintergedanken im Sinn haben, daß er ihm ausgerechnet diesen Text vorgetragen hatte. Doch ehe er danach fragen konnte, knüpfte dieser den Gedanken schon an: »Du fragst dich, warum ich dir diese Sätze zitiert habe. – Nun, ich bin nicht Marcus Tullius, du nicht Quintus Tullius Cicero ... Aber du bist ein begabter junger Mann, der in dieser Stadt Karriere machen will. Da scheint es mir angebracht, dich auf eine Besonderheit im Leben eben dieser Gemeinde aufmerksam zu machen. Gehe ich doch davon aus, daß dein Ehrgeiz sich nicht zufriedengeben wird mit einer jährlichen Steigerung des Umsatzes – oder sehe ich das falsch?«

Er lächelte fein, und Haldavo lächelte ebenso zurück, und wieder war ein feines Einverständnis zwischen ihnen.

»Ich habe«, fuhr Reburrinius fort, »bedingt durch meine Herkunft, bessere – nein, sagen wir: bequemere Bedingungen mitbekommen als du, denn mein Vater saß bereits als geachtetes Mitglied im Rat der Decurionen dieser Stadt ...«

»Dein Großvater auch?«

»Nein. Er war zu sehr mit dem Aufbau des Handelshauses befaßt und hatte wenig Zeit, sich um die Belange der Stadt zu kümmern. Bei meinem Vater war das schon anders. Er hatte nicht mehr den Ehrgeiz, das Geschäft aufzubauen, weil es bereits geschehen war. Er erweiterte es, knüpfte neue Beziehungen, pflegte das Alte und ordnete ihm das Neue unter. Doch anders als sein Vater machte er die elementare Erfahrung, daß das scheinbar fest Gegründete von einem Tag zum anderen vernichtet werden kann.«

»Du meinst den Bataveraufstand?«

»Ja. Er verlor bei den Brandschatzungen fast alles außerhalb der Mauern. Daraus zog er eine Folgerung, die sein ganzes weiteres Leben bestimmte: Gegen eine Bedrohung von außen kann man nur bestehen, wenn man sich mit Gleichgesinnten zusammentut und sich so wappnet. Dem Egoismus des einzelnen Bürgers muß eine übergeordnete Idee gegenüberstehen, und ich habe noch heute den Satz im Ohr, den er oft aussprach, den ich aber erst heute voll verstehe: *Utilitas publica privatae praeferri debet!** – Gemeinnutz geht vor Eigennutz!«

»Aber«, warf Haldavo ein, »die Stelle, die du gerade vorgelesen hast, spricht ja doch vom Gegenteil!«

Reburrinius sah ihn eine Weile an, dachte nach und erklärte: »Das ist richtig. Daran erkennst du, daß gerade die, welche von unten nach oben wollen, vielleicht gezwungen sind, den Eigennutz eine Weile vor

das Gemeinwohl zu stellen. Wie ich ja heute auch keineswegs meine, daß dieser Satz grundsätzlich immer und überall seine Gültigkeit hat, zumal sich die Interessen der Masse – und um sie geht es ja doch – selten mit den meinen decken. Doch in den wichtigen Dingen wie der gemeinsamen Verteidigung, der gerechten Verteilung etwa der Wasser des Aquädukts, bei öffentlichen Bauaufträgen und ähnlichen sollte er schon gelten.
Was hat das alles mit dir und deinem Fortkommen zu tun? Ich glaube, du verstehst, was ich meine: Es gilt, den rechten Mittelweg zu finden. In zwei Jahren bist du zweiundzwanzig, hast das vorgeschriebene Mindestalter erreicht und könntest für ein öffentliches Amt kandidieren. Meine Unterstützung hättest du.«
Haldavo wußte, was das bedeutete. Reburrinius war einer der einflußreichsten Bürger der CCAA, gewesener Quaestor und Aedil, Mitglied des *Ordo Decurionum,* des Rates der Hundert. Er besaß einflußreiche Freunde, sein Wort hatte Gewicht.
»Allerdings sind da eine Reihe von Bedingungen zu erfüllen«, fuhr Reburrinius fort, und Haldavo ergänzte:
»Ich weiß, freie Geburt und Mindestalter!«
»Oh«, schmunzelte er, »das ist nicht alles!« Er zählte ihm die Voraussetzungen an den Fingern ab:
»Erstens: Freie Geburt. – Nun, sie liegt vor ... Zweitens: Besitz des römischen Bürgerrechts. – Drittens: Besitz der bürgerlichen Ehrenrechte und der Rechtsfähigkeit. Ich nehme an, beides liegt vor. – Viertens, und das ist ein nicht unerheblicher Punkt: Besitz eines entsprechenden Vermögens! Ich komme gleich darauf zurück. – Fünftens: Einhaltung der gesetzlichen Rangfolge der Ämter. Nun, es wäre ja dein erstes. – Sechstens: Beachtung des Mindestalters. Das hatten wir. – Und schließlich und endlich: Ausübung einer achtbaren Tätigkeit. Auch da ist ja wohl nichts einzuwenden.«
Reburrinius griff zum Becher und nahm einen kleinen Schluck, und Haldavo folgte ihm. Dann meinte der Ältere:
»Das bedeutet also, du erfüllst die Bedingungen, es sei denn ...«
»Du meinst Punkt vier!«
»Ja.«
»Was heißt ›entsprechendes Vermögen‹? Ein dehnbarer Begriff.«

»Keineswegs. Es liegen dazu eindeutige Bestimmungen vor. Wer ein öffentliches Amt anstrebt, muß den Nachweis erbringen, im Besitz eines Vermögens von einhunderttausend Sesterzen zu sein.«

»Warum das?« fragte Haldavo erstaunt.

»Nun, wie du weißt, sind alle magistralen Ämter Ehrenämter, und weil sie mit zum Teil erheblichen Ausgaben für die Öffentlichkeit verbunden sind, braucht es eben ein dickes Polster von privatem Vermögen, um das Jahr durchstehen zu können. Vermögen – das bedeutet nicht nur Bargeld, sondern auch Immobilien, die in Geld umgerechnet werden. Hinzu kommen auch Zinsen und rentenähnliche Einkünfte. Dahinter steht der Gedanke: Nur der Wohlhabende ist ein guter Bürger. Außerdem ist es eine selbstverständliche und weit verbreitete Auffassung, daß man für die Ehre, in ein Amt gewählt zu werden, ein nicht gerade geringes Mindest-Antrittsgeld, die *summa honoraria,* zu entrichten hat. Und schließlich haben die Kandidaten selbstredend den Erweis zu bringen, daß sie zum Wohl wie zum Ruhme ihrer Vaterstadt private Mittel bereitzustellen in der Lage sind. – Aber gerade die Zulassung zur Kandidatur für die Quaestur ist immerhin noch befreit von der Zahlung einer Kaution . . .« Reburrinius sah, wie sich Haldavos Gesicht verfinsterte, und sagte schmunzelnd: »Es zwingt dich niemand, ein öffentliches Amt anzustreben.«

Haldavo mußte nun doch lachen: »Wir tun so, als ob schon morgen die Wahl wäre. Aber sag, Reburrinius, warum sollte ich das tun?«

Reburrinius nickte, lehnte sich zurück und erklärte mit seiner ruhigen, tiefen Stimme: »Ja, warum tut man's . . .? Aus Ehrgeiz? Aus Verpflichtung gegenüber den Freunden? Aus Gewinnsucht? Der Macht wegen? – Wahrscheinlich spielen alle diese Gründe zusammen ihre Rolle. Wenn auch das Amt auf ein Jahr begrenzt ist, bringt es doch erheblichen Gewinn nach einer guten Amtsführung, denn das erworbene Vertrauen zahlt sich danach immer auch geschäftlich aus. Du hältst Fäden in der Hand, die du vorher nicht kanntest. Du hast Beziehungen, besonders nach draußen, angeknüpft, die sich danach als fruchtbar erweisen. Und – du lernst wichtige Männer kennen, aus der Stadt, ihrem Umfeld, der Provinz, und vor allem aus dem Praetorium! Aber nun sieh erst einmal zu . . .« schloß er lachend und klopfte ihm auf die Schulter, »daß du die Hunderttausend zusammenkriegst!«

VIII

Dieses Gespräch mit Reburrinius beschäftigte ihn sehr lange, und die wesentlichen Punkte blieben wie Kerben in seiner Erinnerung. Er erfüllte alle Voraussetzungen bis auf den finanziellen Nachweis. Also setzte er sich alle paar Tage hin und stellte eine Rechnung auf über die zu erwartenden Einnahmen. Wenn alles so lief, wie er es plante, mußte er es durchaus schaffen, die *summa honoraria* nachzuweisen. Leichter wäre es natürlich, sich mit Lollia, des Iustus Tochter, abzusprechen, damit sie ihm mit einer gewissen Summe, die ihm vielleicht fehlte, unter die Arme griff. Er konnte sie darauf hinweisen, daß es von erheblichem Nutzen für die Fortführung der Geschäfte sei, wenn er kandidiere. Er habe immerhin die Unterstützung des einflußreichen Reburrinius. Das sei bereits der halbe Sieg!

So hörte er sich denken. Doch er verwarf diese Möglichkeit. Er wollte es allein, ohne Bitten und Beziehungen, aus eigener Kraft schaffen! Es mußte möglich sein, sein privates Vermögen, das er gemäß den Abmachungen mit Lollia abzweigte, bis dahin auf die vorgeschriebene Höhe zu bringen. Hunderttausend Sesterzen! Eine gewaltige Summe! Und doch weniger als für eine Meile Straße in schwierigem Gelände! Zugleich wußte er, daß in dieser Stadt Männer lebten, die, ohne mit der Wimper zu zucken, an einem Tage 100.000 Sesterzen auszugeben bereit waren; er war überzeugt, daß auch Reburrinius zu ihnen gehörte. Wie reich war er? Sie sprachen nie darüber, doch er schätzte ihn und seinen Reichtum auf mehrere Millionen, wenn nicht gar zehn, zwölf oder zwanzig! War er darum so ruhig? Haldavo sah ihn vor sich, achtete auf seine ruhigen Bewegungen, hörte ihn über seine Auffassung von einem sinnvollen Leben reden und daß er eigentlich nicht als Erbe des Handelshauses vorgesehen war, daß er lieber nach den musischen Dingen greife. Aber – es wurde Haldavo völlig klar – er konnte sich dieses souveräne Leben, dieses gewisse Epikuräertum nur leisten, weil er vermögend war.

Die Stelle aus Quintus Ciceros Schrift an den Bruder fiel ihm ein, die Reburrinius vorgelesen hatte. Sie entsprach, wenn er ehrlich war, ganz seinen eigenen Intentionen. Hatten nicht alle Großen, Mächtigen, die von unten kamen, sich mit rigorosen Mitteln eine Bahn schaffen müssen? Wurde nicht vom großen Caesar berichtet, daß er privates und öffentliches Wohl stets miteinander zu verbinden wußte? Hatte nicht der Erhabene, Augustus, als er noch Octavian hieß, zu jedem Mittel, selbst dem schmutzigsten gegriffen, um vorwärts zu kommen? Warum also – schloß er ruhig betrachtend und wägend – sollte er Skrupel haben wegen der Sache mit Macarius Macco? Er, Haldavo, konnte sich die edle Generosität eines Reburrinius nicht leisten, noch nicht, sein Sohn vielleicht, wenn er einen haben würde. Er war voll und ganz beschäftigt mit seinem Aufstieg. Er hatte weder die Zeit noch das Verlangen, nach links und rechts zu blicken; ihn interessierte nur das, was vor ihm lag. Alles Rückwärtige war tot, und nichts war ihm lästiger, als mit jemandem über Ereignisse oder Personen aus der jüngsten Vergangenheit zu reden. Es langweilte ihn nach dem ersten Satz, und er ließ es sein Gegenüber spüren. Darum hatte er auch keine Freunde. Er wußte es. Freunde erwarteten, daß man auf sie einging. Er tat es nicht, weil es ihm nicht möglich war, zu sehr war er Gefangener des eigenen Willens, des unstillbaren Dranges nach vorne, nach oben. Immer waren es ältere Männer, zu denen er in ein engeres Verhältnis eintrat; vielleicht, weil sie darüber hinaus waren, weil sie sich selbst in ihm spiegelten, weil sie am Ende gerne so sein wollten, wie er war. Da war nun ein Wesen, dem er sich verbunden fühlte, ohne im geringsten an opportune Ziele zu denken: Reburrinia. Als er sie endlich wiedersah, erschrak er. Ihre Augen leuchteten, als sie ihm gegenübertrat, aber es war der Glanz des Fiebers. Über Tage hin suchte es sie wieder heim. Er spürte, wie sie sich Mühe gab, ihre Schwäche vor ihm zu verbergen, doch schon eine geringe körperliche Anstrengung ließ sie innehalten und nach Luft ringen. Es entging ihm nicht, daß ihre Eltern, wenn sie in der Nähe waren, einander besorgte Blicke zuwarfen.

Er machte mit ihr, wenn es sich ergab, im leichten Wagen kleinere Fahrten in die Umgebung oder am Strom entlang. Manchmal passierten sie eine Baustelle, und Haldavo wurde von den arbeitenden Leuten gegrüßt. Dabei fühlte er sich keineswegs geschmeichelt, es war ihm unangenehm, mit solchen vergleichsweise vulgären Tätigkeiten in Verbindung gebracht zu werden. Als sie dann fragte, ob er hier zu tun habe, tat er es mit einer kurzen Bemerkung ab.

Gerne aber berichtete er ihr vom Leben auf dem Lande, vom Wechsel der Jahreszeiten, vom Ackern, Säen und Ernten, von der harten Arbeit, und im Mittelpunkt seiner Beschreibung stand seine Mutter. Als sie nach seinen Schwestern fragte, wurde er sich bewußt, daß er sie fast ganz aus seinem Leben verdrängt hatte. Entsprechend lakonisch waren seine Auskünfte.

Stets war er besorgt, daß sie auch ihre Decken wärmend um sich hüllte, und er selbst legte dann die letzte Hand an, um die Zipfel und Falten in die Ritzen und Nischen zu zwängen. Dabei kam er einmal unwillentlich ihrem Gesicht sehr nahe, als er sich über sie beugte.

»Ist's recht so?« fragte er, und ihre Augen waren ganz nahe.

»Ja, danke!« sagte sie leise und ließ keinen Blick von ihm. Da küßte er sie ganz zart auf ihren Mund, betrachtete sie wie ein kostbares Kleinod, küßte sie noch einmal, und sie ließ es geschehen. Sie löste ihre Arme aus den bergenden Decken und umfing ihn, zog ihn neben sich, und lange saßen sie so, fest umschlungen. Ihre Zerbrechlichkeit, ihre Krankheit legten ihm Schranken auf, ungestüm seiner Sehnsucht nach ihr Raum zu geben.

Und sie fühlte sich geborgen an seiner Seite. Als sie auf der Rückfahrt allmählich zu einem Gespräch zurückfanden, sagte sie:

»Ich habe dich lieb seit dem ersten Tage, als du in unser Haus kamst und ich dich sah.«

»Mir ging es genau so.« Er drückte ihre Hand, die schon die ganze Zeit in der seinen lag, während er mit der Linken die Zügel der beiden Maultiere hielt. Und ganz unvermittelt sagte er:

»Ich möchte, daß du meine Frau wirst.«

Sie erschrak, und er spürte, wie sich ihre Hand verkrampfte. Mit matter Stimme erklärte sie: »Ich werde wohl immer krank sein. Was willst du mit einer kranken Frau?«

»Du wirst gesund werden. Wir werden die besten Ärzte konsultieren. Du wirst wieder eine Weile aufs Land gehen, im Sommer ins Gebirge. Ich werde dir ein Landhaus kaufen und es so einrichten, daß du dich wohlfühlst. Ich werde dir Sklaven kaufen. Du sollst ...«

»Sei still ...« rief sie und lächelte. »Ich will ja alles tun, wie du es willst, aber ...« Ein Kuß von ihm unterbrach ihren Satz, doch sie setzte ihn fort:

»Wir müssen ... Du mußt mit Vater reden!«
Dies brachte ihn in die Wirklichkeit zurück. Doch trotzig rief er: »Gut, ich werde mit ihm reden.«
Und er hoffte, daß Reburrinius sein Anliegen so ernst nahm, wie es der Person, um die es ging, angemessen war. Insgeheim rechnete er mit dem Wohlwollen ihrer Mutter Autronia. Er wußte, daß sie ihn mochte. Man mußte eine günstige Gelegenheit abwarten oder sie selbst schaffen.
Pünktlich, wie er es zuvor gesagt hatte, lieferte er Reburrinia wieder in ihrem Hause ab, und Autronia fragte sie sofort nach ihrem Befinden, suchte auch mit klugem mütterlichen Blick in seinen und ihrer Tochter Augen – und schwieg.
Die nächsten Tage brachten viel Arbeit. Einer der Knechte hatte einen schweren Unfall gehabt mit Knochenbrüchen und Quetschungen, er mußte versorgt werden, und Sunicius hatte sich um einen Ersatzmann zu kümmern. In jeder freien Minute beschäftigte er sich mit dem notwendigen Gang zu Reburrinius, wog ab, ob es besser sei, noch einige Zeit, vielleicht Monate, vielleicht ein Jahr zu warten, bis er sicher sein konnte, daß der stetige Fluß seiner Einnahmen gewährleistet sei; ging er doch davon aus, daß Reburrinius von ihm eine Offenlegung seiner Bilanzen verlangen könnte. Es war sein legitimes Recht. War es besser, sich zunächst an Autronia zu wenden, damit sie bei ihrem Gemahl vorfühlen könnte und in seinem Sinne für die Liebenden ein Wort einlegte?
Manchmal kam mit einem großen Erschrecken die furchtbare Erkenntnis über ihn, daß Reburrinia unheilbar krank sei. Er wußte von ähnlichen Fällen, daß sich diese heimtückische Lungenkrankheit über Jahre hinzog, um dann plötzlich zum Zusammenbruch zu führen. Er selbst konnte ja nichts unternehmen, konnte sich nicht anmaßen, andere Ärzte heranzuziehen. Dies stand nur und ausschließlich der väterlichen Gewalt zu. Wer war er denn? Ein Freund des Hauses Reburrinius, mehr nicht – oder?
Andere Skrupel kamen. Reburrinius konnte den Standpunkt vertreten, daß er als zukünftiger Schwiegersohn längst noch nicht den gesellschaftlichen Rang erreicht hätte, den ein erfolgreicher Handelsherr als selbstverständlich voraussetzen konnte. Vielleicht hatte er

sich schon in seinem Kreise umgeschaut und eine feste Verbindung im Auge.

Tag und Nacht quälte er sich mit solchen Gedanken, und längst ahnte Arvania, daß er sich mit einer anderen Frau beschäftigte. Doch wieder nahm sie dies leidenschaftslos und nüchtern zur Kenntnis. Sie wußte, daß sie ihn nie an sich fesseln könnte, da sie ihm geistig nicht gewachsen war. Wenn er sie in diesen Wochen nicht berührte und die Nächte allein in seiner Kammer verbrachte, gab sie sich wie immer. Es würde die Zeit kommen, daß er sie brauchte. Von Fannia drohte ihr keine Gefahr, seit sie sicher war, daß die Magd ohne Interesse für ihn war. Und Fannia hatte soviel Verstand, sich in ihre untergeordnete Rolle endgültig zu schicken. Also kümmerte sich Arvania mit der ihr eigenen fraulichen Kraft um die Genesung des Knechtes, und unter dem Gesinde machten wieder lobende Worte die Runde.

IX

Schließlich hielt er die innere Spannung der Ungewißheit nicht länger aus. Er kündigte unter irgendeinem Vorwand sein Kommen an und betrat am Spätnachmittag das Reburrinische Haus. Wie schon öfter zuvor, hatte er Mutter und Tochter ein erlesenes Kleinod mitgebracht, für Reburrinia eine weitere Buchrolle mit einer exotisch märchenhaften Geschichte, die in Ägypten spielte; für Autronia ein zierliches kleines Salbgefäß aus blauem Glas. Beide Frauen waren, wie er es erwartet hatte, entzückt, und es fehlte nicht viel, daß Reburrinia ihm um den Hals gefallen wäre.

Wieder spürte er instinktiv, daß die kluge Mutter sehr wohl aus der Reaktion und den längst nicht mehr versteckten Blicken ihrer Tochter gewisse Anzeichen des Verliebtseins ableitete. Nach einigen gegenseitigen Freundlichkeiten schickte sie Reburrinia unter einem Vorwand aus dem Hause, eine kleine Bestellung bei einer befreundeten Familie zu erledigen.

»Muß das jetzt sein?«

»Ja, ich vergesse es sonst. Haldavo ist ja wohl gleich noch hier ...«

Er verstand. Sie wollte allein, unter vier Augen, mit ihm reden, und es war ihm nicht unangenehm.
Kaum war Reburrinia gegangen, bat sie ihn ins Tablinium, das offizielle Empfangszimmer des Hauses, gegenüber dem Eingang, schloß sorgfältig die Tür und bat ihn sehr höflich, Platz zu nehmen. Er war gespannt, wie sie die Sache angehen würde und überließ ihr die Eröffnung. Und sie kam ohne Umschweife zum Thema:
»Mein lieber Haldavo, ich möchte einmal ganz offen mit dir reden ...«
Sie sah ihn aus ihren klugen Augen an, lächelte, und er empfand deutlich, daß sie trotz der geradezu offiziellen Szenerie dieses Raumes bemüht war, ihm ihre Sympathie mitzuteilen, ehe sie auf das, was sie bedrückte, zu sprechen kam.
»Ich beobachte nun schon seit einigen Wochen, daß mit Reburrinia eine Veränderung vor sich gegangen ist. Sie ist – wie soll ich sagen – auf eine Weise verwandelt, die ich vorher nicht an ihr beobachtet habe ...«
Ihre Blicke trafen sich, sie wußten beide, was gemeint war. In diesem Augenblick stürmten die beiden Jungen in den Raum, um der Mutter mitzuteilen, daß sie ihre Hausaufgaben gemacht hätten, und um zugleich zu fragen, ob sie noch in die Stadt dürften, um sich mit Freunden zu treffen. Sie erlaubte es ihnen, und weg waren sie. Autronia brauchte einige Augenblicke, um sich wieder auf das begonnene Gespräch zu konzentrieren. Dann fuhr sie fort:
»Mütter haben wohl ein besonderes Gespür dafür, wenn ihre Töchter sich verliebt haben.«
Sie hatte es ausgesprochen. Wieder suchte sie mit einem kurzen, feinen Lächeln ihre nach wie vor geltende Sympathie ausdrücken zu wollen, doch wurde ihr Gesicht sehr ernst.
»Ich nehme an, du weißt um ... die Verliebtheit ...«
Er mußte Stellung nehmen, und er tat es, wie sie es von ihm wohl erwartete: »Ja, ich weiß es. Und ...« Er wollte sagen, daß auch er sie liebe, doch wollte es ihm vor dem kritisch beobachtenden Blick der Mutter nicht über die Lippen.
Sie kam ihm entgegen: »Du willst sagen, daß du ihre Gefühle erwiderst?«

»Ja.« Er nickte ernst.
Sie schwiegen eine Weile, jeder bemüht, den so fein gesponnenen Faden des begonnenen Gesprächs nicht zu zerreißen. Leise fuhr sie fort:
»Und hast du ... hast du es ihr gesagt?«
»Ja, ich habe es ihr gesagt.«
Sie nickte, gleichsam das bestätigend, was sie beobachtet und was sie aus ihrer Beobachtung geschlossen hatte. Er aber, um nun selbst etwas einbringen zu können, erklärte nicht ohne Selbstbewußtsein:
»Ich muß dir gestehen, Autronia, daß ich, hättest du mich nicht um dieses Gespräch gebeten, dich darum ersucht hätte.«
»Ich habe es nicht anders erwartet«, sagte sie und nickte zweimal. »Nun ist es gewiß so, daß der *pater familias** in solchen Dingen das Recht der letzten Entscheidung hat, aber du wirst schon längst bemerkt haben, daß wir uns in allen familiären Fragen austauschen, ehe wir uns so oder so festlegen. Und es ist wohl seit jeher das Vorrecht der Mütter, das Wohl ihrer Töchter besonders im Auge zu haben, ohne dadurch dem Herrn vorgreifen zu wollen. Ich will es einmal so sagen: Unter normalen Verhältnissen würde es wohl so sein, daß der Vater des zukünftigen Schwiegersohnes sich mit dem Vater der Tochter zusammensetzt, um eine zukünftige Verbindung beider Familien miteinander ernsthaft zu besprechen und den Zeitpunkt von Verlobung und Eheschließung festzusetzen. Nun liegen die Verhältnisse hier freilich anders. Du sprichst für dich selbst, und niemand, glaube ich, würde dir das Recht streitig machen, dies zu tun.«
Er machte eine leichte Verbeugung, um ihr für dieses wichtige Entgegenkommen zu danken.
»Aber«, fuhr sie fort, »darum geht es hier nicht. Ich muß dich ganz offen etwas fragen, und ich habe lange mit mir gerungen, ob ich dies auszusprechen das Recht habe. Und wenn ich es tue – du mußt es wissen! – nur aus Sorge, aus übergroßer Sorge. – Du weißt, daß Reburrinia krank ist.«
»Ja, und ich werde nicht ruhen, bis ...«
Er sah, wie sie traurig den Kopf schüttelte und ihre Augen feucht wurden.

Darum setzte er energisch hinzu: »Es muß doch ein Mittel geben!«
»Ja«, nickte sie und wischte sich über die Augen, »wir dürfen die Hoffnung nicht aufgeben.«
So hatte sich das Gespräch, entgegen den Erwartungen Haldavos, vom eigentlichen Thema – der Möglichkeit einer Verbindung – entfernt, und er meinte daraus ableiten zu dürfen, daß Autronia der Ehe grundsätzlich nicht entgegenstehe, daß sie eigentlich nur besorgt um das Leben der Tochter sei. Diese Vermutung wurde bestätigt:
»Ich mußte dir dies sagen«, nahm sie den Gedanken wieder auf, »weil du wissen solltest, daß über ihr ein gewisses Schicksal hängt ...« Sie suchte die alte Fassung wiederzugewinnen, und es gelang ihr, denn sie atmete einmal tief durch und tupfte sich mit einem kleinen feinen Tuch über die Augen. Dann fuhr sie fort:
»Du mußt wissen, Haldavo, daß ich als Mutter nichts lieber sähe als diese Verbindung. Kommt es doch nur zu selten vor, daß die Ehepartner ihre Verbindung aus Zuneigung eingehen. Doch gerade dies ist mir, bedingt durch die schwere Krankheit Reburrinias, sehr, sehr wichtig. Umgekehrt aber ...«, sie tupfte sich noch einmal über die Augen, »... wie willst du es ertragen, wenn die Krankheit sich nicht bessert? Wenn sie irgendwann einmal bettlägerig wird? Wenn sie stündlich der Pflege bedarf? Wie – frage ich dich – willst du das ertragen?« Lange ruhte ihr Blick aus großen Augen auf ihm.
Er wußte, daß all diese nüchternen, harten, realistischen Fragen ihre Berechtigung hatten, denn Autronia argumentierte als lebenserfahrene Frau und Mutter, die selbst eine schrullige alte Frau im Hause zu versorgen und ihre Launen zu ertragen hatte. Es stimmte alles, was sie sagte und als den wahrscheinlichen Verlauf der Krankheit beschrieb. Und doch würde er dies Schreckliche in Kauf nehmen, wenn sie nur in seiner Nähe wäre. Große innere Bewegung kam über ihn, und er beteuerte mit Leidenschaft: »Ich werde dies alles ertragen! So wie ich es auch ertragen müßte, getrennt von ihr zu beobachten, wie sie dahinsiecht! Ich ...« Er brach mitten im Satz ab und senkte voll plötzlicher Trauer den Kopf. Da stand Autronia auf, trat neben ihn und strich ihm mehrmals zart und mitfühlend über seinen Kopf. Er aber griff nach ihrer Hand, küßte sie und sagte:
»Ich danke dir.«

Und sie: »Ich werde mit Reburrinius darüber reden. Wir werden sehen ...«

X

Das entscheidende Gespräch fand schon am nächsten Morgen statt, denn Reburrinius, von seiner Gattin über das vorausgegangene informiert, hatte es sich nicht nehmen lassen, selbst bei Haldavo im Laden am Forum zu erscheinen und ihn zu einer kurzen Fahrt außerhalb der Mauer einzuladen.
»Dort läßt sich sehr gut reden, mit dem Blick auf die Stadt, die Landschaft. Und das Wetter ist gut. – Ich meine, wenn du einverstanden bist ...«
»Natürlich!«
Sie brachen sofort auf. Als sie das Westtor passiert hatten, kam Reburrinius unverzüglich zum Thema: »Ich muß dir gestehen, Haldavo, daß ich mich schon seit einiger Zeit mit dem Gedanken befaßt habe, ob es wohl angehe, daß bei einer ehelichen Verbindung die Liebe das entscheidende Motiv sein könnte – oder dürfte. Ich weiß – in vielen Geschichten, die sich das Volk erzählt, spielt die Liebe eine entscheidende Rolle; ich weiß aber ebenso, daß dies nur so ist, weil das tatsächliche Leben dieser Leute anders verläuft. Es ist eine uralte Weisheit, von jeder Generation neu entdeckt oder auch von den Vorfahren übernommen, daß die Härte des Lebens mit Liebe allein nicht zu bewältigen ist. Die Erfahrung lehrt, daß gerade solche Ehen, die, wie man so leichthin sagt, aus Vernunftgründen durch die Väter des Brautpaars geschlossen werden, die beste Aussicht haben, vor den Forderungen des Tages zu bestehen. Gewiß gibt es Ausnahmen, und ein solches Paar wird denn auch von den Mitlebenden bewundert. Aber ich müßte lange nachdenken, um dir ein solches Exempel nennen zu können ...«
Er hielt einige Augenblicke inne, und Haldavo wagte es nicht, seinen Gedankenfluß durch eine gegenteilige Äußerung zu stören, zumal er deutlich spürte, wie das, was Reburrinius sagte, in großer Anteilnahme gesprochen wurde. Sie hatten längst die Hauptstraße

nach Westen verlassen und fuhren mit dem leichten, offenen Wagen zwischen Feldern und Plantagen, wo der Winterweizen schon prächtig im Kommen war und die Obstbäume feste Knospen angesetzt hatten. Vielleicht gehörte Reburrinius auch hier ein Teil des Bodens, den er verpachtet hatte, denn wenn sie an einer Gruppe von tätigen Landleuten vorbeikamen, wurden sie von ihnen mit einer Verbeugung gegrüßt, und Reburrinius grüßte freundlich zurück.

»Ich weiß«, fuhr er endlich fort, »daß Autronia mit dir über den schlimmen gesundheitlichen Zustand unserer Tochter gesprochen hat. Und ich nehme an, daß auch du genügend über den Stand dieser Krankheit unterrichtet bist, um zu wissen, daß sie in vielen Fällen ein schreckliches Ende nimmt. Ich muß dir also nicht erst versichern, daß ich seit Jahren keine Ausgaben gescheut habe, um die besten Ärzte heranzuziehen. Wenn ich auch die Hoffnung nicht aufgegeben habe, sehe ich doch, daß sich bisher keine Besserung ihres Zustandes auf Dauer ergeben hat. Und wenn du ehrlich zu dir selbst bist, mußt auch du erkannt haben, daß den Perioden eines gesunden Aufschwungs immer wieder der Rückfall auf dem Fuße folgt, so wie gerade jetzt, nach dem längeren Aufenthalt in den Bergen ...«

Beide Maultiere hatten ihren Lauf verlangsamt und, da sie keine neuen Befehle erhielten, schließlich angehalten, und Reburrinius ließ ihnen ihren Willen. Der Wagen stand, und die Tiere begannen vom welken Gras an den Wegseiten zu knabbern.

»Wenn du dies alles einmal ohne Illusionen, nüchtern und mit dem Mut zur Wahrheit durchdacht hast, dann ...« Er seufzte einmal tief auf – »... dann wirst du erkennen, daß vielleicht das Wichtigste, was wir noch tun können, nur den einen Sinn haben kann, alle Aufregungen und Gefahren von ihr fernzuhalten, damit sie das unbeschwerte Leben noch eine Weile führen kann, bis ...«

Ergriffen von der Unabänderlichkeit dieser Gedanken schwieg er mitten im Satz, und Haldavo wollte heftig das entgegnen, was er bereits Autronia gesagt hatte, aber Reburrinius hatte sich schon gefaßt und fuhr in seiner kühlen Überlegung fort:

»Nehmen wir einmal an, du würdest sie zur Frau nehmen. Dann wäre es die natürlichste Sache der Welt, daß sie schwanger wird.«

Er sah ihn offen von der Seite an, und Haldavo stutzte. Das hatte er noch nicht in seine Überlegungen einbezogen. Reburrinius dachte laut weiter: »Es könnte für sie das Ende bedeuten, ehe sie einem Kind das Leben schenkte.«

»Ich werde sie nicht anrühren!« rief Haldavo, doch Reburrinius sagte: »Es soll gewiß Menschen geben, die einer solchen Askese fähig sind. Aber es wäre gegen die Natur. Und du vergißt, daß Reburrinia die stärksten Gefühle für dich hegt und Erfüllung sucht. Wir dürfen einen solchen Gedanken überhaupt nicht als Argument in Erwägung ziehen, weil er vollkommen unrealistisch ist. Freilich möchte ich, daß wir die Entscheidung treffen, ohne uns Zwang aufzuerlegen. Du sollst jetzt nicht antworten. Wir sollten den Rat der Philosophen zu Herzen nehmen und uns in Geduld üben. Etwas anderes steht uns zu diesem Zeitpunkt nicht zu.«

Betroffen schwieg Haldavo, und er war nicht in der Verfassung, darauf etwas von Gewicht zu entgegnen. Schweigend fuhren sie zurück in die Stadt.

XI

Obwohl die Tage länger wurden, das Licht leuchtender, die Winde sanfter, wollte die Schwermut, die sich über Haldavo niedergelassen hatte, nicht weichen. Tagelang rang er mit sich, meinte eine Lösung gefunden zu haben und verwarf sie wieder. Mit Reburrinia konnte er nicht darüber sprechen, sie klammerte sich an seine Zuneigung, seine Liebe, als ob nur von dort Erlösung kommen könnte. Er durfte von ihr nicht verlangen, der Drohung des Schicksals rational gegenüberzutreten. Niemand, weder Autronia noch Reburrinius konnten ihm eine Lösung zeigen, da der weitere Verlauf der Krankheit in einem schwarzen Nebel verborgen blieb. Doch rief er sich immer wieder die langen Monologe von Reburrinius in Erinnerung, nicht wortwörtlich, wohl aber den Inhalt, und er wurde sich immer sicherer, daß das Familienoberhaupt am Ende der Verbindung nicht abgeneigt war, wenn sich nur eine Besserung der Krankheit abzeichnen würde.

Doch so bald würde sich das alles nicht zu erkennen geben. Es waren bestimmte Regeln der Gesellschaft einzuhalten. Man würde zunächst einen Termin für die Verlobung festlegen, danach einen zweiten für die Hochzeit. Das konnte sich über das ganze Jahr und darüber hinaus hinziehen. Und je länger er darüber nachdachte, klärte sich endlich sein nebelhaftes Gedankenspiel; die Lösung, die er fand, verpflichtete am Ende zu nichts, und sie konnte, wie er hoffte, auch von den Eltern akzeptiert werden, während Reburrinia in ihr nur das erkennen würde, was ihr wichtig schien: eine Verlobung! Ein feierlich ausgesprochenes Eheversprechen würde ihr Hoffnung und Auftrieb geben, könnte sich heilend auf ihren Zustand auswirken, während die Bedenken von Vater und Mutter nicht beseitigt wurden.
Als er das Reburrinius an einem der folgenden Tage mitteilte, schwieg dieser eine Weile. Dann erklärte er sich in eben dem Sinne einverstanden, den Haldavo ihm mit eindringlichen Worten dargelegt hatte. Der Verlobungstag wurde auf Mitte April datiert, denn wegen der Festtage der unterweltlichen Lemuren* am 9., 11. und 13. Mai wurden ohnehin in diesem Monat keine Ehen geschlossen, und wegen der schwelenden Krankheit wollte man jeden schädlichen Einfluß, auch den der Chthonischen Gottheiten, ausschließen, deren Kräfte ganz aus dem Verborgenen wirkten. Gewiß gab es keine religiöse Vorschrift, man dürfe im Mai keine Verlobung ansetzen, aber Haldavo schloß sich ganz den Bedenken der Eltern an. Außerdem war es ihm so ohnehin genehmer, weil die *sponsalia,* das Versprechen der Ehe, vier Wochen vorgezogen wurden. Haldavo wußte, diese Verlobung war an sich kein juristischer Akt, doch kam es vor, daß man Zeugen hinzuzog als *sponsores.* Größere Verlobungsgeschenke waren nicht vorgesehen; das Handgeld, das der Bräutigam der Braut übergab, war nur das Symbol des Kontraktes, das der Bräutigam, wenn er zurücktrat, einbüßte. Es war üblich geworden, der Braut einen Verlobungsring zu schenken, den sie am vierten Finger der linken Hand tragen würde. Die Verlobung pflegte am Morgen stattzufinden, am Abend würde ein Festmahl folgen, zu dem Verwandte und Freunde eingeladen wurden, die der Braut Geschenke überreichten.
Nachdem nun also der weitere Gang der Ereignisse, soweit sie von Menschen gesteuert wurden, festgelegt war, gab er bei einem ihm

bekannten Goldschmied am Forum den Ring in Auftrag; er sollte gediegen und fein, nicht protzig ausfallen.
Sein eigentliches Geschenk für sie bedurfte längerer Überlegung; er dachte an eine Sammlung von Schriften, an Schmuck, an ein Pferd, doch verwarf er solche Vorstellungen und kam schließlich auf einen sehr leichten zweirädrigen Wagen, auf dem sie, allein oder mit ihm, Fahrten in die Umgebung machen konnte und der frischen Luft ausgesetzt wurde, die ihrer Lunge immer wieder guttat.
Obwohl diese Tage und Wochen mit einer täglich sich steigernden Arbeitslast für ihn verbunden waren, empfand er dies nicht so, sondern, bedingt durch die Aussicht auf die bevorstehende Verbindung mit der geliebten Reburrinia, entfaltete er Kräfte, die er früher nicht in sich vermutet hätte. Fast täglich fand er Zeit, entweder selbst kurz im Reburrinischen Hause hereinzuschauen oder, wenn er verhindert war, ihr ein paar liebe Zeilen zu schreiben.
Seine Geschäfte mit Macarius Macco strebten einem Höhepunkt entgegen.
Die Summen, die er nun monatlich einstrich, überstiegen bei weitem seine Erwartungen, und er hielt es für sehr wahrscheinlich, in zwei, drei oder vier Jahren den Besitz von 100.000 Sesterzen in bar nachweisen zu können.
Natürlich sickerte es unter dem Personal, den Knechten, den Sklaven und Dienerinnen durch, daß der »Herr«, wie er nun schon genannt wurde, dabei sei, engste familiäre Beziehungen zu einem der ältesten und renommiertesten Häuser der Stadt anzuknüpfen, und sein Ansehen stieg bei ihnen gewaltig; er spürte leibhaftig, wie sie ihn gleichsam mit anderen Augen ansahen, wenn sie ihm begegneten. Nur Arvania blieb wie immer. Und das gefiel ihm.
Reburrinius hatte schon vor Wochen durchblicken lassen, daß er die Kandidatur für das höchste Amt der Stadt zurücknehme, die familiären Sorgen nähmen ihn zu sehr in Anspruch. Er hatte dabei die Unterstützung seiner Frau, und auch Haldavo akzeptierte die Richtigkeit dieser Entscheidung. Das Amt eines *Duumvir Iure Dicundo** war für ihn nicht verloren, weil nur noch die potentesten Bürger es sich leisten konnten, die Pflichten und vor allem die Ausgaben für die Stadt aus der eigenen Tasche zu tragen. Man würde also den ehrenwerten und

wohlhabenden Bürger Reburrinius in einem, in zwei oder fünf Jahren mit dem gleichen positiven Ergebnis wählen wie jetzt. Seine Freunde versuchten eine Zeitlang, einigen Druck auf ihn auszuüben, sahen aber am Ende ein, daß es wohl auch für die Erledigung der städtischen Regierungsaufgaben besser sei, einem Mann den Vortritt zu lassen, der freier in seinen Entscheidungen war, weil er auf private Dinge keine Rücksicht zu nehmen hatte. Haldavo sah es mit Genugtuung, daß für Reburrinius die familiären Verpflichtungen vor den öffentlichen rangierten.

Zehn Tage vor der angesetzten Verlobungsfeier nahm Reburrinius Haldavo beiseite und begann: »Es ist noch ein nicht unwesentlicher Punkt zu klären, ich meine die zukünftige Mitgift.«

Haldavo, der daran nur entfernt gedacht hatte, gab freundlich, aber bestimmt zurück, dieser Punkt sei ihm höchst unwichtig.

»Oh, das darfst du nicht sagen, Haldavo!« Reburrinius drohte lächelnd mit dem Zeigefinger. »Ich gehe zwar nicht so weit wie gewisse Bürger der Hauptstadt Rom, die eine bevorstehende Heirat lediglich als Geschäft betrachten und betreiben, aber es ist nun mal eine aus alter Zeit überkommene Sitte, daß man vorher miteinander bespricht, was denn die Braut mit in die Ehe einbringt. Und dies sollte schon vor den *sponsalia* geregelt sein.«

Er nannte dann die materiellen Werte, die Reburrinia mit in eine Ehe einbringen würde; einen Gutshof in der Nähe der Stadt von vierhundertachtzig Joch*, dazu alles Vieh, Gerät und Sklaven oder Knechte, Fahrzeuge, zwei Rheinschiffe, diverse Truhen, gefüllt mit Kleidung aller Art, und schließlich zweihundertfünfzigtausend Sesterzen in bar.

Haldavo glaubte nicht recht gehört zu haben: Wie groß mußte das Vermögen dieses Mannes sein, wenn er seine Tochter mit einer solchen Mitgift ausstattete! Aber er schwieg, zumal Reburrinius fortfuhr:

»Wir könnten zu gegebener Zeit natürlich überlegen, wie wir einen Teil des Geldes in gemeinsame Unternehmungen stecken, zu denen ich natürlich darüber hinausgehend meinen Beitrag leisten würde. Du verstehst?«

»Natürlich!« beeilte sich Haldavo zu sagen, dann wurde darüber nicht mehr gesprochen. Dafür kam Reburrinius noch einmal auf den für ihn wichtigsten Punkt zu sprechen:

»Wir sollten uns noch einmal ins Gedächtnis rufen, was denn die bevorstehende Verlobung bedeutet, und ich meine dies durchaus im juristischen Sinne.
Du wirst Reburrinia und sie wird dich fragen: ›*Spondesne?*‹ ›Gelobst du, mich zur Frau zu nehmen?‹ – Und ihr werdet beide dem anderen antworten: ›*Spondeo*‹ – ›Ich gelobe es.‹ Es handelt sich dabei um ein feierliches Versprechen, das gewisse rechtliche Wirkungen hat, die freilich keinen Zwang zur Vollziehung der Ehe bewirkt, denn es kann einseitig aufgelöst werden …«
Reburrinius hatte sehr feierlich gesprochen, und nun sah er Haldavo vielsagend an, und dieser verstand, was er meinte.
»Es bedarf dazu eigentlich weder der Zeugen«, fuhr er fort, »noch einer schriftlichen Verpflichtung. Aber natürlich …« lächelte er wieder gewinnend, »es werden Gäste geladen. Du weißt, warum ich auf so kühle, sachliche Zusammenhänge zu sprechen komme. Dabei wäre mir nichts angenehmer als die Verbindung mit dir. Aber es gibt schwerwiegende Gründe, alle Eventualitäten ins Auge zu fassen.«
Sie sahen sich an, und einer verstand den anderen.
Danach wurden organisatorische Dinge des Ablaufs besprochen, und Haldavo wurde der Frage enthoben, ob er es wagen könnte, seinen Vater einzuladen, denn Reburrinius, als der Brautvater, erklärte mit größter Selbstverständlichkeit, daß er einen Wagen auf den Hof schicken würde, um Haldavos Eltern zum Fest zu holen. Da Haldavo bisher ohne deren Beteiligung gehandelt hatte, war er sich nicht sicher, ob es ihm zustehe, die Eltern zu laden, zumal Reburrinius, nicht er, die Sponsalia ausrichten würde. So war er, was diesen Punkt anging, erleichtert.

Anklagen

I

Da die Entscheidung gefallen war, streifte er alle vorherigen Skrupel von sich ab, und die Tage bis zum Fest verbrachte er in jener Vorfreude, wie er sie nur noch aus Kindertagen kannte, wenn er sich auf eine große Fahrt über Land freute oder auf ein sehnlichst gewünschtes Geschenk zum Geburtstag, den kleinen Hund etwa, oder die Ziege, die er vor einen Bollerwagen spannte.
Auch meinte er zu sehen, wie Reburrinia aufblühte, sie war allzeit heiter, machte launige geistreiche Bemerkungen, plante für die Zukunft und war ganz mit der Vorbereitung des Festtages beschäftigt. Ihre Mutter wurde von dieser freudigen Erwartungshaltung angesteckt, sie saßen oft zusammen und sprachen über Zukünftiges und Vergangenes; Autronia wußte Vorkommnisse aus ihrer Brautzeit zu berichten, von der Sorge ihrer Mutter und den damals noch sehr konservativen Ratschlägen ihrer Großmutter, die mit im Haus lebte. Haldavo wurde dadurch an seine eigene Mutter erinnert und deren Rührigkeit, als Lellua, die älteste Tochter, ihre Ehe einging. Freilich ging es dort handfester und derber zu. Zwischen dem Leben einer Bäuerin und der Gattin eines bedeutenden Handelsherrn schien ein Abstand von Jahrhunderten zu liegen, sie gehörten verschiedenen Welten an.
Nach langer Abwesenheit war es nun notwendig, ja zwingend geworden, daß er sich auf den Weg zum Hof machte, um dem Vater die bevorstehende Veränderung anzukündigen; nach dem *mos maiorum*, der Sitte der Väter, unterstand er immer der väterlichen Gewalt, solange der Vater lebte. Gewiß rechnete Freiatto damit, daß er eine Ehe mit einer Städterin einging, doch war es eine Sache des Anstandes und der Sohnespflicht, den Vater zu unterrichten.
So ritt er am folgenden Tag sehr früh los und erreichte nach fünf Stunden den Hof. Schon vor dem Mittagsmahl suchte er ein Gespräch unter vier Augen mit dem Vater und kam ohne Umschweife zum Thema, bat nach einer gerafften Beschreibung der Verhältnisse, ohne auf die Krankheit Reburrinias einzugehen, um die Erlaubnis des Vaters zur Ehe.

Freiatto hörte sich alles an, ohne ihn zu unterbrechen, kratzte sich dann, wie es seine Art war, am Kopf und fragte:
»Wie hoch, sagst du, ist die Mitgift?«
Haldavo nannte die Dinge, Besitztümer und die Summe an barem Gelde, und er sah, wie sich die Augen des ergrauten Mannes staunend weiteten.
»Also hat Friannius recht gehabt!«
Haldavo faßte das als Zustimmung auf, wollte es aber genau wissen:
»Also bist du einverstanden?«
Freiatto, der auf die sechzig zuging, ließ seinen Blick eine Weile auf seinem jüngsten Sohn ruhen, und Haldavo sah, daß er ein alter Mann geworden war. Das Haar war bis auf einen silbrigen Kranz am Hinterhaupt zurückgewichen, das derbe Gesicht von Falten gezeichnet, feine rote Äderchen gaben den Wangen ein ungesundes Rot, auf dem sich die grauen Bartstoppeln abzeichneten.
Er war kein Freund großer Worte:
»Mach, was du für richtig hältst! Du hast meine Einwilligung, was sonst?«
»Und du wirst zur Feier kommen?«
»Muß das sein? Ich bin ein einfacher Mann ...«
»Du wirst andere einfache Männer treffen!«
»Gut, ich komme. Mit Mutter!«
»Natürlich!«
Er nickte, blickte gedankenvoll über den Platz vor dem Wohnhaus und hinüber zu den Eifelbergen und sagte leise:
»Ich hab's immer gewußt. Du bist nicht zum Bauern geboren.«
Auch darin, so fühlte Haldavo, lag ein verstecktes Lob und weniger der Vorwurf, aus der Art zu schlagen. Er wußte, einem Bauern ging Sicherheit über alles, darum konnte man ihn mit dem Nachweis größerer Besitztümer und Geldsummen beeindrucken. Er machte ihm innerlich keinen Vorwurf, denn diese stets auf das Überleben gerichtete Haltung war eine natürliche Folge des Auf und Ab der Ernten, der stets drohenden Naturgewalten Feuer und Wasser und Wind. Ohne sie gab es kein Überleben.
Seine Mutter war, wie er es erwartet hatte, sehr angetan von den Aussichten ihres Sohnes, in eine andere, höhere Schicht aufzusteigen,

und sagte es ihm auch mit einfachen Worten. Dann wollte sie alles über ihre zukünftige Schwiegertochter wissen, wie sie aussehe, wie alt sie sei, welche Haar- und Augenfarbe sie habe, was sie den ganzen Tag treibe, und Haldavo gab ihr genauestens Auskunft – verschwieg ihr aber, wie dem Vater, die Krankheit.
Er sah, wie es in ihren Augen aufleuchtete, als er mitteilte, ein Wagen von Reburrinius werde sie abholen. Sie meinte zwar, man könne doch im eigenen fahren, akzeptierte aber Haldavos Mitteilung, Reburrinius werde es sich zur Ehre anrechnen, die Eltern seines Schwiegersohnes in spe abholen zu lassen.
Haldavo blieb noch bis zum Nachmittag, sprach mit dem Bruder über Dinge, die diesen interessierten, nahm, wie üblich, ein dickes Paket mit Schinken, Wurst, Käse und selbstgebackenem Landbrot mit in die Stadt. Alle, die im Hause waren, winkten ihm nach, bis er außer Sicht war.
Wie schön, dachte er, wäre es, wenn es immer so bliebe. Und inbrünstig begann er laut zu einem unbekannten Gott zu beten, daß er seiner geliebten Reburrinia helfe.

II

Der Tag der Sponsalia kam, und obwohl, verglichen mit dem feierlichen Ritual einer Hochzeit, erheblich weniger an galamäßiger Festlichkeit ins Haus stand, waren alle Beteiligten in innerer Erregung und gespannter Vorfreude.
Nach einem gemeinsamen Gang zum Tempel der Iuno, vor deren Altar Reburrinius opfern ließ, und nach der Segnung durch den Priester folgte im Hause der Eltern die eigentliche Zeremonie. Als Zeugen waren, neben den Eltern der Brautleute, der Anwalt Gabrio und Casticus, ein Geschäftsfreund des Reburrinius, anwesend.
Die entscheidenden Worte wurden vor dem Hausaltar im Atrium gesprochen. Haldavo entnahm einem kleinen Kästchen den goldenen Verlobungsring, hielt ihn zwischen Zeigefinger und Daumen der Rechten, wies mit dem Zeigefinger der anderen Hand auf die innen angebrachte Schrift und las sie: »*Sit in aevum concordia*«* – »Es sei

Eintracht in Ewigkeit!« Dann griff er ihre linke Hand, sie streckte den vierten Finger hoch, und während er den Ring darüberhielt, schaute er sie lächelnd an und fragte sie gemäß der uralten Formel:
»*Spondesne?* – Gelobst du?«
Und sie antwortete:
»*Spondeo.* – Ich gelobe.«
Dann steckte er ihr den Ring über den Finger und drückte kurz ihre Hand.
Nun fragte sie ihn:
»*Spondesne?*«
Er antwortete langsam und deutlich, jede Silbe betonend:
»*Spondeo.*«
Dann umarmten sie einander und küßten sich gegenseitig auf Wangen und Lippen. Sogleich klatschten alle Umstehenden Beifall mit lachenden Gesichtern und machten vor dem jungen Paar eine Verbeugung, wünschten der Reihe nach Glück und den Segen der Götter. Dann wurden die Geschenke übergeben. Haldavo überreichte ihr ein Collier, dazu passend einen Armreif, beides in Gold gearbeitet, reich ziseliert und mit Rubinen erhöht, so daß alle Anwesenden, als sie den Schmuck anlegte, dem Gabrio zustimmten, der spontan ausrief:
»Es ist einer Königin würdig!«
Haldavos Eltern hatten, wie erwartet, nützliche Dinge ausgewählt, die im Haushalt Verwendung fanden, Geschirr bester Qualität für zwölf Personen. Reburrinius überreichte der Tochter das Modell eines Landhauses, das er in kleinen Steinen und Hölzchen hatte erstellen lassen und das nun umlagert und bewundert wurde. Gabrio kam mit einer in Gold gefaßten Gemme aus Elfenbein, in die das Bild einer Diana geschnitten war; und Casticus schenkte eine kostbare Schreibgarnitur, bestehend aus elfenbeinfarbenen Griffeln, einer Schale aus Onyx, in die drei gläserne Tintenbehälter für Schwarz, Sepiabraun und Purpurrot eingelassen waren, und einen silbernen fünfarmigen Leuchter.
Nachdem alles bewundert und auf seine Funktion hin begutachtet worden war, ging die kleine Gesellschaft hinüber ins Triclinium, um auf den Liegen Platz zu nehmen für ein kleines festliches Frühstück, das sich freilich nicht allzu lange hinzog, weil das Hauptmahl noch am Abend erfolgen würde.

Die Verlobten fanden keine Zeit füreinander, da sie sich um die Gäste und ihr Wohl zu kümmern und natürlich eine Vielzahl von neugierigen Fragen zum Gestern, Heute und Morgen zu beantworten hatten. So konnten sie einander nur von ferne, von einem Zimmer zum andern, strahlende und auch sehnsüchtige Blicke zuwerfen oder im Vorbeigehen ein Wort wechseln.
Haldavo beobachtete mit Erleichterung, daß es Reburrinius ohne weiteres gelang, mit Freiatto ein längeres Gespräch zu führen, das sich wohl auf Fragen der Landwirtschaft, des Handels und Verkehrs erstreckte, und es entging ihm nicht, wie die einfache Würde seines Vaters den Handelsherrn beeindruckte.
In unregelmäßigen Abständen kamen über den Tag hin Glückwünsche, kleine Geschenke und Blumen von Nachbarn, Freunden und Handelspartnern, und Haldavo registrierte mit Genugtuung, daß darunter auch solche waren, die mit ihm in geschäftlichen Beziehungen standen – mehr noch, die sie beide, Reburrinius und ihn, belieferten.
Am Nachmittag wurde mit mehreren Wagen – darunter das neue leichte Gefährt, das Haldavo hatte bauen lassen – eine Partie über Land gemacht, und die Stimmung war heiter und gelöst, von jener Art, die auch fremde Menschen, die gewöhnlich auf Abstand sehen, einander näherbringt und sie nach den Umständen des andern fragen läßt.
Für den Abend waren drei Räume festlich hergerichtet worden, da das Triclinium die Menge der Gäste nicht fassen würde, wenn ihre Zahl auch, verglichen mit den Teilnehmern einer solennen Hochzeit, erheblich geringer war; freilich war der Prunk, der nun entfaltet wurde, durchaus einem höher rangierenden Ereignis angemessen. Unter der Aufsicht Autronias hatte sich die Köchin ihrer besten Rezepte erinnert und die Reihenfolge der einzelnen Gänge, die äußere Aufmachung und ästhetische Dramaturgie, die Aromen der heimischen und fremden Gewürze waren geradezu überwältigend, und eine Zeitlang wurde schweigend genossen, unterbrochen nur von lobenden Ausrufen, denn jede neue kulinarische Überraschung wurde mit einem »Ah!« begrüßt. Doch nach und nach war ein Punkt wohliger Sattheit erreicht, und, animiert von einigen Bechern bester

Weine aus Gallien und Italien, gewannen die Gespräche vor den Gaumengenüssen den Vorrang. Kleine Gesprächsgruppen bildeten sich, man wechselte mal hier, mal da die Plätze, und Gäste, die bisher fremd waren, fanden einander, fragten nach dem Woher und Wohin, tauschten Berufliches und Familiäres aus, und über allem schwebte jene Heiterkeit, wie sie nur bei gelungenen Festen aus dem Nichts entsteht, die die Unterschiede zwischen den Menschen schwinden läßt, so daß man sich am nächsten Tage und noch lange danach gerne an den Abend erinnert.
Längst nicht alle Anwesenden kannte Haldavo. Zu groß war der Freundeskreis von Reburrinius. Man reichte ihn umher von Tisch zu Tisch, und die guten Wünsche für die Zukunft nahmen kein Ende. Danach ergaben sich längere Gespräche mit Casticus, der sehr interessiert nach seinen Plänen fragte, und Haldavo schloß daraus, daß Reburrinius bereits dabei war, seine, Haldavos, Mitarbeit bei größeren Aktionen vorzubereiten. Als Casticus dann von Autronia in ein Gespräch gezogen wurde, stand unerwartet der füllige Gabrio vor ihm. Er schien den Schluß der Unterhaltung mit Casticus gehört zu haben, denn er sagte mit einem maliziösen Lächeln:
»Ich habe selten erlebt, daß sich so einflußreiche Herren dermaßen um einen jungen Mann bemüht haben ...«
Haldavo wußte nicht, ob er diese Bemerkung als Anerkennung oder ironische Kommentierung nehmen sollte. Einen Augenblick lang betrachtete er das feiste Gesicht des Anwalts, von dem es hieß, er sei ein Freund des Lollius Iustus gewesen, doch aus der Tiefe seiner Erinnerung stiegen alte Skrupel auf, Erinnerungen an seine frühere Abneigung gegen diesen gewandten, intelligenten Mann mit der vollendeten Sprache, dessen Anteilnahme ihm nicht geheuer war. War er nicht schon einmal mit kritischen Vorhaltungen bei ihm vorstellig geworden? Ehe er mit einer scharfen Bemerkung reagieren konnte, fügte Gabrio hinzu:
»Ich wünsche dir jedenfalls Glück. Du wirst es brauchen können.« Der Blick, der diesem Satz folgte, war von einer vieldeutigen Arroganz. So schaute jemand, der mehr über sein Gegenüber weiß, als er zu diesem Zeitpunkt wagt in Worten auszudrücken, und der Zeit hat, viel Zeit, um noch auf seine Kosten zu kommen.

»Danke!« sagte Haldavo, und Gabrio entfernte sich mit dem gleichen anzüglichen Lächeln, mit dem er begonnen hatte.
Haldavo, dem der Schreck in die Glieder gefahren war, schaute ihm starr nach. War das eben eine Anspielung auf seine Geschäfte mit Macarius Macco? Unmöglich! Woher sollte Gabrio davon Kenntnis haben? Ließ er ihn etwa beobachten? Hatte er Verbindungen zur Armee, die weit über das Normale hinausgingen?
»Na, schaust du in die vergangene Woche?«
Haldavo fuhr herum. Autronia stand neben ihm. Er faßte sich, setzte ein freundliches Lächeln auf und folgte ihr, die ihn einem weiteren Gast vorstellen wollte.
Zwar gelang es ihm, den Rest des Abends mit gespielter Gelassenheit hinter sich zu bringen, doch dieser eine Satz Gabrios hatte ihn wie ein Pfeil getroffen: »Glück ... Du wirst es brauchen können ...«
Niemand, auch Reburrinia nicht, ahnte, was in ihm vorging. Und er hütete sich, ihr das Fest, das ja ihres war, durch Unaufmerksamkeit oder scheinbare Zerstreutheit zu verleiden.
Als weit nach Mitternacht die Gäste das Haus verließen, taten sie es in dem Bewußtsein, daß zwei junge Menschen zueinandergefunden hatten, die nach dem Willen der Götter dazu ausersehen waren. Und es waren besonders die älteren Frauen, die noch lange darüber sprachen, da es doch so selten vorkam.

III

Es ging auf die vierte Stunde am nächsten Morgen*, als ein wohlbeleibter Mann den Laden beim Forum betrat und nach Haldavo fragte. Da dieser nicht anwesend war, machte er auf der Stelle kehrt, hinterließ auch keine Nachricht und stapfte in Richtung Südtor davon. Dort sah man ihn sich der Benefiziarierstation nähern, er trat ohne zu zögern ein und ging zielsicher auf eine bestimmte Tür des hinteren Ganges zu. Der Uniformierte, der an einem größeren Arbeitstisch saß, schaute hoch, erschrak und sprang auf, um die Tür energisch zu schließen. Die beiden tauschten ein paar Sätze aus, der Beleibte oft lächelnd, doch auf jene verletzende Art, die größere Wunden schlägt

als brüllend mitgeteilte Beleidigungen; der Uniformierte hob öfters wie abwehrend oder beschwichtigend die Hände, setzte zu längeren Entgegnungen an, doch er kam nicht dazu, sie zu vollenden, denn der Beleibte schloß abrupt mit einer letzten herrischen Order, hob wie ein Magister den Zeigefinger der Rechten, bewegte ihn dreimal ruckartig und verneinend hin und her und verließ ohne ein weiteres Wort den Raum und das Gebäude, einen ratlos ihm nachschauenden Uniformierten zurücklassend, dessen Gesichtsröte, von seiner Erregung herrührend, sich in Blässe verwandelt hatte.
So vergingen einige Minuten, dann hatte er sich wieder in der Gewalt, er trat zum Fenster, starrte auf das Pflaster des Innenhofes, folgte den Linien und Schnittstellen der Steine, nickte sich selbst ermunternd zu, seine Lippen preßten sich nun fest aufeinander, die Mundwinkel wiesen entschlossen und zornig nach unten, dann machte er einige Schritte zur Tür, riß sie auf und rief einen Namen. Schon wenige Augenblicke später erschien ein gehetzter Untergebener, dem mitgeteilt wurde, daß er sich um dies und das zu kümmern habe; da der Ton des Vorgesetzten von ungewohnter Schärfe und Kürze war, hing der andere devot an seinem Gesicht und gelobte, alles bestens zu erledigen. Er wurde mit einer ungeduldigen Handbewegung entlassen und verschwand.
Nun griff sich Macarius Macco seinen Umhang vom Haken, warf ihn über die Schulter, blickte noch einmal wie sondierend über den Tisch, ob er Wichtiges vergessen habe, und verließ dann ebenfalls den Raum. Die Grüße der Soldaten draußen im Gang, auf der Treppe und vor dem Gebäude erwiderte er lässig und mit ausdruckslosem Gesicht. Solche, die ihn lange kannten, wüßten nun zu berichten, daß Macco, wenn er mit dem Rücken zur Wand stehe, zum gefährlichsten Gegner werde, der auf nichts und niemanden mehr Rücksicht nehme; und der Gesichtsausdruck, den er augenblicklich zeige, sei ein Anzeichen dafür, daß er in eben dieser gefährlichen und gefährdenden Verfassung sei. Doch genügte schon sein forscher Gang, das leichte Wehen des Mantels und der grimmig auf ein imaginäres Voraus gerichtete Blick, jeden, der ihm entgegenkam, tunlichst zur Seite treten zu lassen. Sein Gang war von der Art, wie man sich vorstellte, daß forsche Männer auf dem steilen Weg zum Erfolg sich fortbewegen. Doch war

der Anlaß der ganzen Aufregung durchaus von gegenteiligem Charakter: Es ging um nicht mehr oder weniger, als seinen Absturz zu verhindern, denn er wandelte am Rande eines Abgrundes.
Er hatte Glück, Haldavo anzutreffen, der eine Viertelstunde vorher das Kontor seines Ladens betreten hatte und sich mit diesem und jenem, was zu erledigen war, beschäftigte. Es war Sitte geworden, daß sie, wenn der eine den anderen besuchte, nicht mehr offiziell angemeldet wurden; das Personal beider Kontore wußte Bescheid und ließ den Besucher freundlich grüßend passieren.
So auch jetzt. Ohne aufgehalten zu werden, durchschritt er den vorderen Laden und trat ohne anzuklopfen in Haldavos Zimmer ein. Er war nun leicht außer Atem, und Haldavo, der mit seinem Besuch zu einer so frühen Stunde nicht rechnete, blickte erstaunt auf. Macarius Macco aber, ohne zu grüßen, warf sich in den Besuchersessel und stieß, immer noch atemlos, hervor:
»Es ist aus!«
»Was ... was ist aus?« fragte Haldavo, erhob sich, kam um den Tisch herum und blieb, sich am Tisch mit den Händen abstützend, vor Macarius stehen, der weiterhin den Blick auf den Boden gerichtet hielt und noch einmal, nun leise, wiederholte: »Es ist aus!«
»Wovon sprichst du überhaupt?« rief Haldavo, und endlich setzte Macarius zu einer längeren zusammenhängenden Erklärung an, daß soeben Gabrio bei ihm erschienen sei und ihm gedroht habe, ihn ans Messer zu liefern, indem er Meldung machen und seine Obersten informieren werde ...
»Augenblick!« unterbrach ihn Haldavo kühl, denn anders als Macarius verlor er keineswegs seine gelassene Ruhe: »Aus welchem Grund spielt er sich so auf?«
»Er weiß, daß ich Spielschulden habe ...«
»Nannte er Namen?«
»Nein, aber Zahlen! Sie stimmen exakt überein!«
Haldavo ließ den Blick nicht von ihm, als er fortfuhr:
»Bezog er sich nur auf deine Spielschulden oder ...?«
Macarius schaute hoch, zwinkerte, um sich zu erinnern und sagte:
»Eigentlich ja, obwohl ...«
»Was?«

»Ehe er ging, hängte er dies an: Über das andere sprechen wir später.«
»Was meinte er damit?«
»Keine Ahnung.«
»Aber ich!« Sie starrten sich an. »Er weiß von unsern Geschäften. Er ... er macht erst eine Andeutung. Aber er wird demnächst genauer werden.« Haldavo hörte wieder den Satz, den Gabrio am gestrigen Abend von sich gab: »Glück ... Du wirst es brauchen!« Er verschwieg seine Bedenken in den Stunden danach.
»Woher weiß er davon?«
Macco hob die Schultern: »Solche Dinge lassen sich nicht unbedingt verheimlichen.«
»Hast du Feinde?«
»Wer hat sie nicht?«
»Ich meine, hat jemand Anlaß, dir zu schaden, indem er an Gabrio herantritt und dich anschwärzt?«
Macarius dachte nach, schüttelte dann den Kopf: »Soweit würde keiner gehen.«
»Bist du sicher?«
»Absolut!«
Haldavo ging wieder um den Tisch herum und ließ sich in den Sessel fallen. Er dachte angestrengt nach. Es schien Gabrios Art zu sein, zunächst mit mehrdeutigen Sätzen den andern einzuschüchtern, ihn zu verunsichern. Laut führte er den Gedanken weiter: »Ich vermute, er will etwas von dir. Darum zunächst der Versuch, dich einzuschüchtern. Traust du ihm illegale Geschäfte zu?«
»Unbedingt!«
»Hm. Aber ein Mann wie er wird sich nicht mit kleinen Fischen abgeben.«
»Das habe ich mir auch schon gesagt.«
»Was könnte er vorhaben ... Er hat etwas vor.« Haldavo betrachtete seine Finger, verschränkte sie ineinander und löste sie, wiederholte dies einigemale. Dann erklärte er forsch: »Wenn er krumme Geschäfte großen Stils vorhat – und das vermute ich, denn warum würde er sich sonst an dich heranmachen –, braucht er ein williges Werkzeug. Du könntest es sein. Vielleicht braucht er genaue Informationen. Denk nach, Macarius: Welches Ziel könnte Gabrio verfolgen?

Du bekommst doch mit, was von oben, vom Praetorium, durchsickert! Gibt es da irgendwelche großen Projekte, bei denen er mitwirken möchte? Es müßte dir möglich sein, Genaueres zu erfahren. Versuch herauszufinden, ob und welche Beziehungen er zu den Kommandostellen hat! Er führt etwas im Schilde! Etwas Großes, das er allein nicht bewältigen kann. Im übrigen laß die Dinge in Ruhe auf dich zukommen. Er wird dich nicht verpfeifen, weil er dich braucht. Also wird er bald wieder an dich herantreten und dann wahrscheinlich konkreter werden.«

Schließlich ermahnte er ihn, ruhig Blut zu bewahren und ihn, Haldavo, jederzeit auf dem laufenden zu halten. Sie müßten von nun an gemeinsam auf der Hut sein und jeden Schritt miteinander absprechen. Danach trennten sie sich.

IV

Als er wieder allein an seinem Tisch saß, spielte er noch einmal alle Unternehmungen durch, die Gabrio im Sinn haben könnte, und eine davon nahm drohende Formen an: Vielleicht wollte er den angesehenen Offizier lediglich als Mittel benutzen, ihn, Haldavo, mattsetzen zu können. Aber warum? – Daß Gabrio nicht der Biedermann war, für den er sich ausgab, war Haldavo längst klargeworden. Woher er seine Informationen über Macarius Macco erhalten hatte, war im Augenblick unwichtig; daß er sie besaß, war bedrohlich, für Macarius wie für ihn. Also mußte man sich wappnen, um zurückschlagen zu können.

In den nächsten Tagen war er viel unterwegs, suchte befreundete Männer auf, kam in den Unterhaltungen beiläufig auf Gabrio zu sprechen und fragte unverfänglich höflich nach dessen Umständen. Was er dabei erfuhr, brachte keine neuen Akzente, es entsprach dem, was man wußte beziehungsweise zu wissen meinte.

Da er so nicht weiterkam, faßte er einen schwerwiegenden Entschluß. Er mußte versuchen, jemanden vom Personal aus Gabrios Haus zum Reden zu bringen. Wenn man mit einigem Geld nachhülfe, dürfte das nicht allzu schwer sein. Aber wie an die Leute herankommen?

Melonius, der in der Nähe sich zu schaffen machte, erwiderte auf eine entsprechende Frage Haldavos, er kenne keinen vom Personal des Gabrio; Dregenus könne ihm da besser helfen, er wohne nicht weit entfernt.

»Dann hol' ihn her!«

Dregenus, von Haldavo wegen seiner ruhigen Art und Zuverlässigkeit geschätzt, wußte eine Menge von Beobachtungen zu berichten, die auf Gabrio ein neues, anderes Licht warfen: Er sei ein äußerst strenger Herr im Hause, der seine Leute drangsaliere von morgens bis abends. Es komme vor, daß man ihn laut schreien höre, wenn er sich einen seiner Sklaven vornehme und zurechtweise.

»Kennst du jemanden aus der *familia** persönlich?« fragte Haldavo. Ohne Zögern kam die Antwort: »Ja, den Attonius!«

»Wie alt?«

»Wie ich, Herr.«

»Ihr seid befreundet?«

»Ja, seit langem.«

»Also schüttet er dir schon mal sein Herz aus ...«

»So ist es, Herr. Und ...«, Dregenus lächelte schüchtern: »Er sagt, er hätte auch gern so einen Herrn wie ich ...«

»Aha!« kommentierte Haldavo leise dieses unvorhergesehene Lob, und zum erstenmal wurde er sich bewußt, daß er bei seinen Leuten einen bestimmten Eindruck machte; diese positive Wertung hatte er freilich nicht erwartet, da er sich zu Untergebenen sehr unpersönlich verhielt und den Abstand wahrte.

»Seit wann ist dieser Attonius in den Diensten Gabrios?«

»Oh, schon sehr lange. Vielleicht zehn, zwölf Jahre.«

»Und so lange kennst du ihn?«

»Ja.«

»Ist er Sklave?«

»Nein, *peregrinus**, Herr, ein freier Mann, aber kein römischer Bürger.«

»Ich frage dies aus einem bestimmten Grund ...« Haldavo zögerte, ob er es aussprechen sollte; dann tat er es: »Wenn er nämlich ein Peregrinus ist, hat er Gabrio gegenüber keine Verpflichtungen und kann jederzeit sein Dienstverhältnis beenden. Du könntest ihm ja einmal

nahelegen, darüber nachzudenken und gegebenenfalls hier vorzusprechen.«
»Das wird ihn aber gewaltig freuen!« nickte Dregenus heiter. »Er ist nämlich seit einiger Zeit auf der Suche nach ...«
»Was kann er denn?« drängte Haldavo.
»Alles, Herr!«
»Lesen?«
»Selbstverständlich!« Er bezog sich auf die Arbeit für den Anwalt Gabrio.
»Schreiben?«
»Ebenso, Herr.«
»Na, das würde sich ja gut hier machen ...« Er hatte seit längerem mit dem Gedanken gespielt, eine weitere Schreibkraft als Sekretär einzustellen.
»Also dann, wenn du ihn heute noch siehst, kannst du ihm das Angebot machen ...«
»Danke, Herr! Das wird ihn freuen!«
Er war entlassen.
Schon an diesem Nachmittag, eine halbe Stunde nach der Mittagspause, erschien Attonius im Laden beim Forum, und Haldavo bat ihn sogleich zu sich ins Kontor.
Attonius entsprach dem Bild, das Dregenus gezeichnet hatte. Sein Blick war offen, er sprach deutlich und selbstsicher, war in keiner Weise unterwürfig, konnte sich gut ausdrücken, und auch seine Kleidung wirkte gepflegt, sehr sauber und war durchaus von gehobener Qualität, was die Feinheit und Regelmäßigkeit des Stoffes anging. Freilich haftete ihm etwas Steifes, Hölzernes an, und seine Bewegungen und Gesten waren ungraziös.
Haldavo, schon ganz in die Rolle des Handelsherrn hineingewachsen, saß hinter seinem Schreibtisch und spielte, während er sprach, beiläufig mit einem der Stifte, um anzuzeigen, daß es ihm nicht darauf ankam, etwas übereilt zu regeln.
»Du würdest gerne von Gabrio weggehen, sagt Dregenus.«
Er hatte sich diese Eröffnung des Gesprächs zurechtgelegt.
Attonius nickte: »So ist es, Herr.«
»Du bist an die zehn Jahre in seinem Hause!«

»Ja ... leider.«
»Warum bist du nicht früher gegangen?«
»Weil ich nicht das rechte Angebot hatte.«
»Du stellst gewisse, um nicht zu sagen höhere Ansprüche?«
»Gewiß, Herr. Und es ist nicht leicht, in dieser Stadt eine gleichwertige Beschäftigung zu finden. Mit gleichwertig meine ich die Dinge, die ich bearbeitet habe, nicht den, für den ich sie erledigte.«
»Ich verstehe.« Haldavo legte den Stift auf die Tischplatte zurück, schlug die Beine übereinander und faltete seine Hände. Das Gespräch hatte gut begonnen, nun durfte er nichts überstürzen.
»Aber Gabrio ist doch ein erfahrener Anwalt!«
Er mußte versuchen, ihn aus der Reserve zu locken und zum Reden zu bringen; vielleicht war die Abneigung gegen den alten Patron groß genug, ihm die Bedenken zu nehmen, vor einem Fremden Dinge auszusprechen, die ihn eigentlich nichts angingen, es sei denn, Haldavo würde sein neuer Dienstherr sein, mit dem Recht, einiges über die vorherigen Verhältnisse zu erfahren.
»Gewiß ist er das, aber ...« Haldavo sah, wie er zögerte, ob er die ganze Wahrheit sagen dürfe; darum verbeugte er sich leicht im Sitzen, um ihn anzuregen fortzufahren. Und er tat es: »Er ist kein guter Mensch.«
Dieser einfache, lakonische Satz sagte mehr und Gewichtigeres aus als ein Plädoyer: »Er ist kein guter Mensch ...« – Noch nie hatte Haldavo jemanden so reden hören, so unmittelbar und ehrlich, bezogen auf einen Mann, der vor aller Welt als Bonhomme galt. Der Satz verriet mehr noch, nämlich daß der Sprecher, der ihn formuliert und benutzt hatte, selbst durchaus hohe moralische Ansprüche an erfolgreiche Menschen stellte, daß er selbst sich bemühte, nach solchen Maximen zu leben, und Attonius lebte danach.
Nun war es für Haldavo freilich schwerer geworden, zu seinem eigentlichen Anliegen zurückzufinden, aber er versuchte es.
»Beziehst du dich auf bestimmte Vorfälle?«
»Das auch. Aber sein Wesen ist ...«
»Ja?«
»Nun, ich will ihn nicht verdammen, aber wenn ich sah, wie er andere ins Unglück stürzte, nur um größeren Profit zu machen ...«

»Interessant«, kommentierte Haldavo anteilnehmend. »Du meinst das, was der Volksmund sagt: Er geht über Leichen.«
»Ja, genau das meine ich, Herr.«
»Würdest du denn so weit gehen zu sagen, er ... er hält sich nicht an die Gesetze?«
»Das kann ich nicht beurteilen, weil er die intimsten Vorgänge nur selbst bearbeitet. Aber ich traue es ihm ohne weiteres zu.«
»Über welche Beziehungen verfügt er? Ich meine solche zum Praetorium.«
»Auch das kann ich im einzelnen nicht sagen, Herr, weil er in all diesen Dingen auf Verschwiegenheit baute.«
»Aber du kennst doch einige Fälle, in denen er ...«
»Nun, ich weiß natürlich, daß er zu einigen Tribunen in einem guten Verhältnis steht.«
»Und zum Statthalter?«
»Das ist schwer zu sagen.«
»Wurde er schon einmal ins Praetorium eingeladen?«
Attonius dachte nach. »Einige Male, ja.«
»Wie oft?«
»Na, so zwei-, dreimal im Jahr.«
»War das schon früher so?«
Wieder suchte er sich genau zu erinnern, ehe er sprach: »Nein, eigentlich nicht.«
»Du meinst damit, er hat diese Kontakte zum Praetorium erst in den letzten Jahren?«
»Ja, so könnte man es sagen.«
»Aber du kannst keinen Namen nennen?«
»Nein.«
»Schade. – Hatte er auch Besucher aus dem Praetorium in seinem Hause?«
»Ja, hin und wieder.«
»Wann zum letztenmal?«
»Vor drei Tagen.«
Haldavo merkte auf:
»Kennst du den Besucher?«
»Nein, ich habe ihn nur dreimal gesehen.«

»Kam er also bisher dreimal in Gabrios Haus?«
»So ist es.«
»Was wollte er?«
»Das weiß ich nicht. Sie sprachen im Kontor Gabrios hinter verschlossenen Türen.«
»Verstehe ...« Er stand auf, ging ein paarmal im Zimmer auf und ab, blieb dann vor Attonius stehen, der ihm mit dem Blick gefolgt war: »Attonius, ich muß dich um etwas bitten, was du vielleicht nicht gerne tun wirst, weil es gegen dein rechtschaffenes Denken verstößt.«
Er schaute auf ihn hinab, nahm dann wieder auf seinem Sessel Platz, während Attonius mit größter Aufmerksamkeit wartete.
»Wie heißt der Mann?«
»Aurelius. Gaius Aurelius Melior.«
»Woher weißt du das?«
»Er ließ sich von einem Begleiter an der Tür des Hauses so melden.«
»Welchen Rang hat er?«
»Centurio.«
»Heißt das, er kam in militärischem Habit?«
»Nein, er kam in Zivil, ließ sich aber mit seinem militärischen Rang melden.«
»Nannte er außer dem Rang eine Besonderheit, die erkennen ließ, in welcher Abteilung des Stabes er arbeitet?«
»Nein.«
»Hm.« Haldavo nickte. »Das ist eine interessante Beobachtung: Er kommt also, obwohl er Centurio ist, in Zivil, läßt sich aber mit Namen und Rang melden. – Attonius! Du bist doch ein Menschenkenner. Welchen Eindruck machten beide Männer auf dich, als sie einander begegneten oder später verabschiedeten? Denk nach, auch Kleinigkeiten können wichtig sein.«
Wieder konzentrierte sich Attonius eine Weile, ehe er antwortete: »Mir ist nichts Besonderes aufgefallen, es sei denn ...«
»Ja?«
»Gabrio war immer sehr höflich, ja auffallend höflich zu ihm, jedenfalls gab er sich so, und das ist bei ihm recht selten Fremden gegenüber.«
»Und der andere?«

»Er war eigentlich immer gleich. Wortkarg, etwas finster der Blick.«
»Wie alt?«
»Ende dreißig.«
Haldavo hatte noch andere Fragen, doch er würde keine befriedigenden Antworten bekommen. Darum kam er auf sein Anliegen zurück: »Attonius! Ich glaube, wir sind hier einem gesetzwidrigen Fall größeren Umfangs auf der Spur ...« Er sah, wie diese Mitteilung den andern erschreckte, dessen rechtschaffene Gutgläubigkeit sich derlei Dinge bislang kaum vorzustellen vermochte. Haldavo wußte, daß er seine Verdächtigungen nicht konkretisieren konnte, und er war erleichtert, als Attonius ohne zu überlegen energisch mit dem Kopf nickte, so daß das weitere sich von selbst ergab:
»Selbstverständlich wirst du hier im Hause die neue Stelle antreten. Ich werde dich schon ab heute bezahlen. Aber du solltest – das ist meine Bitte – noch eine Weile bei Gabrio tätig sein und dort alle Ein- und Ausgänge scharf beobachten. Scheue dich nicht, an der Tür oder in der Nähe zu lauschen, nur so können wir an belastendes Material herankommen. Es wird nicht dein Schaden sein. Ich hoffe, du bist einverstanden.«
Attonius erhob sich und sagte mit Überzeugung: »Es war an der Zeit, daß sich jemand mit den Geschäften Gabrios befaßt. Ich danke dir, Herr, daß du dich der Sache annehmen willst. Ich werde gerne für dich arbeiten.«
Er verbeugte sich, Haldavo ebenfalls, wenn auch geringer, und dann verabredeten sie noch die Termine, an denen sie sich treffen und ihre Beobachtungen austauschen würden.

V

Als Attonius gegangen war, dachte Haldavo nach über das, was er erfahren hatte. Der Name des Centurio, Gaius Aurelius Melior, sagte ihm nichts, Hunderte von Chargen waren im Praetorium, im Stab des Statthalters tätig, viele pflegten Kontakte zu den städtischen Behörden, die Nahtstelle lag auf der mittleren Ebene der Hierarchie. Mit ihnen hatte er bislang keine Verbindungen, es hatte keine Notwendigkeit bestanden – außer zu Macarius Macco. Während er sich die Dinge noch einmal lebhaft in Erinnerung rief, fiel ihm auf, daß Macarius sich eigentlich sehr ungenau ausgedrückt hatte, er mußte ihn noch einmal daraufhin ansprechen.

Wieder einmal wurde ihm bewußt, wie sehr er noch am Anfang stand. Wollte er wie die Großen, die Potenten, die an den Fäden der städtischen Politik zogen, agieren, brauchte er mehr Wissen, mehr Erfahrung, auch Beziehungen, Reburrinius könnte ihm weitere Hinweise geben.

Er richtete es so ein, daß er nach dem Abendessen zum Reburrinischen Hause ging, denn das war die Zeit, in der Reburrinius am ehesten zu einem längeren Gespräch Zeit und Muße hatte. Nachdem sie eine Weile über literarische Themen gesprochen hatten – Reburrinius hatte eine ältere Ausgabe von Cornelius Nepos »Berühmte Männer« erworben* –, kam Haldavo beiläufig auf Gabrio zu sprechen:

»Ich wollte dich schon neulich danach fragen ...«

»Bitte! Frage nur!«

»Ist er eigentlich für den Rat tätig? Ich meine, sowiel ich weiß, hat er doch kein städtisches Amt inne.«

»Ja und nein ...« Reburrinius lächelte schmunzelnd. »Man hat ihm schon mehrmals das Duumvirat angeboten, aber er lehnte es immer ab.«

»Warum?«

»Er möchte sich nicht binden lassen. Dabei gibt es keinen zweiten, der wie er die Voraussetzungen bietet, die Stadt ein Jahr lang zu führen. Ich glaube, er agiert lieber aus dem Hintergrund. Allerdings konnte er es nicht ablehnen, die *cura viarum* zu übernehmen.«

»Die *cura viarum*?« fragte Haldavo zurück und hatte Mühe, seine Überraschung zu verbergen.

»Ja, die *cura viarum* gehörte zwar bis vor kurzem zu den Amtspflichten der Aedilen, aber die mittlerweile erreichte Größe der Stadt und ihres Umfeldes hat die Verantwortung für die Straßen zu einer solchen Last anwachsen lassen, daß der Senat, in Absprache mit dem Statthalter – und das heißt in Wahrheit mit dem Kaiser – Kompetenzen der Aedilen auf ernannte *Curatoren* übertragen hat. Dabei mußt du wissen, daß das Territorium der Colonia weit nach Süden, Westen

und Norden reicht, und alle Straßen – ausgenommen die staatlichen – unterstehen der Aufsicht des Rates und der Duumvirn. Immerhin reicht das der Colonia unterstehende Territorium im Süden bis an die Grenze der *Germania Superior**! Und somit hat der Rat für alle von den *Viae publicae*, den kaiserlichen Straßen abzweigenden Wege, für Bau, Instandhaltung oder Erneuerung die Verantwortung.«
»Das heißt also«, führte Haldavo den Gedanken weiter aus, »er kontrolliert unter anderem die Ausführung der Bauarbeiten ...«
»Ja, die *cura viarum* erstreckt sich vornehmlich auf die Verdingung der Instandsetzungsarbeiten, soweit dafür die Gemeinde und nicht die Anrainer zuständig sind. Dem Curator obliegt die Kontrolle und Abnahme der in Auftrag gegebenen Straßenbauarbeiten sowie letztlich auch die Überwachung der gesamten zugewiesenen Straßen mit ihrem Areal und den dazugehörigen Einrichtungen wie Rinnsteine, Kloaken, Abwassersysteme und so weiter. Und natürlich hat er dafür Sorge zu tragen, daß die Anlieger ihren Verpflichtungen zur Instandhaltung des betreffenden Teiles der Straße auch tatsächlich nachkommen und daß die mit dem Straßenwesen in Verbindung stehenden Gesetze und Vorschriften auch befolgt werden. Mit einem Wort, als *curator viarum* hat er ganz einfach die diesbezüglichen Pflichten wahrzunehmen, die früher Sache der Aedilen waren. Wie du dir denken kannst, keine Aufgabe, um die man sich gerne reißt. Aber wie ich den rührigen Gabrio kenne ...«, – er schmunzelte – »wird er die Dinge zur vollen Zufriedenheit der Stadt erledigen. Er ist nämlich ein großartiger Organisator.«
»Ich verstehe«, sagte Haldavo. »Er verwaltet also auch die vorgesehenen Gelder ...«
»Oh, so einfach liegen die Dinge nicht. Bei größeren Summen muß er, in Absprache mit den in Frage kommenden Unternehmern, eine Kaution hinterlegen, die den Kostenvoranschlägen entspricht.«
»Das wußte ich nicht«, gestand Haldavo, und seine Gedanken überstürzten sich.
»Und was ist, wenn die Ausgaben höher liegen?«
»Auch das ist geregelt. Ein gewisser Spielraum wird ihm zugestanden. Überschreitet er die vereinbarten Summen um einen bestimmten

Prozentsatz, muß er die Differenz selbst bezahlen. Also kannst du dir vorstellen, wie er den Unternehmern auf die Finger guckt!«
»Ist er denn so ... so vermögend?«
»Aber ja doch!« rief Reburrinius. »Ich weiß zwar nicht, woher im einzelnen sein Reichtum stammt – wer läßt sich da schon hinter den Vorhang schauen! – aber er hat es schon in jungen Jahren verstanden, wichtige Verbindungen zu knüpfen. Das reicht bis in seine frühen Jahre in Gallien zurück. Es heißt auch, daß er nach dem Bataveraufstand billig Ländereien aufgekauft hat, als die damaligen Besitzer vollkommen ruiniert und froh waren, das Land abzustoßen, nachdem ihnen die Knechte und Sklaven weggelaufen waren und aller bewegliche Besitz von den Aufständischen geplündert wurde. Im übrigen aber hat er sich in den letzten zehn Jahren als Anwalt dermaßen profiliert, daß er von seinen potenten Clienten jede Summe fordern kann, wenn er vor die Schranken eines Gerichts tritt.«
Haldavo schwieg und dachte über das Gehörte nach. Dann fragte er:
»Also ist er es letztlich, der auch mir meine Unkosten erstattet?«
»Nein, nicht unbedingt. Es kommt vor, daß sich das Praetorium und die Stadt die Ausgaben nach einem bestimmten Schlüssel teilen. Auch für die Einzelheiten dieser Kostenerstattung ist er zuständig. Und er geht ja im Praetorium ein und aus. Wenn dich das näher interessiert, solltest du dich ruhig einmal an ihn wenden. Es macht ihm immer Spaß, über Geld zu reden, besonders über fremdes!«
Er lachte, und auch Haldavo kam nicht umhin, den Scherz mit einem Lächeln zu kommentieren.
Den Rest des Abends lauschten sie einigen Liedern, die Reburrinia zur Kithara vortrug. Doch Haldavo war nicht bei der Sache.

VI

Dieses Gespräch mit Reburrinius war, je länger er darüber nachdachte, keineswegs geeignet, Klarheit in seine Verdächtigungen zu bringen. Immerhin war Reburrinius ein Mann von großer Erfahrung und Menschenkenntnis, und es wollte Haldavo nicht in den Kopf, daß Reburrinius sich im Charakter Gabrios derart täuschen konnte. Frei-

lich hatte er mit seinem ironischen Kommentar angedeutet, daß der jetzige *Curator viarum* ein Fuchs war, der es stets verstand, auf seine Kosten zu kommen: »Es macht ihm immer Spaß, über Geld zu reden, besonders über fremdes.« Doch dahinter illegale Machenschaften zu vermuten, ging zu weit. Es sei denn, Reburrinius wußte einiges aus der Vergangenheit des erfolgreichen Mannes, über das zu reden er nicht gewillt war. Interessant in diesem Zusammenhang war der Hinweis, daß Gabrio vor Jahren in Gallien seinen Aufstieg begonnen hatte. Aus dieser Zeit sollte ja auch die Verbindung zu Iustus stammen, und die beiden galten zu Lebzeiten von Iustus als Freunde.
Daß Gabrio über Kontakte zum Praetorium verfügte, mußte nichts Außergewöhnliches bedeuten, und auch das Erscheinen des Centurio Aurelius Melior paßte dazu, vorausgesetzt, hier ging es tatsächlich nur um Fragen der organisatorischen Abstimmung miteinander.
Er dachte weiter: Selbst die Einschüchterung von Macarius Macco konnte sich tatsächlich nur auf dessen Spielleidenschaft und seine hohen Schulden beziehen. Aber – die hatte er, Haldavo, doch beglichen! Oder hatte Macarius das Geld nur zum Schein angenommen, um in Wirklichkeit erneut um hohe Einsätze zu spielen!? Das wäre infam!
Und selbst wenn dies so wäre: Was ging das einen Gabrio an! Macarius Macco unterstand disziplinarisch dem Praetorium, nicht dem Rat der Stadt! Und schließlich die zweideutige Bemerkung ihm selbst gegenüber, er werde in Kürze Glück, viel Glück brauchen ...
Sah er denn Gespenster?
Einen unerwarteten Hinweis erhielt er, als er am Nachmittag ins Reburrinische Haus ging, um mit Autronia über die Einrichtung des Landhauses zu sprechen. Da Reburrinia mit einer Freundin in die Stadt unterwegs war und auch der Hausherr seinen Geschäften nachging, ergab sich die Gelegenheit zu einem intimeren Gedankenaustausch mit der Hausherrin. Autronia mochte ihn, sie ließ es ihn immer wieder spüren, und er ließ seinen ganzen Charme spielen, um auch ihr seine Zuneigung anzuzeigen.
Sie saß in einem der Räume, in denen die Frauen gerne ihre Hausarbeiten verrichteten, soweit sie nichts in der Küche zu tun hatten. Autronia hatte schon seit längerem eine Tischdecke in Arbeit, ein der-

bes, festes Leinen, in das sie verzwickte Ornamente, Mäander, Blumen und Vögel stickte. Haldavo vermutete, daß es sich um ein Hochzeitsgeschenk für die Tochter handelte. Und nachdem er ihren Entwurf und die perfekte Ausführung der bereits fertigen Partien gelobt hatte, seufzte sie über die Decke hin und sagte leise:

»Mögen die Götter geben, daß sie rechtzeitig fertig wird!«

Haldavo verstand, was sie meinte, aber er schwieg. Man konnte nicht jeden Tag über die Krankheit reden, die wie eine dunkle Wolke über dem Haus und seinen Menschen hing.

»Ich freue mich ja«, fuhr sie fort, ohne von ihrer Arbeit aufzusehen, »wenn sie etwas unternimmt. Sie ist voller Pläne. Und das ist ein gutes Zeichen. Ich gehe täglich der Göttin opfern. Sie wird ihre schützende Hand über sie halten. Ich glaube fest daran. Sie hat mir schon so oft geholfen, als man meinte, nun gehe es zu Ende.«

Haldavo sah ihr schweigend zu, wie sie mit ihren schönen, gepflegten Fingern die Nadel führte und die Fäden glättete, und sie kam ihm wie das Urbild der römischen Matrona vor, wie sie die Dichter beschrieben in den alten Zeiten, und in ihrer Nähe spürte er leibhaftig etwas von der seelischen Kraft, die von Frauen wie Autronia ausging, die sie zum ruhenden Punkt der Familie machte. Seine eigene Mutter war ihr ähnlich, und er meinte in solchen Augenblicken, daß es gerade die Frauen waren, die die Atmosphäre eines Hauses bestimmten. Wie arm die Männer, die die falsche geheiratet hatten! Die Komödien lebten davon. Und das Dilemma ging durch alle Schichten und Stände.

Plötzlich fragte er: »War Gabrio nie verheiratet?«

»Gabrio?« Sie hielt kurz inne und sah ihn an. »Ich kenne ihn nur als Junggesellen. Wenn er heiraten würde, dann nur aus materiellen Gründen, denn er mißt alles mit der Elle des Geldes.«

Sie wandte sich wieder den Fäden zu und vollendete den Schnabel eines phantastischen Vogels mit einem feinen Goldfaden. Dabei lächelte sie und fügte hinzu: »Du wirst es nicht glauben, aber Gabrio hat vor kurzem um die Hand von Reburrinia angehalten.«

»Nein!« rief er, und sein Mund blieb vor Staunen eine Weile offen.

»Doch-doch!« Sie registrierte seine Überraschung, die sie freilich anders auslegte, mit einem Schmunzeln. »Er meldete sich offiziell an, kam steif daher und machte uns einen regelrechten Antrag.«

»Wann?« fragte er geradezu atemlos. »Wann war das?«
»Es war einige Tage vor ... nein, nach dem Gespräch, das du mit Reburrinius hattest. Aber warum erschreckst du denn so sehr?« Sie legte ihre Hand einen Augenblick lang beruhigend auf seinen Arm. »Selbst wenn er vor eurer Übereinkunft hier erschienen wäre, hätten wir ihm eine Absage gegeben. Es mag sein, daß Gabrio ein sehr erfolgreicher, arrivierter Mann ist in dieser Stadt, aber als den Gatten unserer Reburrinia kann ich ihn mir nun wirklich nicht vorstellen.« Sie hatte ihre Stickerei wieder aufgenommen und fuhr ruhig fort: »Ich ahne, daß dahinter wohl nur die üblichen materiellen Interessen eines zu schnell nach oben gestiegenen Anwalts stehen, dem zu seinem Glück nur noch die Verbindung mit einem alteingesessenen Hause fehlt, um seine Reputation sichtbar zu erhöhen.
Er redete mit vielen eleganten und gewählten Worten – na, du kennst ja seine Art, sich in Szene zu setzen, wenn er etwas erreichen will. Aber wir sind auf solche Verbindungen nicht angewiesen. Ganz zu schweigen von dem Altersunterschied! Ich weiß, daß diese Dinge gemeinhin keine große Rolle spielen, wenn es darum geht, die Vermögen zweier Familien zu verbinden. Auch meine Eltern handelten so – freilich nicht, ohne mich zu fragen, ob ich denn Reburrinius möchte. Und wie du längst weißt, war diese Wahl richtig.«
Haldavo war glücklich, daß Autronia sich ihm ganz geöffnet hatte, ja daß sie mit ihm sprach, als ob er bereits ein nahes Glied der Familie sei. Dennoch kehrten auf dem Heimweg die alten Skrupel wieder. Hatte er – wenn auch ohne eigenes Verschulden – nun in Gabrio auch noch einen persönlichen Feind erworben, der ihm aus gekränkter Ehre und Eifersucht nicht mehr gewogen war?

VII

Die nächsten Tage brachten in der Sache nichts Neues. Er kümmerte sich um seine Arbeit, war hin und wieder an den Baustellen, sprach noch einmal mit Macarius, ohne daß sich Neues ergab; und er hätte die ganze Angelegenheit schon bald vergessen, als ein Produkt seiner überreizten Phantasie, als eines Morgens Gabrio in seinem Kontor

beim Forum erschien. Seine Miene war wie immer, freundlich lächelnd lobte er dies und das, was er sah, fragte nach dem Gang der Geschäfte, ließ sich schließlich auf dem Sessel schräg vor Haldavos Tisch ächzend nieder und betrachtete eine Weile seinen Siegelring, den er am Finger drehte und am Tuch seines Gewandes blankrieb. »Tja ...« begann er dann, und Haldavo ahnte, daß er nun zum eigentlichen Anliegen seines Besuches kommen würde. »Dann wirst du ja in Kürze den großen Sprung nach oben gemacht haben!«
Er behielt sein kühles, überlegenes Lächeln bei, während Haldavo ihn, seine wackelnden Bäckchen, das Tripelkinn und den fleischigen Mund nicht aus den Augen ließ. Gabrios Gesicht hatte sich gerötet und verriet etwas von einer gewissen inneren Erregung, wenn er auch sonst den Eindruck von Ruhe und Gelassenheit machte.
Haldavo war drauf und dran, ihm scharf zu erwidern, was ihn das angehe, aber er hielt seinen Zorn im Zaum, spielte den Naiven: »Wie meinst du das?«
»Oh, muß man dir das wirklich erklären, mein Freund? Indem du eine Reburrinia ehelichst, erreichst du die oberste Brüstung in dieser wohlfeilen Stadt. Zwar wird es noch eine Weile dauern, Jahre, Jahrzehnte vielleicht, ehe man dich allerorten in dieser Gesellschaft akzeptiert. Aber wir leben ja nun in schnellen Zeiten. Da kann einer gestern noch den Acker pflügen und morgen Herr von hundert Sklaven sein. Das Umgekehrte aber ...« er beugte sich vor, und alle Freundlichkeit war einen Augenblick lang aus seinen feisten Zügen gewichen: »Das Umgekehrte kann ebenso schnell eintreten. Ich könnte aufgrund meiner beruflichen Erfahrung aus der Schule plaudern ...«
Wieder betrachtete er den Ring und drehte ihn gedankenlos am Finger. »Damit wir uns nicht falsch verstehen, ich gönne dir den Erfolg. Mit dem Tüchtigen sind die Götter! Aber wie sagte schon der kluge Syrus* zu Caesars Zeiten: *Minimum eripit Fortuna, cui minimum dedit.* – Das Glück nimmt wenig, wem es wenig schenkte. Ein kluger Mann, dieser Syrus! Kennst du ihn?«
Was sollte das Geplänkel!
»Ja, ich kenne den Spruch – und auch den andern: *Facit gradum Fortuna, quem nemo videt*! – Das Glück kommt leis und unvermerkt gegangen!«

»Wie wahr, wie wahr!« rief Gabrio, und seine Kinne bebten. »Es kommt halt immer darauf an, von welcher Seite man die Dinge betrachtet, nicht wahr. Aber man sollte das Glück auf keinen Fall versuchen! Oder bist du anderer Ansicht?«
»Keineswegs, freilich ist ein jeder seines Glückes Schmied!«
»Auch das ist wahr!« Er kicherte, ihm schien die wortreiche Tändelei zu gefallen. »Und du bist es fürwahr! Ein Glückskind! Alles, was du anschaust, wird dir zu Gold. Wahrscheinlich bist du an einem Festtag Fortunas geboren! Das soll es geben. Sehr selten! Sehr selten!«
Haldavo, der keine Lust hatte, länger diese Wortspielereien mitzumachen, ging indirekt zum Angriff über:
»Ich habe vergessen, dir zu deinem neuen Amt als *Curator viarum* zu gratulieren!« Er machte die Andeutung einer Verbeugung. Als er wieder hochschaute, entdeckte er eine plötzliche Wachheit in Gabrios Augen, die vorher nicht darin war.
»Oh, mehr Pflichten als Ehre! Einer muß es ja machen.«
Haldavo nickte scheinheilig und fuhr sehr freundlich fort:
»Dann kann es sein, daß wir irgendwann geschäftlich miteinander zu tun haben werden ...«
»Wie? – Ach so, ja, natürlich. Aber du belieferst ja im Augenblick mehr das Praetorium. Und diese Geschäfte haben gewiß Vorrang.«
Wieder dieses zweideutige Lächeln.
»Und die Staatskasse zahlt augenblicklich ja recht gut, wie ich höre.«
»Ich kann nicht klagen.«
Gabrio machte schon Anstalten sich zu erheben, hielt in der Bewegung inne, als ob ihm etwas Wichtiges einfiele, und sagte:
»Ach, ehe ich es vergesse ...« Er hielt plötzlich mehrere Papyrosbögen in der Hand, die er wohl zuvor im Ärmel versteckt hatte, blätterte in ihnen mit einer ernsten Miene und meinte fast beiläufig:
»Es wäre da noch eine Angelegenheit zu klären, die – wie soll ich sagen ... die noch aus den Tagen des braven Iustus stammt ...«
Hellwach verfolgte Haldavo das Kommende, wie ein Raubtier kurz vor dem Sprung; doch ruhig fragte er:
»Worum handelt es sich?«
»Um Geld! Um viel Geld!«

»Aha. Und was habe ich damit zu tun?«
»Du? Eigentlich nichts. Nein, nichts. Aber du fungierst ja nun als ... sagen wir Nachlaßverwalter, nicht wahr, und darum muß ich mich in der leidigen Sache an dich wenden.«
»Würdest du dich bitte genauer ausdrücken?«
»Gewiß, ja. Iustus hatte bei mir Schulden. Hohe Schulden.«
»Davon weiß ich nichts.«
»Wie denn auch? Wie denn auch? – Aber es ist so. Hier, bitte!«
Er reichte ihm der Reihe nach die Bögen und kommentierte kurz: »Fünftausend ... viertausend ... viertausend ... fünftausend ... An sich kleine Beträge, nicht wahr, aber die Summe macht es!«
Haldavo, dem längst das Blut in Wallung geraten war, fragte mit gepreßter Stimme: »Wieviel im ganzen?«
»Ja ... so an die vierzigtausend! Die Zinsen nicht gerechnet!«
Haldavo starrte auf die Bögen in seiner Hand, las die Ziffern, und sie verschwammen vor seinen Augen. Dann raffte er sich auf, und seine Stimme hatte den alten festen Klang:
»Und warum kommst du erst jetzt damit heraus? Warum hast du das nicht noch zu seinen Lebzeiten ...?«
»Ganz einfach. Weil er damals das Geld nicht zurückzahlen konnte. Er war am Ende, und erst das Glückskind Haldavo hat den Betrieb ja wieder aus den roten Zahlen gebracht. Es dürfte für dich eine Kleinigkeit sein, diese lächerlichen Vierzigtausend aufzubringen. Was heißt aufbringen? Sie liegen doch bereit, nicht wahr!«
Haldavo starrte ihn an, vollkommen ruhig und gefaßt. Er traute Gabrio jeden Betrug zu, auch die Fälschung von Schuldscheinen. Ohne Zeugen war das Papier wertlos.
»Hast du ... Zeugen?«
»Aber selbstverständlich! Für wen hältst du mich?«
»Wen?«
Und dann kam die Antwort, die einem Schlag ins Gesicht glich, hart, unvorbereitet, vernichtend:
»Macarius Macco!«
»Maca ...« Haldavo atmete einmal tief durch. »So-so. Macarius Macco.«
»Du findest seine Unterschrift und sein Siegel hier unten!«

Er wies an die entsprechenden Stellen auf mehreren Bögen. Haldavos Gedanken jagten sich, schließlich sagte er:
»Kannst du sie mir hierlassen?«
»Beim Jupiter! Natürlich nicht! Wo denkst du hin? Sie sind das Faustpfand meiner Ansprüche!«
»Aber du wirst noch einen zweiten Zeugen haben ...«
»Natürlich, natürlich. Hier! Aurelius Melior!« Er zeigte auf dessen Namenszug.
Haldavo nickte bedächtig. Er hätte es sich denken können. Er mußte nun ebenso kühl reagieren wie Gabrio, denn er mußte Zeit gewinnen.
»Darf ich fragen, warum Iustus diese Summen bei dir geliehen hat? Immerhin war ich sein Mitarbeiter und trage nun die Verantwortung für alles.«
»Wenn ich es wüßte, würde ich's dir gerne sagen. Er jedenfalls schwieg, wenn ich ihn fragte. Ich vermute alles Mögliche, Frauengeschichten, Spielschulden. Na, den Rest kannst du dir denken. Der brave Iustus verlor auf seine alten Tage jeden Maßstab. Jeden Maßstab! Wer hätte das von ihm gedacht!«
Er schüttelte in trauriger Entrüstung den Kopf. Haldavo fragte:
»Bis wann willst du das Geld?«
Gabrio überlegte und betrachtete wieder seinen Ring: »Sagen wir, innerhalb von acht Tagen. Du wirst wissen, daß ich eine hohe Kaution stellen mußte, bevor man mir die Verdingung der Unternehmer übertrug.«
»Ja, ich weiß. Gut also. Sagen wir in acht Tagen. Ich werde dir das Geld schicken.«
»Wunderbar! Ich wußte, daß du ein Mann von Ehre bist.«
Er erhob sich, und auch Haldavo stand auf.
»Und was ist«, fragte er lauernd, »wenn ich nicht zahlen könnte?«
»Dann ...« Ihre Blicke trafen sich, und offene Feindschaft schoß vom einen zum andern. »Dann sähe ich mich gezwungen, andere Mittel anzuwenden. Ich glaube, du verstehst, was ich meine. Und denke an deine schöne Reburrinia!«
Dann geleitete Haldavo den Besucher nach draußen.

Abrechnung

I

Langsam, sehr langsam ging er zurück in sein Kontor. Mehrmals schüttelte er den Kopf, so daß Melonius und Dregenus einander fragende Blicke zuwarfen und Hände und Schultern hoben.
Iustus! ... Spielschulden! ... Frauengeschichten! Schulden in Höhe von vierzigtausend Sesterzen! Es wollte nicht in seinen Kopf. Sein nächster Gedanke war: Reburrinius aufzusuchen! Mit ihm, dem erfahrenen und klugen Menschenkenner darüber reden! Doch augenblicklich kam sein »Nein«! Es ging nicht. »Denke an deine schöne Reburrinia ...!« Das konnte doch nur bedeuten, daß er, Gabrio, sich nicht scheuen würde, die Geschichte mit Macarius Macco vor Reburrinius offenzulegen. Ein Skandal! – Er spürte die Schlinge fast leibhaftig um seinen Hals – es lief auf eine Anklage vor den Aedilen hinaus! »Dort steht ein junger Mann«, hörte er bereits Gabrios kalte Stimme vor dem Gerichtshof, »der sich angemaßt hat, öffentliche Gelder dieser Stadt, von fleißigen ehrlichen Bürgern im Schweiße ihres Angesichts verdient, kaltschnäuzig für seine privaten Zwecke abzuzweigen! Das verabscheuenswürdigste aller Verbrechen – wenn wir von Mord absehen!«
Er hörte, wie Gabrio die Zahlen nannte, wie er auf seine alles genau registrierenden Aufzeichnungen blickte, Tag und Stunde der eingetragenen Kies- und Steinlieferungen nannte, die doch nie vor Ort eingetroffen waren. Er sah einen gebrochenen Macarius Macco, der zu allem, was Gabrio vorbrachte, bestätigend nickte. Es folgte dieser Centurio, Aurelius Melior, der mit seinem Rang und seiner Unbescholtenheit als römischer Offizier die Vorwürfe bestätigte, ohne mit der Wimper zu zucken.
Es hielt ihn nicht an seinem Platz. Er sprang auf, ging im Raum auf und ab, verzweifelt seine Lage von allen Seiten betrachtend. Gab es denn keinen Ausweg?
Sollte es zu diesem Prozeß kommen, war er ein erledigter Mann. Die Strafe, die man ihm auferlegen würde, konnte er mit seinen eigenen

Mitteln nicht begleichen, denn die Zeugen würden alles auf ihren Eid nehmen: Gabrio als der Entdecker des Betruges ohnehin, Macarius, weil er seinen Kopf zu retten suchte, Aurelius Melior, weil man ihm nichts nachweisen konnte. Man würde ihn zwingen, seine Bücher offenzulegen. Zum Strafbescheid käme die Rückzahlung der widerrechtlich eingesteckten Beträge, und beides zusammen übertraf alles, was er zur Verfügung hatte.
Es hielt ihn nicht im Laden. Er verließ die Taberna, streifte ziellos durch einige Straßen, erwiderte gedankenlos Grüße von Kunden, fand sich dann beim Lager an der Hafenmauer wieder und war so in Gedanken versunken, daß ihm erst im letzten Moment aufging, daß Segimerus ja nicht mehr unter den Lebenden weilte. Ihm hätte er alles gebeichtet. Seinen Rat würde er befolgen. Wie nie zuvor vermißte er den alten väterlichen Freund.
Die Knechte grüßten wie immer korrekt und wichen, als sie seine düsteren Züge bemerkten, vor ihm aus. Im Innenhof begegnete ihm Arvania. Er hielt sie barsch an und erklärte:
»Ich muß dich sprechen!«
»Sofort?«
»Ja.«
Er ging mit ihr nach oben, vergewisserte sich, daß niemand vom Gesinde im Haus war, drängte sie in sein Schlafzimmer und schloß die Tür. Sie, die bereits meinte, er suche ein Schäferstündchen, begann wortlos, ihr Gewand zu lockern, doch er schüttelte den Kopf:
»Nein, laß das! Ich muß mit dir reden!«
Er wußte, sie war der einzige Mensch, der ihm in einigen wichtigen Punkten Informationen geben konnte über Iustus. Und Arvania, als sie sein fahles Gesicht und die Härte seiner Augen erkannte, setzte sich auf die Bettkante, die Hände ruhig vor ihrem Leib gefaltet. Also war der Tag gekommen, auf den sie seit langem gehofft hatte. Sie hatte geahnt, daß er irgendwann auf sie zugehen würde, weil er ihre Hilfe brauchte. Daß es so schnell geschah, nahm sie mit Genugtuung zur Kenntnis.
Er setzte sich, ihr gegenüber, auf den Hocker, auf dem er abends seine Tunika ablegte, und sah sie an. Die alte Entschlossenheit war in ihn zurückgekehrt.

»Hör zu ...« begann er und fixierte ihre Augen.
»Bevor ich dir einiges berichten werde, wirst du einen Eid ablegen, nichts von dem, was ich dir sagen werde, aus diesem Zimmer zu tragen. Du wirst es schwören bei den drei Matronen und bei Iupiter, dem Herrn des Schwurs!«
Ohne eine Regung zu zeigen, öffnete sie den Mund, hob die Schwurhand und erklärte: »Ich schwöre es bei den drei Matronen und bei Iupiter, dem Herrn des Eids.«
»Gut!« nickte er ihr zu. »Und nun konzentriere dich! Suche dich genau zu erinnern! Ist dir jemals in den vergangenen Jahren etwas darüber bekannt geworden, daß Iustus Schulden machte, Schulden in großem Umfang?«
Sie dachte nach, und er sah ihrem Gesicht an, daß sie sich nun Szenen in Erinnerung rief, die er nicht kannte, Gespräche, Beobachtungen, ein- und ausgehende Fremde.
»Und?« drängte er.
Sie schüttelte den Kopf: »Ich kann mich nicht erinnern, daß er je mit mir über Geld gesprochen hat.«
»Aber du hättest doch hier und da etwas aufschnappen können. Vielleicht schimpfte er über diesen und jenen!«
»Das kam schon vor. Aber ...«
»Wie war sein Verhältnis zu Gabrio? Gabrio gab sich doch immer als sein Freund aus.«
»Gabrio? Sein Freund?« Sie lachte kurz auf. »Unter Freundschaft versteht man ja wohl etwas anderes.«
»Wie meinst du das?«
»Ich hatte nie das Gefühl, daß sie Freunde sind.«
»Aber sie waren doch oft zusammen!«
»Nein, eigentlich nicht. Wenn Gabrio kam, setzten sie sich im Kontor zusammen. Was sie besprachen, weiß ich nicht.«
»Und wenn Gabrio ging, wie war das? Wie verhielt sich Iustus?«
»Wie immer. Er begleitete ihn bis zum Tor.«
»Äußerte er sich dann schon mal über seinen Besucher?«
»Nein.«
»Dann will ich so sagen: War seine Stimmung nach einem solchen Treffen schlechter?«

Sie dachte nach und meinte: »Das kann schon sein. In den letzten Jahren war er sowieso reizbarer geworden.«
»Könnte dieser Stimmungsumschlag mit Gabrio zu tun haben?«
»Vielleicht. Ich kann das nicht so sagen.«
Er nickte.
So kam er nicht weiter.
»Spielte Iustus? Ich meine um Geld, um große Summen?«
Energisch schüttelte sie den Kopf: »Nein, niemals! Ich hörte ihn einmal sagen, daß nur die Dummen spielen. Er machte sich über leidenschaftliche Spieler lustig.«
»Also kannte er welche?«
»Wahrscheinlich.«
»Kennst du jemanden, der spielt?«
»Ja, einige. Sie sitzen ja abends im ›Großen Faß‹.«
»Warst du schon oft dort?«
»Einige Male. Mit Iustus. Wenn er mich zum Essen einlud.«
»Kennst du von daher einen gewissen Aurelius Melior?«
»Ja.«
»Spielte er?«
»Ja. Aber im Hinterzimmer. Es ging wohl um hohe Einsätze.«
»Wie hoch?«
»Das weiß ich nicht.«
»Hat sich Iustus je daran beteiligt?«
»Nein, nie.«
»Gab er viel Geld aus, wenn er im Faß war?«
»Nein. Es hielt sich immer in Grenzen.«
Er hörte die versteckte Ironie, schwieg aber.
»Kannst du dir vorstellen, daß er sich bei Gabrio Geld geliehen hat, größere Summen?«
Wieder lachte sie kurz auf: »Sag mal, willst du dich über ihn oder mich lustig machen? Was sollen diese lächerlichen Fragen?«
Sollte er ihr alles sagen? Einen Augenblick lang zögerte er. Doch dann erhob er sich und sagte:
»Sollte dir noch etwas in diesem Zusammenhang einfallen, dann laß es mich wissen!«
Er verließ das Zimmer.

II

In Iustus' Kontor machte er sich systematisch auf die Suche, öffnete alle Fächer und Laden, suchte in den Regalen, kramte in den alten Truhen, in der verzweifelten Hoffnung, einen schriftlichen Hinweis zu finden über möglicherweise vorhandene Verpflichtungen gegenüber Gabrio. Doch er fand nichts. Er konnte sich auch nicht vorstellen, daß Iustus ihn über so belastende Dinge, die an die Substanz des Geschäftes gingen, nicht vor seinem Tode aufgeklärt hätte. Es sei denn ... es sei denn, es gab in der Vergangenheit dunkle Stellen, über die er nicht hatte reden wollen. Aber auch das paßte nicht zu Iustus, denn er mußte sich doch klar darüber gewesen sein, daß ein konsequent fordernder Schuldner nach seinem Tode an Lollia herantreten würde.

Aber Gabrio hatte sich nicht an Lollia, sondern an ihn, Haldavo, gewandt. Er hatte seine Forderungen mit indirekten Drohungen verbunden. Daraus schloß er, daß es Gabrio überhaupt nicht um Lollia und ihr Erbe, sondern um ihn, Haldavo ging. Ihn wollte er vernichten! Spielten am Ende Eifersucht und gekränkte Ehre eine Rolle, weil er von Reburrinius eine Absage erhalten hatte? – Er hielt nun alles, auch dies für möglich; Männer wie Gabrio vergaßen Erniedrigungen niemals! Warum sonst der ganz offensichtliche Spott in seinen Reden? Wie die Dinge lagen, bestand die Möglichkeit, daß der Besitz von Iustus, nach erfolgter Offenlegung der Affäre, als Pfand in Gabrios Hände überging. Doch je länger Haldavo darüber grübelte, um so unwahrscheinlicher kam es ihn an: Diese Gedankenkette entbehrte der Logik. Was sollte Gabrio gewinnen, wenn er einen relativ kleinen Betrieb in Besitz nahm? Es sei denn, er steckte selbst in der Klemme. Er starrte auf die Tischplatte, kreiste das Problem immer wieder ein und dachte an das Schlimmste: Es war keine Frage, daß Gabrio ihn erpreßte! Falls er nachgab und die verlangte Summe zahlte, hatte Gabrio ihn in der Hand; er konnte jederzeit neue Forderungen stellen. Eine Kette ohne Ende! Gabrio wußte nur zu gut, daß für ihn alles auf dem Spiel stand: seine Stellung, sein weiterer Aufstieg, seine bevorstehende Verbindung mit Reburrinia, seine Reputation in der Stadt, seine politische Karriere. Einen Augenblick lang spielte er mit dem

Gedanken, zu Reburrinius zu gehen und ihm alles offenzulegen. Er sah die Szene vor sich, sah, wie sich das Gesicht von Reburrinius verfinsterte, wie er das, was er hörte, nicht fassen konnte: Betrug also! Heuchelei! Hintergehen seiner Zuneigung!

»Und ich habe dir vertraut, wie man nur einem Menschen vertrauen kann!«

Er stöhnte auf und wußte, daß er den Mut dazu nicht aufbringen würde.

Hatten sie nicht alle Dreck am Stecken?! War es nicht der gleiche Weg, den all diese Männer gegangen waren, wenn sie von ganz unten kamen? Beruhte der Reichtum dieser wenigen nicht darauf, daß er anderen genommen wurde? War nicht auch und gerade das erfolgreiche Plädieren eines Gabrio vor Gericht ein fortgesetztes Manipulieren der Richter, der Geschworenen, der hohen Magistrate? Sanieren sie sich nicht alle auf Kosten der von ihnen Abhängigen? Sollte er, nur weil er gewagt hatte, ihre Machenschaften zu kopieren, den kürzeren ziehen?

»Nein! Niemals!« Er sagte es laut und ruhig, denn er hatte sich entschieden. Er stand mit dem Rücken zur Wand, und er würde kämpfen. Spielte Gabrio ein listiges Spiel, dann würde seines noch listiger sein. Er war jung, wendig, von scharfem Verstand, konnte seinen Charme spielen lassen, konnte ebenso zu brutalen, ja tödlichen Mitteln greifen. Es ging nun um Sein oder Nichtsein!

Nun, da er sich entschieden hatte, war er ganz ruhig. Es gab eine Möglichkeit, den Hebel gegen Gabrio anzusetzen: seine Vergangenheit! Es mußte möglich sein, etwas über seinen frühen steilen Aufstieg auszugraben, etwas, das vielleicht mit Iustus zu tun hatte. Es würde nicht einfach sein, aber er war nun wie ein einsamer Wolf auf der Fährte des Wildes. Er würde sein Opfer einkreisen und vernichten.

Attonius! Das konnte der Mann sein, der ihn einen wichtigen Schritt weiterbrachte. Freilich war Attonius ein integrer Mann, jemand, der still seine Pflicht tat, in dem Bewußtsein, daß er nur das, was er tat, bewältigte; er hatte seinen Platz gefunden, hatte sich damit abgefunden, denn er hatte nie mehr erstrebt. Aber er verurteilte Gabrios Machenschaften. Er hatte Andeutungen gemacht. Dort mußte man

einhaken. Er wußte anscheinend um Dinge und Vorgänge, mit denen man den geltungssüchtigen Anwalt, wenn schon nicht in die Enge treiben, so doch zur Vorsicht zwingen konnte.
Sich mit Macarius auseinanderzusetzen, war jetzt unklug, denn ganz offensichtlich befand er sich zur Zeit dem brutalen Druck Gabrios ausgeliefert. Und so würde es längere Zeit bleiben. Er würde, davon war Haldavo überzeugt, lügen und sich herausreden. Es konnte sogar die Gefahr bestehen, daß er von sich aus gegen Haldavo tätig wurde. Macarius war eine wichtige, vielleicht die wichtigste Figur auf dem Spielfeld Gabrios, und er wurde von Gabrio gelenkt. Und Aurelius Melior? Auch hier war grundsätzlich Vorsicht geboten. Der Centurio befand sich außerhalb der Schußlinie. Sein Platz war im Praetorium. Er verfügte über mächtige Beziehungen, er hatte Freunde in der Hierarchie. Er wollte weiter nach oben. Alle wollten nach oben. Für einen Mann aus provinziellen, nichtaristokratischen Verhältnissen gab es nur diesen Weg. Die Armee! Die Armee war sein Zuhause. Der Karriere hatte sich alles andere unterzuordnen. Zwar weilte der Kaiser fern, an den östlichen Grenzen des Imperiums; aber Traianus war einmal Statthalter der Germania gewesen, hatte hier, im Praetorium den Posten inne, den jetzt ein anderer verwaltete. Da gab es alte Verbindungen, wichtigste Beziehungen. Vielleicht kannten sie einander persönlich, waren befreundet, hatten gemeinsam an einer Front gekämpft, waren durch das Band der kriegerischen Kameradschaft verbunden. Haldavo erinnerte sich an seinen Onkel, wenn er seine Geschichten erzählte und seine Freunde charakterisierte. Da war ein unsichtbares Band, das fester und dauerhafter war als alles andere, Frauen nicht ausgenommen.
Gleichwohl konnte es nicht schaden zu versuchen, mit diesem geheimnisvollen Mann in Beziehung zu treten, zumal er allem Anschein nach gerade mit den Dingen zu tun hatte, die ihn beruflich betrafen, den Bau von Straßen und die Verdingung der Unternehmer. Nachdem er allmählich zu dieser ruhigen Einschätzung der allgemeinen Lage fortgeschritten war, kehrte endlich eine große Ruhe in ihm ein.

III

Es ergab sich, daß Attonius schon am nächsten Morgen in der Taberna beim Forum erschien, ohne festen Vorsatz, sondern ihrer Abmachung entsprechend, in unregelmäßigen Abständen Kontakt zu halten.

»Ich habe in der Stadt zu tun«, erklärte er in seiner ruhigen Art. »Briefe mußten persönlich übergeben werden.«

Haldavo bot ihm Platz, ließ leichtes Gebäck, Wasser und Wein kommen, und nutzte die günstige Gelegenheit:

»Du machtest neulich die Bemerkung, Gabrios Geschäfte bewegten sich an der Grenze der Legalität ...«

»Schlimmer!« erwiderte Attonius. »Sie überschreiten diese Grenze in vielen Fällen.«

»Was meinst du damit?«

»Nun, er besticht die Leute, die er für seine Ziele einspannen will.«

»Womit?«

»Mit Geld, mit Geschenken, mit der Herstellung von Verbindungen nach oben.«

»Ich kann mir aber nicht vorstellen«, meinte Haldavo, »daß im Praetorium oder in den städtischen Amtsstuben nur korrumpierbare Beamte sitzen!«

»Das ist richtig«, lächelte Attonius, »und es wäre wahrhaftig schlimm, wenn es so wäre. Freilich ... Gabrio hat einen sechsten Sinn, zu erkennen, bei wem er den entscheidenden Schritt wagen oder wo er mit seinen klammheimlich vorgetragenen Angeboten operieren kann. Er pflegt sich vorher über die für ihn nützlichen Leute zu informieren.«

»Wie macht er das?«

»Er fragt das gesamte Umfeld ab. Nicht selbst, sondern er hat genügend Mitarbeiter, Schreiber, Sklaven und Clienten die das machen. Und sie sind sehr geschickt darin.«

Haldavo nickte. Es paßte zu dem, was er im stillen angenommen hatte. Er fragte:

»Und dich schickt er auch, um zu ...?«

»Nein. Ich habe ihm einmal klar gemacht, daß es unter meiner Würde sei, den Spitzel zu machen.«

»Wie reagierte er darauf?«
»Er tat es lächelnd mit einem Witz ab, er habe es auch nicht so ernst gemeint, denn er habe ja seine anderen Leute für derlei Aufgaben, die – so fügte er in einer wortreichen Erklärung an – nun einmal zu einem erfolgreichen Operieren als Anwalt gehörten wie das Honigsammeln zu den Bienen.«
Haldavo griff sich einen Stift und drehte ihn mehrmals, fragte dann: »Attonius! Ich kenne dich zwar erst seit einigen Tagen, aber ... ich weiß, daß du ein Mann von Ehre und großem Gerechtigkeitssinn bist. Du hast mir gleich zu Anfang gesagt, Gabrio gehe in gewissem Sinne über Leichen. Er sei nicht wählerisch in seinen Methoden, um an sein Ziel zu gelangen. Dabei mache es ihm wenig, ja nichts aus, die Opfer am Wege liegen zu lassen. Folglich, so leite ich aus deinen Ausführungen ab, muß es dein Ziel sein, diesen Mann vor Gericht zu bringen. Das aber kann nur geschehen, wenn belastendes Material, Beweise und beeidete Zeugenaussagen vorliegen. Dies zu bewerkstelligen, wird nicht leicht sein. Aber wir sollten es versuchen!«
Attonius, der während der längeren Rede Haldavos dessen Gesicht in Ruhe studieren konnte, war angezogen von jenem seltsamen Gegensatz feinster Sensibilität und durchaus erkennbarer Härte, die sich in den Mundwinkeln und einem harten Kinn abzeichnete, während die Augen von feineren Empfindungen sprachen. Nun fragte er:
»Bevor ich dir von Herzen zustimme, beantworte mir bitte eine Frage, die für mich von Bedeutung ist ...«
»Frage nur! Bitte!« Haldavo verneigte sich leicht.
»Warum liegt dir soviel daran? Ich meine, warum zielst du darauf ab, diesen Mann zu demaskieren, von seinem Kothurn herabzuholen?«
Haldavo zögerte nun nicht zu antworten: »Ich will ganz offen zu dir sein ...« Dabei wußte er, daß er im folgenden nur Andeutungen machen konnte, ohne sich selbst in die Hand des anderen zu geben.
»Auch mir gegenüber ist Gabrio tätig geworden ... in einer Angelegenheit, die noch nicht einmal mit mir selbst zu tun hat. Es handelt sich um eine Geschichte, die sehr weit zurückliegen muß, als Lollius Iustus noch Patron der Firma war. Gabrio behauptet, daß Iustus sich von ihm größere Summen geliehen hatte, sie freilich nicht zurückgezahlt habe ...«

Er berichtete ihm den Fall mit allen Einzelheiten, soweit sie für das Verständnis und das Erkennen der Ungeheuerlichkeit von Bedeutung waren, ohne den eigentlichen Hintergrund, nämlich Gabrios Attakken gegen Haldavo selbst, zu streifen. Er hoffte, daß alles in sich selbst logisch genug wäre, um den korrekt denkenden Attonius überzeugen zu können.

Als er geendet hatte, schwiegen sie beide eine Weile. Dann erklärte Attonius:

»Ich kenne solche Geschichten. Sie ist nicht die einzige.« Er schaute Haldavo offen und ernst an und fügte hinzu: »Es ist an der Zeit, ihm das Handwerk zu legen! Die Götter haben vorgesorgt, daß die Bäume nicht in den Himmel wachsen. – Du kannst mit mir und meiner Mitarbeit rechnen.«

»Ich danke dir!« erklärte Haldavo geradezu feierlich. »Du bist der einzige, der vielleicht belastendes Material vorbringen kann, mehr noch, der vielleicht Zeugen ausfindig machen kann. Wir sollten keine Zeit verlieren und uns sogleich an die Arbeit machen. Für die Sache ist es sicherlich besser, wenn du weiterhin deine Aufgaben bei Gabrio wahrnimmst. Er darf nichts ahnen von unseren Zusammenkünften. Darum sollten wir uns nicht mehr hier treffen. Vielleicht überwachen seine Spitzel schon jeden deiner Schritte.«

Attonius nickte.

»Du hast recht ...« Er überlegte eine Weile und machte dann einen Vorschlag: »Ich besitze außerhalb der Stadt eine kleine Hütte am Hang des Vorgebirges, nach Westen hin. Ich habe sie vor Jahren von einem entfernten Verwandten geerbt und sie wohnlich eingerichtet. Dort pflege ich hin und wieder ein paar freie Tage zu verbringen. Personal ist keins vorhanden. Die genaue Lage ist ihm unbekannt. Er interessiert sich nicht für das Privatleben seiner Angestellten. Dort könnten wir uns treffen. Darf ich ...?«

Er wies auf einen leeren Papyrosbogen, Haldavo reichte ihn hinüber, und er fertigte mit einem Silberstift in kurzer Zeit eine verständliche Lageskizze an.

»Du kannst den Ort zu Pferde in zwei Stunden gut erreichen.«

Haldavo nahm das Blatt, faltete es mehrfach zusammen und verstaute es in seinem flachen ledernen Brustbeutel.

»Ich werde versuchen«, sagte Attonius und kehrte zum Kern des Problems zurück, »in den archivierten Papieren etwas ausfindig zu machen, das einen Hinweis auf die von dir genannten Verpflichtungen des verstorbenen Iustus gibt. Das wird nicht schnell gehen, denn ich kann mich nur dann auf die Suche machen, wenn er nicht im Hause ist.«
Sie vereinbarten, sich mit einem belanglosen Satz zu verständigen: »Die Ladung ist eingetroffen.« Das würde bedeuten, daß sie sich unverzüglich treffen sollten. So schieden sie in gutem Einvernehmen.

IV

Diese Zusammenkunft und das Gespräch mit Attonius stellten eine erste, tragfähige Basis dar, von der aus man weiterplanen und taktische Schritte in die Wege leiten konnte. Der Druck, der auf Haldavo lastete, war nicht geringer geworden, aber zum erstenmal seit dem Gespräch mit Gabrio hatte er das Gefühl, er werde es durchstehen. Attonius war ein wichtiger Partner geworden, dessen Interessen sich mit den seinen deckten, wenn auch der Anlaß ein anderer war.
Äußerlich ruhig, ging Haldavo seinen Geschäften nach, verbrachte wie immer einige Abende im Reburrinischen Hause, ließ sich von Autronia und ihrer mütterlichen Art verwöhnen, hörte sich die Zukunftspläne Reburrinias heiteren Gesichtes an – und war doch stets und überall in Gedanken mit dem möglichen Gang der bedrohlichen Dinge befaßt.
Dies war ihm plötzlich eingefallen: Es gab ein einfaches Anzeichen dafür, ob Macarius unter dem Druck Gabrios stand. Würde er weiterhin mit ihm wie gehabt abrechnen? In zwei Tagen wurden die Zahlungen fällig. Zur gewohnten Stunde, kurz vor Ladenschluß, erschien bei ihm in der Taberna beim Forum ein Bote des Macarius und zählte ihm die Summe auf den Tisch. Hellwach folgte Haldavo den schnellen Bewegungen und Erklärungen des Mannes und stellte fest, Macarius zahlte wie immer!
Nachdem der Bursche gegangen war, starrte er lange auf die systematisch geordneten Münzen. Seltsam! Warum hielt er sich weiter an die

Abmachung? Konnte das nicht eine Falle sein? Hatte Gabrio dem Macarius geraten, das Spiel weiterzutreiben, um ihn in Sicherheit zu wiegen, und erhielt er auf diese Weise nicht unumstößlich den Beleg, mit dem er ihn vor Gericht bringen konnte?
Er ging im Zimmer auf und ab, suchte Klarheit in sein Denken zu bringen. Es konnte ebensogut bedeuten, daß Gabrio von der Sache nichts wußte; dann wären all die ironischen Bemerkungen Gabrios lediglich eine Reaktion seines gekränkten Stolzes, da er wegen Reburrinia das Nachsehen hatte. Andererseits schätzte er ihn als zu klug ein, sich eine solche Blöße zu geben. Immerhin hatte er ihm die Schuldscheine unter die Nase gehalten! Und diese Papiere waren Realität, keine Einbildung! Er konnte es drehen und wenden, wie er wollte, er kam immer wieder zum gleichen Ergebnis:
Gabrio hatte es auf ihn abgesehen!
Als er sich endlich in dieser grundsätzlichen Frage entschieden hatte, setzte er die nächsten Schritte fest. Warum sollte er nicht diesen Aurelius Melior aufsuchen, um sich mit ihm über die Schuldscheine von Iustus zu unterhalten? Von dem, was er dort erfahren würde, vor allem auch von der Reaktion des Offiziers, würden seine nächsten Maßnahmen bestimmt werden.
Das Innere des Praetoriums hatte er noch nie betreten. Über den großen Innenhof erreichte er einen der Eingänge. Er blieb stehen und blickte sich um. Die großartige Säulenordnung, der imperiale Architrav über dem Portal, die geometrische Ordnung der großen Steinplatten des Bodens, die breiten flachen Stufen, alles schien ihm auszudrücken, was römische Macht war. Wenn schon die Hauptstadt der Germania Inferior, einer Provinz, die dies erst seit einigen Jahrzehnten war, sich unmittelbar an einer oft gefährdeten Grenze so glanzvoll etablieren konnte – wie mußte sich erst Rom selbst dem Besucher, dem Reisenden, dem Barbaren darstellen? Und als er dies dachte, erschrak er vor dem, was er vorhatte. Er zögerte, ob er seinen Fuß über die Schwelle setzen sollte. Doch da sagte eine Stimme in ihm: »*Cives Romanus sum!*« – Ich bin ein römischer Bürger! Also habe ich das Recht, hier zu sein und in einer wichtigen Frage vorstellig zu werden. Mit federndem Schritt nahm er die Stufen, betrat das Innere und wandte sich zur Loge des Offiziers vom Dienst:

»Ich möchte den Centurio Aurelius Melior sprechen!«
Er hatte es selbstbewußt gesagt, mit jener Selbstverständlichkeit, die erkennen lassen sollte, daß er die Hierarchie kannte, daß er wußte, auch hier werde mit Wasser gekocht.
Der Offizier, ein Mann von etwa dreißig, in voller Montur, freilich ohne Helm, näherte sich der Luke und warf einen kritischen Blick auf den Besucher:
»Name?«
Er nannte ihn, und der Mann notierte ihn in einer Liste.
»Was willst du von Aurelius?«
»Auskunft in einer juristischen Frage!«
»Dafür ist er nicht zuständig.«
»Es geht um Dinge im Zusammenhang mit Straßenbaumaßnahmen!«
»Bist du Unternehmer?«
»So ist es.«
»Du hast Glück, daß er da ist. Warte!«
Der Offizier rief einen Soldaten vom Innendienst und schickte ihn los, wohl um zu klären, ob Aurelius den Besucher zu empfangen willens war.
Dann wandte er sich wieder anderen Dingen zu, und Haldavo ging langsam in der Vorhalle auf und ab. Andere Besucher kamen und meldeten ihr Anliegen. Einige durften passieren, andere hatten, wie er selbst, zu warten. Draußen fuhr ein Wagen vor, ein großer Reisewagen. Von drinnen näherte sich eine Gruppe von vier Männern, in Uniform mit Panzer und Helm, und er erkannte am querstehenden Helmbusch, daß es sich bei zweien um Centurionen handelte. Die beiden andern mußten, obwohl sie jünger waren, höheren Ranges sein, wahrscheinlich Militärtribunen. Ihnen folgte ein Mann in Toga, fast glatzköpfig, zerknittert das Gesicht, und alle, an denen die Gruppe vorbeiging, machten eine tiefe Verbeugung. Haldavo schloß sich ihnen an.
»Das war er!« hörte er neben sich einen der Wartenden zu seinem Begleiter sagen.
»Wer? Der Statthalter?«
»Ja.«
»Dann wird wohl heute nichts mehr aus der Audienz.«

Der Offizier vom Dienst, der den Satz gehört hatte, sagte, nachdem die Gruppe das Gebäude verlassen und den Reisewagen bestiegen hatte:
»Ihr seht, daß Seine Exzellenz jetzt keine Zeit hat. Kommt morgen wieder!«
»Aber wir waren angemeldet!«
»Kommt morgen wieder! Der Nächste!«
In diesem Augenblick kam der Soldat zurück, betrat die Loge und teilte dem Offizier etwas mit, während dieser dabei Haldavo musterte. Dann trat er zur Luke und teilte ihm mit: »Der Mann wird dich hinführen.«
Es ging im Innern des Gebäudes einen langen, hohen, gewölbten Gang entlang, fast bis an sein Ende. Der Legionär wies zu einer Tür, öffnete sie und meldete den Besucher an.
Haldavo betrat den Raum. Er enthielt, wie üblich, nur funktionales Mobiliar, Regale mit Rollen, zwei große Tische, zwei Schreibpulte, an denen Schreiber bei der Arbeit waren. Aurelius Melior blickte von seinem Platz hinter dem Tisch auf und musterte den Besucher. Es war ihm nicht anzusehen, ob er ihm bekannt war; wenn ja, wußte er es zu verbergen.
»Womit kann ich dienen?« fragte er. Er hätte »Was gibt's?« brummen können, oder »Worum geht's?«, doch dieses »Womit kann ich dienen?« schien geschickt gewählt, denn dazu machte er ein durchaus freundliches Gesicht, wenn auch das schmale Lächeln routinehaft wirkte. Sein Haar, grau meliert und lockig, zeigte vorne erhebliche Lücken, doch wußte er sie geschickt zu verbergen, indem er das übrige von hinten nach vorne kämmte, was mit einer gewissen Akkuratesse geschah, denn die Locken glänzten fettig. Er war um ihren festen Sitz bemüht.
Haldavo stellte sich vor, nannte seinen Namen und Beruf. Darauf folgte kein Erstaunen, kein »Aha!« oder ähnliches, sondern Haldavo meinte aus seinen Zügen schließen zu können, daß ihm sein Name nichts sagte, keine Erinnerung wachrief.
»Man sagte mir, du kommst wegen ...« – er kniff die Augen zusammen – »wegen Unregelmäßigkeiten bei straßenbaulichen Maßnahmen.«

»Das ist nicht ganz richtig«, stellte Haldavo fest, und Aurelius fragte sachlich zurück:
»Was ist es dann?«
Haldavo trat näher an den Tisch heran:
»Ich komme in einer Angelegenheit, mit der Gaius Gabrio Rufinus sich an mich gewandt hat ...«
Schon während er sprach, bemerkte er, wie bei Nennung des Namens sich das Gesicht von Aurelius überschattete; doch es währte nur einen kurzen Augenblick, denn schon hatte er sich wieder in der Gewalt:
»Gabrio? Soso ... Was ist es denn? – Aber bitte, willst du dich nicht setzen?«
Er wies auf einen der freien Stühle vor seinem Tisch, und Haldavo nahm Platz.
»Nun«, fuhr er fort, »Gabrio erschien vor einigen Tagen in meinen Geschäftsräumen beim Forum und zeigte mir einige Schuldscheine ...«
»Ja – und?«
»Die Gesamtsumme belief sich auf etwa vierzigtausend Sesterzen.«
»Und was habe ich damit zu tun?«
»Gabrio erklärte, Lollius Iustus habe sich vor Jahren dieses Geld bei ihm geliehen. Da Iustus aber verstorben sei, wäre es nun an mir, als dem Fortführer des Geschäftes, diese Schuld zu erstatten.«
»Ich verstehe immer noch nicht«, sagte Aurelius mit ahnungslosem Gesicht, »was soll ich damit zu tun haben?«
»Auf den Schuldscheinen befindet sich deine Unterschrift als Zeuge!«
»Meine Unterschrift ...?« Spielte er nur den Ahnungslosen? Er lehnte sich zurück, zwinkerte mehrmals und schien sich zu konzentrieren.
»Wann soll das gewesen sein?«
»Vor einigen Jahren. Das Geld soll im Abstand von mehreren Monaten, insgesamt über etwa drei Jahre, ausgezahlt worden sein.«
Er behauptete dies einfach, denn der Zeitraum ließ sich im Augenblick nicht nachweisen; es spielte im übrigen keine Rolle für das, was Haldavo erreichen wollte.
»Warte mal ...« Aurelius schien sich zu erinnern. »Das kann schon so gewesen sein, denn ...«
»Bist du ein Freund Gabrios?«

Diese direkte Frage gefiel ihm ganz und gar nicht. Er zog die Brauen zusammen und hätte am liebsten geantwortet, das gehe ihn nichts an; doch er besann sich anders:
»Freund? Das ist ein großes Wort. Gabrio und ich arbeiten seit langem zusammen, wenn es um Fragen geht, die sowohl die Stadt wie das Praetorium betreffen. Ja, ich entsinne mich, daß der von dir genannte Iustus in Gabrios Haus kam, daß Gabrio ihm Geld gab und mich, der ich zufällig im Hause war, bat, als Zeuge zu unterschreiben.«
»Ist dies öfters geschehen?«
»Das kann schon sein, weil Gabrio mich sozusagen als Unparteiischen benutzte. Er lächelte freundlich: »Ist die Angelegenheit damit erledigt?«
»Ja, ich denke schon.« Haldavo lächelte ebenso unverfänglich zurück. Und dann setzte er den wichtigen Satz hinzu: »Dann kann ich ihm das Geld ja zu guten Händen zurückgeben.«
»Ich denke doch!« Aurelius erhob sich und kam um den Tisch herum. »Und sonst läuft alles zu deiner Zufriedenheit? Ich meine die Lieferungen und die Zahlungen?«
»Ja, natürlich.«
»Das freut mich. Das, was wir machen, geschieht ja zum Wohle aller.«
»So ist es.«
Dann meinte er, noch eine persönliche Bemerkung machen zu müssen: »Ich bin schon öfters an deinem neuen Laden vorbeigekommen. Gefällt mir! Sehr freundliche Bedienung! Vielleicht treffen wir uns einmal ›Im Großen Faß‹. Es wäre mir ein Vergnügen, mit dir zu essen.«
»Gerne. Ich will sehen, ob sich's einrichten läßt. *Vale!* Leb wohl!«
»*Vale!*«
Er begleitete ihn bis zur Tür.

V

Warum die Einladung zum Essen? Er hielt, während er über den Hof ging, den Blick auf das regelmäßige Muster der Platten gerichtet und achtete kaum auf das, was um ihn vorging. Warum die Einladung? War Aurelius wirklich der, für den er sich soeben ausgab: höflich, besorgt um das Wohl und Wehe der Bürger dieser Stadt, in sich selbst ruhend – oder war auch dies nur Spiel, Maskerade, Hinterhältigkeit? Dabei hatte Aurelius nicht den Eindruck von Hetze oder Unruhe gemacht. Er war ein Mann mit guten, ja mit natürlichen höflichen Umgangsformen, keiner der rauhen Gesellen, die, wenn sie von ganz unten kamen, ihre bäuerliche Herkunft nie ablegen konnten. Haldavo mußte lächeln: Dasselbe traf auf ihn selbst zu. Wie wirkte er denn auf andere, auf Männer wie Aurelius Melior? Auf Reburrinius, auf Gabrio? Er war nicht offen. Er behielt vieles in seinem Innern verschlossen.

»Hat sich Attonius gemeldet?« fragte er in der Taberna, doch Melonius verneinte.

Er nahm hinter seinem Arbeitstisch Platz, sichtete die Aus- und Eingänge. Immer noch war die Tendenz seiner Geschäfte steigend. Bei weiterem Erfolg war er nicht einmal mehr auf die Abmachungen mit Macarius angewiesen. Es würde der Zeitpunkt kommen, daß er es ihm mitteilen sollte. War es doch nie sein Ziel gewesen, diese zwielichtigen Geschäfte auf lange Sicht zu betreiben. Er schaute auf den Steckkalender: Noch zwei Tage bis zum Ablauf des Ultimatums von Gabrio! Zwei Tage! Er mußte etwas unternehmen, um Gabrio begegnen zu können. Er konnte nicht mit leeren Händen dastehen. Gabrio, er war sich dessen absolut sicher, hatte nach Ablauf der Frist etwas vor. Was, er wußte es nicht. Vieles war möglich. Im äußersten Fall würde Gabrio zu Reburrinius gehen. Aber das hätte er doch längst tun können! Da blieb ein vager, unverständlicher Rest: Brauchte Gabrio ihn für andere, größere Geschäfte?

Attonius hatte nichts verlauten lassen. Dafür gab es eine einfache Erklärung: Er hatte bisher keine Gelegenheit gefunden, sich unbeobachtet an die Durchsicht der Papiere zu machen. Attonius war ein ruhiger, bedächtig und klug wägender Mann, der nichts überstürzte. Für ihn stand nichts auf dem Spiel. Er konnte sich diese Langmut leisten. Aber ihm, Haldavo, lief die Sanduhr in zwei Tagen ab. Ein wichtiger Punkt fiel ihm ein. Aurelius hatte zwar zugegeben, einige Schuldscheine als Zeuge unterschrieben zu haben. Einige – aber doch nicht alle! Dies konnte durchaus der Wahrheit entsprechen, in dem Sinne, daß Aurelius dem Gabrio aufgrund ihrer gegenseitigen

Hochschätzung gerne diesen Gefallen getan hatte, der ihn im übrigen nichts kostete – und ihn auch zu nichts verpflichtete. Könnte es nicht sein, daß Gabrio des Aurelius Unterschrift auf den übrigen Scheinen gefälscht hatte? Die Dinge lagen so lange zurück, daß Aurelius sich wirklich nicht erinnern konnte, wie oft er als Zeuge fungiert hatte. Warum – so überlegte er – sollte er nicht in die Höhle des Löwen gehen und Gabrio bitten, ihm noch einmal Einsicht in die Papiere zu gewähren? Es war sein Recht, dies zu fordern, und jeder Richter würde ihm dieses Recht zugestehen. Selbst wenn er in der Sache nichts Neues erfuhr, würde es interessant sein, Gabrios Reaktion zu beobachten, da er gewiß nicht mit dieser Hartnäckigkeit rechnete.

Sein Entschluß stand fest. Er ließ Melonius kommen und teilte ihm mit, daß er ihn bei einem Gang durch die Stadt und zu Gabrio begleiten sollte.

Er wurde sogleich vorgelassen, und das griesgrämige Gesicht des Hausmeisters hatte nichts zu besagen, da die meisten Angehörigen dieses Berufsstandes jede Störung ihrer Ruhe als einen persönlichen Affront auffaßten. Die Einrichtung und Gestaltung des Hauses war nicht nur geschmackvoll, sondern geradezu luxuriös.

Schon die Bodenmosaiken übertrafen alles, was Haldavo bisher in einem Hause der CCAA gesehen hatte. Sie mußten ein Vermögen gekostet haben. Von ähnlich hohem Niveau die Wandmalereien, deren warme Farbtöne, besonders das dunkle Rot in den rechteckigen Feldern, eine ebenso vornehme wie heimelige Atmosphäre schufen. An den Durchgängen vom Atrium zu den seitlichen Räumen rahmten schwere Vorhänge mit golden abgesetzten Mäandern die Türrahmen. Die Säulen, die das Dach des Atriums trugen, standen in elegantem farbigem Marmor. Er mußte ihn von weither beschafft haben. In der Mitte des Impluviums* erhob sich auf schlankem, geschwungenem Unterbau eine Schale weißen Marmors, darin reckte sich eine zierliche Nymphe, aus deren Krug in stetigem Fluß Wasser in die Schale rann, überbordete und ins Becken plätscherte. Kein Zweifel, Gabrio hatte Geschmack und legte es darauf an, diesen auch zu zeigen.

»Oh, welch eine Überraschung!« rief er, als er aus dem rechten Vorhang heraustrat. »Ich hatte nie gehofft, daß du den Weg zu mir finden würdest.«

»Nun, du siehst, ich habe ihn gefunden!« entgegnete Haldavo auf die launig vorgetragene Begrüßung. »Ich muß schon sagen ...« Er blickte anerkennend um sich – »Du verstehst es, das Nützliche mit dem Geschmackvollen zu verbinden.«
»Daß du das sagst, freut mich besonders!« entgegnete der Hausherr. Er strahlte wie ein Junge, dem man etwas geschenkt hatte, und er wirkte in diesem einen kurzen Augenblick sehr sympathisch. Doch Haldavo war auf der Hut. Er wußte, daß solches Geplänkel sich nur an der Oberfläche bewegte, denn er selbst hatte in den vergangenen Jahren gelernt, sich – wenn es notwendig war – ebenso zu verhalten. Gabrio hatte leicht seinen Arm ergriffen und führte ihn unter dem Dach des Umgangs entlang zu einem Raum, in dem er wohl seine Besucher zu empfangen pflegte. Es übertraf an Prunk und Pomp das Atrium bei weitem. Doch waren es weniger die dunkel leuchtenden Farben der Wandmalereien, sondern das herrliche Bodenmosaik: Szenen kämpfender halbnackter Gestalten, ganze Knäuel von Menschen, Verwundeten, Sterbenden, Toten; an herausgehobener Stelle überreichte eine weibliche Gestalt einem in imperialer Pose auf einem curulischen Sessel thronenden Herrscher ein Schwert und empfing von ihm eine steinerne Tafel, auf der die Worte *Pax Populi Romani,* der Friede des Römischen Volkes, eingemeißelt waren. Während er staunend davorstand, erläuterte Gabrio: »Gallia empfängt von Caesar den Frieden der zivilisierten Welt!«
Jetzt erst erkannte Haldavo die Ähnlichkeit des Portraits mit dem Caesars, das er einmal im Tempel des Mars gesehen hatte, wo man früher sein Schwert aufbewahrt hatte.
»Du bist ein Bewunderer Caesars?«
»So ist es. Was wäre Rom, was Gallien, was wären wir ohne ihn! Wir lebten noch auf einer niederen Stufe der Kultur und zerfleischten uns in kleingeistigen Bruderkämpfen, wie wir es immer vor Caesar taten. Erst das Genie und der ordnende Wille des großen Iuliers führten uns aus dem Dunkel der barbarischen Vergangenheit in das Licht der friedlichen Ordnung!«
Entzückt ließ er seinen Blick eine Weile auf der thronenden Gestalt ruhen, und Haldavo, der dieses hier nicht erwartet hatte, schwieg eine Weile, peinlich berührt vom Pathos der Inszenierung.

Er hatte vieles erwartet, nur nicht dies; daß Gabrio als Anwalt zu starken Worten griff, gehörte zu seinem Metier; daß er privatim einen Caesarkult betrieb, paßte in keiner Weise zu dem Bild, das sich Haldavo von dem zwielichtigen Manne gemacht hatte, und nun – er gestand es sich ehrlich ein – wirkte der Widerspruch dieser Persönlichkeit nur verwirrender.
Gleichwohl wich er nicht von seinem Vorsatz ab, gewisse Fragen zu stellen. Jetzt erst recht nicht! Gabrio ging zurück zur Tür, winkte einen Diener heran und beauftragte ihn leise, etwas Leichtes zu decken. Als sie nach der Besichtigung des Bildes an einem ovalen Tisch Platz genommen hatten, erschien bereits ein Mädchen und bot Früchte, Zuckerwerk und Wein an. Obwohl er um diese Zeit gewöhnlich keinen Alkohol zu sich nahm, wäre es unhöflich gewesen, das Dargebotene abzulehnen. Er wählte einen leichten Weißen und ließ ihn stark mit Wasser verdünnen.
Gabrio erging sich noch eine Weile in Reminiszenzen an die große Zeit der Kolonisierung Galliens durch Caesar, doch als er merkte, daß Haldavo nicht willens war, sich auf einen längeren Disput über die Bedeutung des Mannes und seiner Taten einzulassen, hielt er plötzlich inne und rief gutgelaunt:
»Aber du bist sicherlich nicht gekommen, um meine Monologe anzuhören! Sprechen wir von dir! Wie gehen die Geschäfte?«
Haldavo beschrieb ihm in wenigen Sätzen seine Lage, daß er alles in allem zufrieden sein könne, und Gabrio war ganz bei der Sache, als ob ihn das wirklich interessierte. Dann trat eine kleine Pause ein, und Haldavo wußte, nun war der Augenblick da, zur Sache zu kommen.
»Du kannst dir ja denken«, begann er, »daß mich deine Eröffnung neulich, als du von den Verpflichtungen des verstorbenen Iustus sprachst, zu einem ... nun, sagen wir, zu einem längeren Nachdenken gebracht hat.«
»Gewiß, gewiß!« sagte Gabrio und hob beide Hände, »du wärest ein schlechter Kaufmann, wenn es anders wäre.«
»Ja, und darum bin ich hier. Es will einfach nicht in meinen Kopf, was du da von einem Mann berichtet hast, den ich, als er noch lebte, als einen Ehrenmann kennengelernt habe.«

»Das ist dein gutes Recht, mein Freund, durchaus, ja! Denn immerhin hast du – bitte, verstehe mich nicht falsch – hast du ihm ja einiges zu verdanken.«

»So ist es. Und weil es nun so ist, meine ich ein Recht zu haben zu fragen, worin seine … seine immensen Ausgaben bestanden haben?«

Gabrio antwortete nicht sogleich auf diese Frage, und Haldavo hatte das Empfinden, er war nun auf der Suche nach einer befriedigenden Erklärung, die einiges verständlich machte, ohne daß er selbst sich ins Zwielicht setzte. Haldavo aber ging noch einen Schritt weiter:

»Es heißt, ihr beide seid Freunde gewesen!«

»Freunde …« Er lauschte dem Klang des Wortes. »Ein großes Wort. Wie schreibt Cicero in seinem späten Büchlein: ›Freundschaft halte ich nur zwischen Guten für möglich …‹ Du sagst, Iustus war ein guter Mensch!«

»Das habe ich nicht gesagt«, warf Haldavo ein. »Das ist im Augenblick für mich nicht die Frage. Mich interessieren die Hintergründe.«

»Die Hintergründe, die Hintergründe … Wenn du in meine Jahre kommst, wirst du irgendwann feststellen, daß die Menschen nicht mehr dieselben sind, die du einmal zu kennen glaubtest. Die Hintergründe … Ich kenne sie nicht. Wir haben uns auseinandergelebt. Da war nur noch eine ferne Erinnerung an gemeinsam verbrachte Zeiten. Und daher dann auch der gute Wille, dem anderen, der einmal Freund war, zu helfen.«

Haldavo lauschte dieser wohltönenden Stimme, die sich in wechselnden Höhen und Tiefen bewegte, geschliffen und bestrebt, immer den der Situation angemessenen Ton zu treffen. Das, was er sagte, mochte so stimmen, doch es befriedigte Haldavo nicht. Freilich wußte er, daß Gabrio nicht willens war, mehr darüber an Worten zu verlieren. Also versuchte er es anders. »Ich möchte noch einmal auf diese Schuldscheine zurückkommen …«

»Bitte, natürlich!« Er hatte sich vollkommen in der Gewalt.

»Kannst du sie mir noch einmal zeigen? Es interessieren mich vor allem die Daten der Ausstellung.«

»Die Daten?« Er hielt den Mund offen, und es entging Haldavo nicht, wie Gabrio plötzlich hellwach reagierte. Doch er führte unbeirrt seinen Gedankengang weiter:

»Ja, die Daten! Du mußt doch verstehen, daß ich seiner Tochter gegenüber, als der Erbin, Rechenschaft ablegen muß. Vielleicht findet sich in meinem Archiv ein Hinweis, wenn ich weiß, in welchem vergangenen Zeitraum ich suchen muß. Ich kann mir einfach nicht denken, daß Iustus das Geld zum Fenster hinausgeworfen hat.«
Ihre Augen ruhten einen Augenblick aufeinander, dann lenkte Gabrio ein:
»Natürlich, ich verstehe. Warte, ich werde sie dir holen.«
Er erhob sich umständlich und verließ den Raum. Wo war Attonius? Falls er jetzt kam, mußten sie auf der Hut sein, ihre Bekanntschaft nicht durch Blicke oder Gesten zu verraten. Aber er kam nicht. Es verging einige Zeit, und Haldavo betrachtete noch einmal in Ruhe die beiden Wandbilder. Seltsam, welche Menschen sich herausnehmen, sich mit den Großen der Geschichte auf fast eine Ebene zu stellen!
»Es hat etwas länger gedauert. Ich mußte selbst danach suchen, denn Attonius, mein Sekretär, ist für ein paar Tage auf dem Lande. Er besitzt im Vorgebirge eine Art Hütte, die er sich wohnlich eingerichtet hat. Er kränkelte in letzter Zeit etwas. Ich habe ihm diese Tage der Erholung gerne gegönnt. Hier sind sie also ...«
Er legte die Unterlagen vor Haldavo auf den Tisch. Er hatte an alles gedacht und ihm gleich eine Wachstafel samt Stilus mitgebracht, damit er sich die Daten notieren konnte.
Haldavo machte sich behutsam daran, die Daten der Scheine zu notieren, wobei er jeweils mit einem schnellen Blick feststellte, daß alle Scheine die Zeugenschaft von Aurelius Melior beurkundeten. Und soweit er feststellen konnte, waren sie im Duktus identisch, ebenso die des Macarius, die sich auf den letzten vier befanden. Die Tinte war bei allen in Farbe und Konsistenz gleich, er konnte keinen Unterschied entdecken.
Als er fertig war, dankte er Gabrio und reichte ihm die Scheine hinüber.
»Vielleicht komme ich damit weiter«, bemerkte er dazu, und Gabrio nickte beifällig.
»Da wäre noch ein Punkt!« erklärte Haldavo.
»Welcher?«
»Du bestehst darauf, daß die Summe in zwei Tagen fällig wird?«

»Ich muß es leider, ich muß, denn auch ich habe gerade dann eine größere Summe vorzustrecken. Man kam mir im Magistrat sehr weit entgegen, aber irgendwann muß eine bestimmte Grenze der geschäftlichen Ordnung eingehalten werden. Selbstverständlich erhältst du am selben Tage die Scheine ausgehändigt, und so wird es dir ein leichtes sein, die Erbin von der Rechtmäßigkeit der Vorgänge in Kenntnis zu setzen. Lollia kann beim besten Willen von mir nicht erwarten, daß ich bei der Höhe der Schuld Abstand davon nehme. Ich weiß, das muß dir alles sehr unangenehm, ja vielleicht peinlich vorkommen, aber dich selbst trifft in der Sache nicht die geringste Schuld. Ich werde dies so auch Lollia darlegen, wenn ich sie sehe.«
Haldavo mußte endgültig Klarheit haben, soweit er sie in einem Gespräch, das letztlich ein Versteckspiel war, erreichen konnte. Also fragte er, und er fragte hart, ja geradezu mit drohendem Unterton: »Und das ist dein letztes Wort?«
»Wie ...?« Gabrios Augen hatten sich verengt, seine Kinne bebten, als er den Mund energisch schloß. »Ja, das ist mein letztes Wort.«
Haldavo erhob sich, dankte für die Bewirtung und verließ mit schnellen Schritten den Raum, blieb im Atrium noch einmal stehen, als ob er noch einen zornigen Satz zurückschleudern wollte; doch unterließ er es, denn alles, was er in diesem Hause sagte, wurde von unsichtbaren Ohren aufgenommen und konnte vor Gericht gegen ihn verwandt werden. Also machte er zu Gabrio hin, der ihm gefolgt war, eine steife Verbeugung und verließ das Haus.

VI

Es hatte sich keine neue Lage ergeben. Er hatte es auch nicht erwartet. Gabrio war und blieb undurchsichtig.
Was die Unterschriften betraf, so schienen sie echt zu sein. Duktus und Konsistenz der Tinte waren auf allen Blättern gleich. Er sah sie in Gedanken vor sich, sah, wie er sie umblätterte und begutachtete – als er plötzlich stutzte. Zwischen den ersten und den letzten Beurkundungen lagen – wenn die Daten stimmten – etwa drei Jahre. Es schien ihm unmöglich, daß jemand über diesen langen Zeitraum hinweg

jeden Buchstaben seines Namens in fast deckungsgleichem Schwung völlig identisch schrieb. Er hatte dies oft an sich selbst beobachtet. Der Schriftzug war jeden Tag, ja sogar stündlich verschieden, abhängig von der körperlichen und seelischen Verfassung, von Stimmungen, von der drängenden oder gelassen schreibenden Hand. Auch die Schwärze der Tinte veränderte sich über die Jahre hin und nahm allmählich einen leicht grauen Ton an. All diese Differenzen fehlten hier. Mit diesen Unterschriften stimmte etwas nicht.

Und warum hatte ihn Attonius nicht benachrichtigt? Warum erzählte ihm Gabrio die Einzelheiten über die Hütte seines Sekretärs? – Ganz allmählich festigte sich sein Eindruck, daß es hier nicht mit rechten Dingen zuging. Bluffte Gabrio? War er es, der in Gefahr war?

Es wäre einfach festzustellen, ob Gabrios Angaben bezüglich seiner eigenen Zahlungsverpflichtungen stimmten, wenn man den zuständigen Beamten eines Aedilen oder diesen selbst fragte. Aber er konnte nicht einfach hingehen und eine solche Frage stellen. Es fehlten ihm die notwendigen Beziehungen. Reburrinius könnte ihm helfen, aber dann mußte er vor ihm alles offenlegen.

Ein Gesicht tauchte vor ihm auf: Aurelius Melior! Der Centurio war der Mann! Er könnte auf gut Glück versuchen, ihn noch am Abend im »Großen Faß« zu treffen.

Schlagartig hatte sich seine Stimmung gebessert. Er würde selbst aktiv werden, brauchte nicht mehr wie bisher in quälender Ungewißheit und Spannung verharren, die Geist und Körper lähmten. Die Zeit drängte. Vor Ablauf der Frist mußte er jede sich bietende Möglichkeit nutzen, weitere Einzelheiten zu erfahren. Vielleicht traf noch eine Nachricht von Attonius ein. Dann konnte er mit ihm immer noch die notwendigen Schritte besprechen.

Er entließ Melonius und Dregenus eine halbe Stunde früher und machte sich kurz vor Ende der Geschäftszeit auf den Weg. Als er den Schankraum des »Großen Fasses« betrat, war etwa die Hälfte der Tische besetzt. Der Wirt, der ein gutes Gedächtnis für Gesichter besaß und den gesellschaftlichen Rang seiner Gäste schnell einzuschätzen vermochte, kam eifrig hinter der Theke hervor, machte vor Haldavo eine tiefe Verbeugung, fragte, ob er zu speisen gedenke, nahm die bejahende Antwort wie ein Geschenk zur Kenntnis und

führte den Gast zu einem ruhigen hinteren Platz, der Haldavo sehr genehm war, weil er von hier aus den ganzen Raum überblicken konnte.
»War Aurelius Melior schon hier?«
»Oh, der edle Aurelius war noch nicht hier, doch ich denke, er dürfte in Kürze eintreffen. Er pflegt um diese Zeit zu speisen.«
»Wo ist sein Stammplatz?«
»Gleich am Nebentisch, wenn's recht ist, Herr.«
Wieder eine Verbeugung.
»Dann möchte ich mit dem Essen warten, bis er kommt.«
»Sehr wohl! – Möchtest du zuvor etwas trinken?«
»Ein Bier!«
»Ein Bier, sehr wohl!«
Er ging zur Theke und schickte eines der bedienenden Mädchen mit einem Krug und dazu passendem Becher an seinen Tisch; sie schenkte ein und entfernte sich mit einem leichten Knicks.
Er kostete den Trank. Das Bier, kühl und frisch, schmeckte vorzüglich, und da er Durst hatte, nahm er einen kräftigen Schluck. An den meisten Tischen wurde gegessen. Es waren fremde Gesichter. Einige Soldaten saßen in Dreier- oder Vierergruppen beisammen, besprachen zwischen den einzelnen Bissen Ereignisse des Tages, schimpften auf Vorgesetzte oder Untergebene, und Haldavo erinnerte sich an ein Wort seines Onkels Friannius: »Ein Soldat, der meckert, ist ein guter Soldat!«
Die übrigen Gäste waren nicht einfach einzuordnen. Es mochten Fremde sein, Händler, auf der Durchreise nach Norden oder nach Germanien rechts des Rheins. Vielleicht auch Bürger der Stadt, die von der guten und deftigen Küche des Hauses angezogen wurden. Schiffer natürlich, Hafenleute, von der Arbeit des Tages erschöpft und nicht mehr gewillt, beim Essen große Reden zu halten. Eigentlich war jeder mit sich und seinem Essen beschäftigt, und er, Haldavo, war der einzige, der mit den Augen auf Erkundung aus war. Im Laufe dieser langsam verrinnenden Viertelstunde waren weitere Gäste gekommen und hatten sich an den freien Plätzen niedergelassen, wobei der Wirt darauf achtete, daß die drei Tische in der Nähe Haldavos nicht belegt wurden. Also Stammtische!

Längst waren die auf den Tischen und in den Wandnischen verteilten Lampen entzündet, und es verbreitete sich mit zunehmender Dunkelheit draußen jenes heimelige Licht in dem großen Raum, das auf so viele Menschen eine große Anziehungskraft ausübte, denn sie fanden hier die behagliche Geselligkeit, die ihnen im eigenen Hause fehlte. Allmählich wurden die Gespräche lauter, hier und da kam Lachen auf. Die Bedienung hatte schon zweimal fremde Gäste höflich davon abgehalten, auf den Plätzen um die reservierten Tische Platz zu nehmen, als er endlich erschien: Aurelius bewegte sich mit der Selbstverständlichkeit des Mannes, der hier aus und ein ging. Sein Gesicht war verschlossen und doch wach, und Haldavo hatte den Eindruck, daß er, obwohl er nicht nach rechts und links schaute, dennoch wahrnahm, wer dort saß und was im Raum vorging.
Er steuerte seinen Stammplatz an, wollte sich niederlassen, als er Haldavo erkannte.
»Das ist aber eine Überraschung!«
Sein Gesicht hellte sich auf, und Haldavo meinte wirkliche Sympathie darin zu entdecken. Aurelius kam herüber, begrüßte ihn und bat ihn, doch an seinem Tisch Platz zu nehmen.
»Gerne!« sagte Haldavo, nahm seinen Becher mit, und stellte ihn am neuen Platz auf die Tischplatte.
»Oder willst du im Speisezimmer essen?« fragte Aurelius, noch im Stehen.
»Nein. Warum solche Umsstände?«
»Ganz meiner Meinung. Hier ist mehr Leben!« Er wies mit der Hand leicht über den Raum hin, und Haldavo nickte beifällig. Sie setzten sich.
»Nun, ich habe nicht erwartet, daß du meiner Einladung so schnell Folge leisten würdest«, eröffnete Aurelius das Gespräch und musterte das Gesicht seines jüngeren Tischnachbarn aufmerksam.
»Bitte«, erklärte Haldavo, »betrachte es nicht als Einladung deinerseits. Ich bin es, der dich einlädt!«
»Kommt nicht in Frage!«
»Aber ja doch!«
»Also gut. Aber ich werde mich demnächst revanchieren!«
»Sicher.«

Haldavo nahm diese lockere Eröffnung des Abends mit einer gewissen Befreiung zur Kenntnis, denn sie würde das folgende Gespräch erleichtern. Als die Bedienung kam, ließ er sich von Aurelius beraten, und er war froh, daß dieser nicht vorhatte, alle angebotenen Gänge auftischen zu lassen. So blieb es bei weichem Käse und Salat als Vorspeise, es folgten Fleischrouladen aus Rippenstücken, gewürzt mit Pfeffer, Liebstöckel und Kümmel als Hauptangebot des Tages, dazu als Gemüse Lauch mit verschiedenen Kräutern, und eine Eierspeise; als Nachspeise mit Nüssen und Pinienkernen gefüllte und in Honig gekochte Datteln. Dazu tranken sie Bier, das auch Aurelius an diesem Tage einem Wein vorzog.
Während des Essens erkundigte sich Haldavo höflich nach den Anstrengungen des Tages, und Aurelius nannte ihm dies und das, sparte nicht mit Kritik am wachsenden Papierkrieg und stellte am Ende erleichtert fest:
»Ein Glück, daß das gesamte Areal von oben bis unten einer Prüfung unterzogen wird.«
Als er sah, daß Haldavo nicht verstand, was er meinte, präzisierte er:
»Das Praetorium ist in seinem jetzigen Zustand zu klein. Man hat sich zu einem Umbau entschlossen, doch am Ende wird es wohl auf einen Neubau hinauslaufen. Die Hierarchie der Chargen hat in den letzten Jahrzehnten dermaßen zugenommen, daß man nicht mehr weiß, wohin mit den Akten. Das Archiv platzt aus allen Nähten.«
»Bei mir ist es, wenn auch im kleineren Maßstab, nicht anders«, sagte Haldavo.
»Aber du bist beweglicher! Wieviel Leute hast du?«
Haldavo überlegte und addierte an den Fingern: »Alles in allem ... sechzehn, siebzehn. Ich trage mich mit dem Gedanken, die Gebäude an der Hafenmauer abzureißen oder aufzustocken.«
»Wenn du dir's eben leisten kannst – reiße ab! Baue neu auf! Alles andere ist unbefriedigend, und in ein paar Jahren hast du den alten Zustand. Bei uns ist das leider nicht so einfach möglich. Du kannst dir vielleicht vorstellen, daß jede Abteilung ihre Sonderwünsche hat. Ein Totalabriß wäre ohnehin nicht verantwortbar, weil man nicht weiß, wo während der Zeit des Neubaus gearbeitet werden könnte. Heute noch hörte ich den Architekten fluchen.«

So ging das eine Weile hin und her, sie tauschten Erfahrungen aus, wo sich ihre Tätigkeiten berührten, und die Atmosphäre blieb gelöst, denn das Essen schmeckte, sie prosteten sich immer wieder zu, und allmählich trat jener Sättigungspunkt ein, dessen Wirkung einem behaglichen Wohlbefinden entsprach.
So konnte Haldavo es endlich wagen, zum Thema, das er behandelt wissen wollte, vorzustoßen, und er leitete geschickt über:
»Ich könnte mir denken, daß du, durch dessen Hände ein Teil der Abrechnungen geht, einigen Ärger mit säumigen Zahlern hast.«
»Wem sagst du das!« Aurelius seufzte. »Jeder kennt zwar die Bestimmungen, verspricht zu Beginn auch hoch und heilig, sich danach zu richten, und dann kommen diese Leute mit allen möglichen Ausflüchten, warum sie erst in drei, fünf, manchmal erst in vierzehn Tagen zahlen könnten. Wenn das alles publik würde, würde man in der Stadt meinen, man hätte es mit einer Gesellschaft von gescheiterten Existenzen zu tun. Aber es gibt auch die anderen. Und wie ich höre, bist du einer der zuverlässigsten Lieferanten.«
Also hatte er sich erkundigt! Doch sagte er dies in einer so selbstverständlichen und lockeren Form, daß Haldavo es als Lob auffaßte. Aber er kommentierte es bescheiden:
»Wenn man wie ich ein Neuling in diesem Geschäft ist, kann man es sich ohnehin nicht leisten, in irgendeiner Weise säumig zu sein.«
»Das ist richtig. Aber so neu bist du nun auch wieder nicht! Ich erinnere mich, daß Iustus schon dabei war.«
»Iustus, ja . . .« Er nickte bedächtig. »Aber das ist schon eine Weile her. Ich mußte meine eigenen Erfahrungen sammeln.«
»Bene! – Selbst ist der Mann! Nichts geht über die eigene Erfahrung. Wenn du dir die erfolgreichen Männer dieser Stadt anschaust, wirst du feststellen, daß nur wenige von ihnen sozusagen in ihr Gewerbe hineingeboren wurden – Reburrinius etwa und . . .« Er nannte weitere Namen.
»Und Gabrio?«
»Gabrio?« Er lachte kurz auf. »Auch er kommt von ganz unten. Was seine Voraussetzungen angeht, hatte er freilich in doppelter Hinsicht Glück. Sein Vater ließ ihn früh unterrichten – und er kam im richtigen Augenblick hierher!«

»Wie meinst du das?«
»Nun, diese Stadt ist eine der jüngsten und doch florierendsten des Imperiums. Ihre Lage ist einzigartig, sowohl strategisch wie wirtschaftlich. Man kann trefflich darüber streiten, ob der Rhein mehr trennt oder zum Brückenschlag nach drüben einlädt. Ich glaube, das Zweite ist richtig. Schau dich um! Zunehmend siehst du fremde Gesichter, exotische Kleidersitten, hörst Sprachen aus den fernsten Regionen des Reiches. Die Colonia ist dabei, ein kleines Rom zu werden. Das schafft Probleme. Auswärtige Sitten, Rechtsvorstellungen, Religionen stoßen aufeinander, führen zu Vorurteilen, Streitereien und Unfrieden. Germanische Dickschädel lassen sich nicht so leicht überzeugen wie wendigere Gallier und Italiker. Die Folge sind sich häufende Zivilprozesse. Für einen intelligenten Rhetor und Anwalt eine stets gefüllte Futterkrippe! Ich weiß nicht, ob du schon einmal Gabrios Haus gesehen hast ...« Er schaute Haldavo an, und dieser nickte, »... dann weißt du, woher seine Wohlhabenheit – um es gelinde auszudrücken – stammt.«
Die Ironie war unüberhörbar. Haldavo nutzte die Gelegenheit und fragte unverblümt: »Du sagst das leicht spöttisch!«
»Nun ja, er übertreibt da wohl ein wenig. Sein Caesarkult grenzt ans Lächerliche. Und seit er nun auch noch die *Cura viarum* innehat, kommt er sich wie der Beglücker Germaniens vor.«
Diese Offenheit verwirrte Haldavo etwas, denn er wußte nicht zu entscheiden, ob sie dem Neid oder vernünftigem Urteil entsprang.
»Aber«, fragte Haldavo weiter, »das Amt bringt ihm doch mehr Verpflichtungen als Gewinn!«
»Ha!« rief Aurelius, nahm einen Schluck Bier und wischte sich mit dem Handrücken über den Mund. »Er scheint dir da wohl etwas vorgejammert zu haben. Leute wie er klagen immer. Je mehr einer hat, um so mehr Angst hat er, es zu verlieren.«
»Und die Kaution?«
»Die Kaution? Sie steht doch in keinem Verhältnis zu dem, was er so nebenbei einstreicht.« Er beugte sich vor und zählte es ihm an den Fingern an:
»Gut, er zahlt eine gewisse Summe, die festgesetzt wird. Damit ist die Sache für den Rat erledigt. Dann sucht er sich seine Lieferanten, und

du kannst davon ausgehen, daß er sich den Zuschlag mit gewissen ›Geschenken‹ versilbern läßt.«
»Du sagst das so daher, als ob es allgemein ...«
Er schwieg, aber Aurelius führte den Satz zu Ende: »... als ob es allgemein üblich wäre! Aber ja doch! Gewiß ist es verboten. Aber wer kann das denn im einzelnen nachprüfen?«
»Du!«
»Wie bitte?« Er beugte sich wieder vor. »Das meinst du doch wohl nicht im Ernst! Wie willst du das machen? Solche Dinge kommen immer nur durch Zufall ans Licht. Diese Stadt ist zwar erst wenige Jahrzehnte alt, aber sie hat in diesen Dingen schon längst das Niveau erreicht, das man eher in Rom, in Alexandria, in Ephesos erwartet. Wo Licht ist, ist Schatten – und wo viel Licht ist, ist eben viel Schatten! Ich muß damit leben.«
Er hatte sich etwas in Rage geredet. Nun machte er eine Pause, trank seinen Becher leer und ließ ihn, auch den Haldavos, nachfüllen. Während Haldavo noch überlegte, ob er mit seinem Verdacht herausrükken sollte, fuhr Aurelius leiser fort: »Du mußt wissen, ich habe mich um diesen Posten nicht gerissen. Wegen einer schweren Kriegsverletzung konnte ich den aktiven Dienst bei der kämpfenden Truppe nicht mehr ausüben. Wurde ein Versorgungsfall. Werde zwar von alten Kameraden beneidet. Auch wegen der Nähe zur Spitze der Hierarchie. Das bringt Prestige, sicher. Vor allem, weil ich von Traianus, als er vor zehn Jahren Statthalter der Germania Superior war, zum Centurio gemacht wurde.«
»Du kennst den Kaiser persönlich?«
»Sicher. Aber ich habe daraus keinen Nutzen gezogen. Habe mich aus den Intrigen damals herausgehalten. Werde vielleicht noch erleben, nach Rom gerufen zu werden.«
»Als Praetorianer?«
»Vielleicht. Man kennt meine Erfahrungen im Innendienst. Sollte es dazu kommen, werde ich an dich denken. Du gefällst mir! Und junge Begabungen soll man fördern.« Sie hoben die Becher und stießen an. Das Gespräch wandte sich nun persönlichen Dingen zu, Ereignissen aus dem Leben eines Centurio, bevor er durch den Schwerthieb eines Feindes zum Dienst in der Etappe gezwungen wurde.

Als Haldavo sich eine gute Stunde später auf den Heimweg machte, hatte sich seine Überzeugung gefestigt, daß Gabrio in Schwierigkeiten steckte.
Und Aurelius? War er nicht, obwohl er so selbstbewußt von sich und seiner Welt gesprochen hatte, ein Gescheiterter?

VII

Als Haldavo am nächsten Morgen aus dem Tor auf die Hafenstraße hinaustrat, war er guter Dinge, denn er hatte sich entschieden, die für den nächsten Tag geforderte Zahlung nicht zu leisten. An Gabrios Reaktion würde sich zeigen, ob seine Vermutungen richtig waren. Er war fest entschlossen, sich nicht mehr mit zweideutigen Drohungen einschüchtern zu lassen und würde Gabrio zwingen, Farbe zu bekennen.
Er war schon in die nach Westen abbiegende Straße getreten, als er meinte, jemand rufe seinen Namen. Er blieb stehen und wandte sich um. Einer seiner Knechte kam atemlos herangestürmt, blieb vor ihm stehen und stammelte keuchend
»Verzeih, Herr! Aber ... Du sollst sogleich zum Hafen kommen!«
»Warum?«
»Das weiß ich nicht.«
»Wer schickt dich?«
»Einer unserer Schiffer.«
»Aber er muß doch irgendeinen Grund haben!«
»Ja, Herr. Es ist etwas Furchtbares geschehen!«
Haldavo, von einer plötzlichen Ahnung ergriffen, machte auf der Stelle kehrt und eilte zurück, erreichte mit schnellen Schritten das Hafentor, lief über die Verbindungsbrücke zur Insel und schaute sich suchend um. Im Norden, fast am Ende des Areals, sah er einen Mann stehen und winken.
Das konnte nur ihm gelten.
Als er näherkam, erkannte er in ihm einen seiner Schiffer, der für den Transport der Steine zuständig war. Er kam ihm entgegen, grüßte und wies ohne ein weiteres Wort zu Wasser, zur Landseite der Insel hin.

Langsam ging Haldavo hinüber, trat bis an die senkrecht in den Boden gerammten Balken, die den Kai bildeten. Zwischen zwei kleineren Booten trieb ein Körper im Wasser. Er hatte ein Seil um den Hals und hatte sich damit an der Riemenführung des einen Bootes verfangen, so daß der Körper sich in der schwachen Strömung leicht hin und her bewegte. Das Gesicht lag im Wasser, beide Arme waren steif zur Seite ausgestreckt, die Beine verschwanden in der Tiefe. Schon ehe man sich daranmachte, den Corpus aus dem Wasser zu heben, wußte er, wer da vor ihm lag, denn zu genau hatte er sich die körperlichen Besonderheiten dieses Mannes in den letzten Monaten eingeprägt: Das war Gabrio!

Mittlerweile waren weitere Knechte vom Lager gekommen, doch Haldavo befahl, nichts anzurühren, denn er wollte, um von vornherein jeden Verdacht von sich abzulenken, die Behörden einschalten. Also schickte er jemand zur Hafenkommandantur, und eine Viertelstunde später erschien der zuständige Beamte, hatte einen Schreiber mit und ließ ein möglichst genaues Protokoll machen. Zeugen der Tat gab es keine. Also war seine Sache schnell erledigt.

»Das ist schon der Dritte in diesem Jahr!« brummte der Hüter der öffentlichen Ordnung, grüßte und stapfte zurück in sein Kontor.

Als man den Toten an Land brachte, stellte man erstaunt fest, daß er keineswegs, wie zunächst angenommen, mit dem Seil erdrosselt worden war, denn es gab keine Druckspuren am Hals.

»Sonderbar ...« sagte Haldavo und schüttelte den Kopf. Doch dann dämmerte ihm, was der Mörder beabsichtigt haben könnte: Man sollte den Toten an der Anlegestelle von Iustus finden. Oder noch einfacher: Man sollte ihn überhaupt finden! Haldavos Gedanken suchten nach Zusammenhängen, nach Gründen. Er selbst sollte vielleicht in Verdacht kommen; andererseits war das albern, denn er würde eine solche Tat nicht in dieser Weise inszenieren. Aber die Plazierung enthielt den Hinweis, er, Haldavo, sollte den Toten zur Kenntnis nehmen. Lange blickte er in die bleichen Züge des einst so beredten Mannes. Und wie immer erschrak er vor der absoluten Sprachlosigkeit des Todes.

Einen Augenblick lang prüfte er sich selbst, ob er zu einer solchen Tat fähig gewesen wäre. Und da er stets ehrlich zu sich selbst war, nickte

er stumm: Ja, er wäre, wenn es um Sein oder Nichtsein gegangen, der Tat fähig gewesen. Und er ahnte, daß der, der ihm vorgegriffen hatte, in allen übrigen Dingen wohl ein braver Mann war. Wie käme er, Haldavo, dazu, den Mörder zu verachten! Hatte er doch diesen Mord in Gedanken schon oft begangen.
Aber wer? Wer hatte es getan? Drei Gesichter tauchten auf und sahen ihn an: Macarius Macco ... Er hatte allen Grund zu einer letzten, verzweifelten Tat. – Attonius! ... Er hatte sich ein paar freie Tage erbeten und erhalten, falls das, was Gabrio sagte, stimmte. Attonius mußte Gründe haben, die weit über das, was er, Haldavo, wußte, hinausgingen. Vielleicht hatte Attonius die Unterschriften auf Geheiß Gabrios fälschen müssen. Vielleicht hatten Spitzel dem Gabrio zugetragen, daß Attonius sich mit Haldavo getroffen hatte, daß sie lange miteinander gesprochen und feindliche Pläne geschmiedet hatten. – Aurelius Melior! ... Nach außen gab er sich zwar als gelassen handelnder und wertender Mann, den so leicht nichts erschüttern konnte, doch konnte gerade das seine Maske sein! Vielleicht hatte er, nachdem er von Haldavo etwas über die möglicherweise gefälschten Unterschriften erfahren hatte, größte Bedenken bekommen, wie er denn vor einem Gericht sich verhalten sollte, falls dieser Haldavo diesen Schritt wagen sollte. Oder – Haldavo hielt nun alles für möglich – Aurelius arbeitete mit Macarius Macco zusammen und steckte seinen Anteil als Schweigegeld ein. Noch einmal schüttelte Haldavo den Kopf: Dies konnte, so absurd es ihn nun ankam, allerdings auch bedeuten, daß Gabrio im Grunde seines Wesens doch der ehrliche Mann war, für den er sich ausgab.
Haldavo wurde in seinen wuchernden Gedanken unterbrochen, denn einige Diener aus Gabrios Haus waren benachrichtigt worden und standen nun fassungslos jammernd vor ihrem toten Herrn. Doch kühl spann Haldavo seine Gedanken weiter: Es konnte auch einer von ihnen sein. Es wurden Morde begangen aus ganz alltäglichen Anlässen, und gerade sie waren es, die selten aufgeklärt wurden.
Endlich löste er sich mit den Augen vom Gesicht des Toten. Ein Wagen erschien, eine Bahre wurde herausgenommen, der Tote darauf gebettet und auf die Ladefläche gehoben. Als das ratternde Gefährt sich entfernte, schaute ihm Haldavo, wie die andern, nach,

und plötzlich war ein lange entbehrtes Gefühl von Freiheit, von Weite in ihm. Er atmete tief und lange die frische Morgenluft ein, hatte mit einemmal auch den einzigartigen Hafengeruch in der Nase.
»Kommt!« wandte er sich an seine Leute. »Wir haben hier nichts mehr zu tun.«
Gelöst, ja heiter machte er sich auf den Rückweg in die Stadt.

Epilog

Die Beisetzungsfeierlichkeiten Gabrios entsprachen seinem Anspruch, den er als Lebender gestellt hatte: Von allem war es das Feinste, was man arrangieren konnte. Ein städtischer Beamter hielt am Grabe die *laudatio funebris* und verfluchte mit religiösem Pathos den unbekannten Mörder. So blieb über dem Ende dieses erfolgreichen Lebens eine Frage offen, und die gesamte Trauergesellschaft ging unbefriedigt nach Hause. Reburrinius war darunter, Aurelius Melior, Macarius Macco, und sie alle betrugen sich in einer Weise, die man als den Umständen entsprechend und normal bezeichnen konnte. Dennoch spürte Haldavo, wie die drei Letztgenannten sich ihm gegenüber während des nicht zu umgehenden Gespräches um eine auffallende Höflichkeit bemühten. Ahnten sie doch, daß er jeden von ihnen verdächtigen konnte. Und sie ihn! Als er sich dieser logischen Konsequenz bewußt wurde, mußte er kurz und laut auflachen, wodurch er streng tadelnde Blicke der in der Nähe stehenden Matronen auf sich zog. Reburrinius verstand das alles nicht, und Haldavo erging sich bei seinen Erklärungen nur in allgemeinen Vermutungen.

Das Erbe wurde von einem Neffen angetreten, der somit hier zum erstenmal in persona auftrat, sich aber in Zukunft kaum sehen ließ und die Verwaltung dem erfahrenen Attonius übertrug.*

Am Ende des Jahres fand mit dem erwarteten Aufwand die Eheschließung und Hochzeitsfeier im Reburrinischen Hause statt. Reburrinia wurde, wie nicht anders zu erwarten, in Kürze schwanger und brachte einen Knaben zur Welt. Doch die Mutter starb, ehe eine Woche vergangen war, an nicht stillbaren Blutungen.

Die Mitgift war erheblich und verblieb ihm, denn Reburrinius sah in ihm fast einen dritten Sohn. Dieser Schicksalsschlag band ihn an die Familie vielleicht noch stärker, als es bei einem glücklicheren Ausgang zu erwarten gewesen wäre.

Es war der größte Schlag, den das Schicksal für ihn in diesen Jahren bereithielt, doch die Folgen für seinen weiteren Weg, seine innere Welt der Empfindungen, Erinnerungen, Pläne hier auszubreiten, gehört nicht mehr zu dieser Geschichte.

Reburrinius selbst war es dann, der, unterstützt von der klug wägenden und wählenden Autronia, es über zehn Jahre später dazu brachte, daß Haldavo die schöne und kluge Tochter eines seiner Geschäftsfreunde – des sehr edlen und mächtigen Marcus Valerius Celerinus* – zur Frau nahm. Und er zitierte dabei einen Spruch der Hebräer: »Es ist nicht gut, daß der Mensch allein sei!«
Doch nicht erst seit diesem Tage wußte Haldavo, daß er sein Ziel erreicht hatte:
Er war oben angekommen. Er gehörte dazu!

Anmerkungen

Seite

8) Die *Eburonen* wurden von Caesar im Jahre 53 v. Chr. nach ihrer Erhebung fast vollkommen vernichtet.

9) *Iuliacum* ist das heutige Jülich.

14) *Belgica Vicus* ist das heutige Dorf Billig bei Euskirchen.
Die *Bataver*, ein germanischer Stamm an der Rheinmündung, befanden sich seit dem Ende des 1. Jahrhunderts v. Chr. unter römischer Herrschaft. Sie stellten getreue Hilfstruppen. Sie erhoben sich, die römischen Wirren nach Neros Tod nutzend, unter ihrem Führer Iulius Civilis und drangen den Rhein aufwärts, mordend und plündernd, vor. Doch blieb der furchtbare Aufstand nur Episode. Vgl. Tacitus, Historien 12–37.

17) *10 Meilen* = 15 km – *Arnefa* ist der antike Name der Erft – Der *Bach* ist der Swistbach, der bei Weilerswist in die Erft mündet.

18) *Arduenna Silva* ist der antike Name für Eifel und Ardennen, die damals als Einheit gesehen wurden.

23) Waren in vorrömischer Zeit die einfachen Getreidesorten wie Emmer und Einkorn vorherrschend, so kam mit den Römern der Saatweizen und auch der Dinkel in das römische Germanien. Emmer, Einkorn und Dinkel sind Spelzweizen, die zwar widerstandsfähig gegen Pilzkrankheiten und Vogelfraß sind, aber keinen großen Ertrag bringen und schwer zu entspelzen sind. Der Saatweizen dagegen war ein Nacktweizen, vergleichbar den heutigen Weizensorten; er brauchte nicht entspelzt zu werden und lieferte höhere Erträge. Roggen und Gerste wurden häufiger angebaut, die Gerste diente hauptsächlich zur Breiherstellung.

29) Zu Beginn unseres Jahrhunderts hat man in Belgica Vicus die Fundamente von Schmieden ausgegraben.

30) 1 iugum *(Joch)* entspricht unserem Morgen und ist ein Viertel vom Hektar.

32) *Optio* und *Centurio* s. u. Römische Armee.

37) Der Stammvater der *Attier* war Atto, der als Späher im Dienst der römischen Rheinarmee stand.

39) *insula,* wörtlich »Insel«, heißen in römischen Städten die rechteckigen oder quadratischen Hauskomplexe.

40) *12 000 Fuß* = 4000 Meter

42) 750 Meter

60) *Der große Bach* ist der Duffesbach, der heute unterirdisch verläuft. – *... beim nächsten Turm ...* ist der Turm Nr. 41; vgl. den Stadtplan des römischen Köln.

Seite

65) *homo sum – humani nil a me alienum puto:* ich bin ein Mensch – nichts Menschliches erachte ich mir fremd, nach Terentius, der wahrscheinlich auf Menandros zurückgeht.

70) Die genannten Themen und sogar der Wortlaut des Gesprächs zwischen Haldavo und seinem Lehrer sind authentisch, denn es sind zahlreiche Lehrbücher und Texte aus der Antike auf uns gekommen.

77) *Lugdunum* ist Lyon.

84) *villa urbana* ist das städtische Haus.

88) *4000 Fuß* = 1200 Meter, *170 Fuß* = 56 Meter.

89) *Danuvius* heißt in der Antike die Donau – *Apollodoros* war der Chefarchitekt Trajans und auch noch Hadrians, bei dem er in Ungnade fiel. Er baute die Donaubrücke unweit des »Eisernen Tores« 104/05.

90) *Strabon* (etwa 64/63 v. Chr. bis 20 n. Chr.), griechischer Geograph und Historiker. Er entstammte einer vornehmen Familie und machte zahlreiche Reisen in die mediterranen Länder. Von seiner in 17 Büchern geschriebenen Geographie ist das meiste erhalten; eine ungemein wichtige Quelle zum gesamten mittelmeerischen Kulturraum.

100) *Vestibulum* ist der Gang in einem römischen Haus zwischen Haustür und Atrium.

101) *Benefiziarier* waren abkommandierte Legionssoldaten, meistens im Unteroffiziersrang. Sie wurden hauptsächlich als Kommandanten kleiner Straßenposten eingesetzt. Ihnen oblagen die Beaufsichtigung des Straßenverkehrs und die örtliche Polizeigewalt in ihrem Sprengel. Als Zeichen ihrer Würde führten sie eine besonders ausgebildete Lanze mit sich.

103) *ustrina,* der Verbrennungsplatz, war in Italien von immergrünen Zweigen umgeben, im römischen Germanien von Birken- und Weidenzweigen.

116) *Zweite Stunde* = 8 Uhr; *elfte Stunde* = 17 Uhr

120) *Lugdunum,* Lyon, war auch kulturelles Zentrum Galliens.

121) der *Kaiser* ist Trajan; die *Colonia Ulpia Traiana* wurde 104 n. Chr. gegründet.

135) vgl. Anmerkung 101

136) Gemeint ist der Duffesbach.

142) *Zehnte Stunde* = 16 Uhr

150) Wir sind durch zahlreiche Funde am Mittel- und Unterlauf des Rheins über die Technik des römischen Schiffsbaus unterrichtet.

154) Die Hierarchie der *Unteroffiziere* war sehr differenziert und nach Spezialaufgaben geordnet. Vgl. die Benefiziarier.

162) *Codices* (Einzahl: codex) sind gebündelte Wachstafeln, die mit Schnüren zusammengehalten werden. Sie sind die eigentlichen Vorläufer des neuzeitlichen Buches.

Seite

165) *16 Meilen* = 24 Kilometer

167) *die beiden Germaniae:* a) Germania Superior mit der Hauptstadt Mogontiacum (Mainz); b) Germania Inferior mit der Hauptstadt Colonia Claudia Ara Agrippinensium

170) *utilitas publica privatae praeferri debet,* wörtlich: der öffentliche Nutzen muß dem privaten vorgezogen werden.

179) der *pater familias* ist das souveräne Oberhaupt der römischen Familie, nach dessen Willen in familiären Fragen sich auch noch die erwachsenen Söhne zu richten haben.

184) *Lemuren* sind die altrömischen Geister der Toten, die als böse, quälende Spukgestalten die Menschen belästigten und durch das Fest der *Lemuria* (9., 11. und 13. Mai) abgewehrt und versöhnt wurden.

185) *Duumvir Iure Dicundo* (auch *Duoviri ...*): die beiden höchsten Beamten in den Kolonien. Amtsdauer ein Jahr. Vorher im Amt der Quaestur und der Aedilität. Alter von dreißig Jahren vorgeschrieben. Beide hatten die gleichen Rechte, jedoch der ältere den Vortritt. Kompetenzen: Verwaltung der städtischen Angelegenheiten, Berufung und Leitung des Rates, censorische Befugnisse, beschränkte Gerichtsbarkeit im städtischen Territorium.

186) *480 Joch* = 120 Hektar

190) *sit in aevum concordia* = es sei in Ewigkeit Eintracht

194) *4. Stunde* = 10 Uhr

199) *familia* bezieht die Sklaven und das Hausgesinde mit ein und bedeutet nicht nur die Blutsverwandten.
peregrinus ist der Fremde, der Zugezogene, ein freier Einwohner ohne Stimmrecht, also weder Sklave noch Bürger.

205) *Cornelius Nepos:* lebte von ca. 100–24 v. Chr. und schrieb u. a. in 16 Büchern »De viris illustribus« (Über berühmte Männer) eine Biographiensammlung.

206) Die Grenze zwischen der Germania Inferior und der Germania Superior lag am Vinxtbach (von ad fines = zu den Grenzen), der bei Bad Breisig in den Rhein mündet.

211) *Publilius Syrus,* ein moralisierender Mimendichter, lebte zur Zeit Caesars. Seine prägnanten und pointierten Sentenzen, die als geflügelte Worte umliefen, wurden schon früh gesammelt und zu einem Schulbuch zusammengestellt.

232) *impluvium* ist das Becken in der Mitte des Atriums, in dem das Regenwasser eingefangen wird.

249) Das römische Recht kennt keinen Staatsanwalt als öffentlichen Kläger. Nur ein Privatmann kann Klage erheben. Es gilt die Maxime: Wo kein Kläger ist, ist kein Richter.

250) Aus dieser Ehe wird ein Sohn hervorgehen.

Zeittafel

58–51 v. Chr. Caesar erobert Gallien

55 Erster Rheinübergang Caesars. Zweck: Unterstützung der mit ihm verbündeten Ubier. Einschüchterung der übrigen Germanen

53 Zweiter Rheinübergang Caesars aus den gleichen Motiven. Der Rhein wird Grenze der römischen Interessen.

44 Ermordung Caesars

38 Agrippa Statthalter in Gallien. Sicherung der Rheingrenze. Die rechtsrheinischen Ubier werden von ihm am linken Ufer angesiedelt. Im Gebiet von Köln entsteht das *Oppidum Ubiorum.*

27 Octavian, Neffe und Erbe Caesars, übernimmt die Herrschaft im Römischen Reich.

19 Agrippa übernimmt zum zweitenmal die Statthalterschaft in Gallien.

16–13 Zur Sicherung der Rheingrenze und zur Vorbereitung der Eroberung Germaniens hält Augustus sich selbst am Rhein auf. 50 Kastelle entstehen zwischen Nordsee und Main. Wahrscheinlich besteht in dieser Zeit auch im Kölner Gebiet ein Legionslager.

13 Drusus, Stiefsohn des Augustus, wird Statthalter in Gallien. Seine Eroberungszüge führen ihn bis an die Elbe.

9 Drusus stirbt nach einem Unfall. Man baut ihm ein Ehrenmal am Rhein, dessen Standort in Mainz oder Köln vermutet wird.

8 v. Chr. Sein Bruder Tiberius führt die Eroberungszüge in Germanien weiter.

7 n. Chr. Quinctilius Varus wird Statthalter in Germanien und Oberbefehlshaber der Rheinarmee.

9 Niederlage des Varus im »Teutoburger Wald«. Untergang von drei römischen Legionen.
Die Ara Ubiorum ist das wichtigste Heiligtum des Oppidum Ubiorum.

Germanicus, Sohn des Drusus, Statthalter in Gallien. Das Heer an der Rheingrenze wird in ein ober- und niedergermanisches geteilt und seinem Oberkommando unterstellt.

14 Vermutlich in dieser Zeit entsteht das Praetorium, der Statthalterpalast, im Oppidum Ubiorum.

15 (6. November) In Oppidum Ubiorum wird Agrippina die Jüngere als Tochter des Germanicus geboren.

16 Germanicus unternimmt mehrere Feldzüge nach Germanien. Er besucht den Ort der Varusschlacht und begräbt die Toten.

17 Tiberius beruft den Germanicus ab. Ende der römischen Eroberungszüge ins freie Germanien. Von nun an ist die Sicherung der Rheingrenze die wichtigste Aufgabe der ober- und niedergermanischen Legionen.

48 Kaiser Claudius heiratet Agrippina.

50 Auf Wunsch Agrippinas wird ihre Geburtsstadt Oppidum Ubiorum in den Rang einer römischen *Colonia* erhoben, in der sich Veteranen ansiedeln. Der Bau der Stadtmauer beginnt.

54 Ermordung des Claudius. Nero, Agrippinas Sohn, wird Kaiser.

59 Agrippina von Nero ermordet.

68 Nero begeht Selbstmord.

69 Im Zusammenhang mit der Erhebung des Vitellius werden das Praetorium (Bau II) und der Marstempel in der Nähe erwähnt. Vitellius zieht mit einem Teil der Rheinarmee in Rom ein, wird aber noch vor Ende des Jahres ermordet. Vespasian wird Alleinherrscher und regiert bis zu seinem Tode im Jahre 79.

70 Aufstand der am Niederrhein wohnenden Bataver unter Civilis. In Köln Geheimgespräche zur Bildung eines gallischen Reiches. Die Kölner verhalten sich diplomatisch und retten damit ihre Stadt vor der Zerstörung durch die aufständischen Stämme. Die Stadtmauer wird in diesem Jahr vollendet.

90 Durch die Verwaltungsreform des Domitian werden die Heeresbezirke am Rhein offiziell als Provinzen ausgewiesen. Köln wird Hauptstadt von Niedergermanien, Mainz von Obergermanien.

98 Traian, Statthalter in Niedergermanien, von Kaiser Nerva adoptiert, erhält in Köln die Nachricht von dessen Tod und tritt seine Nachfolge an.

104 Gründung der CUT (Colonia Ulpia Traiana) im heutigen Xanten durch Traian.

2. Jahrhundert: Großer wirtschaftlicher Aufschwung der CCAA. Die Stadt lebt mit ihren germanischen Nachbarn auf dem rechten Rheinufer in Frieden. Handwerk und Handel bringen den Bürgern Wohlstand.
Die schon im 1. Jahrhundert aus dem Vorgebirge nach Köln gebaute Wasserleitung wird bis in das Urftquellgebiet ausgebaut auf einer Länge von fast 100 km.

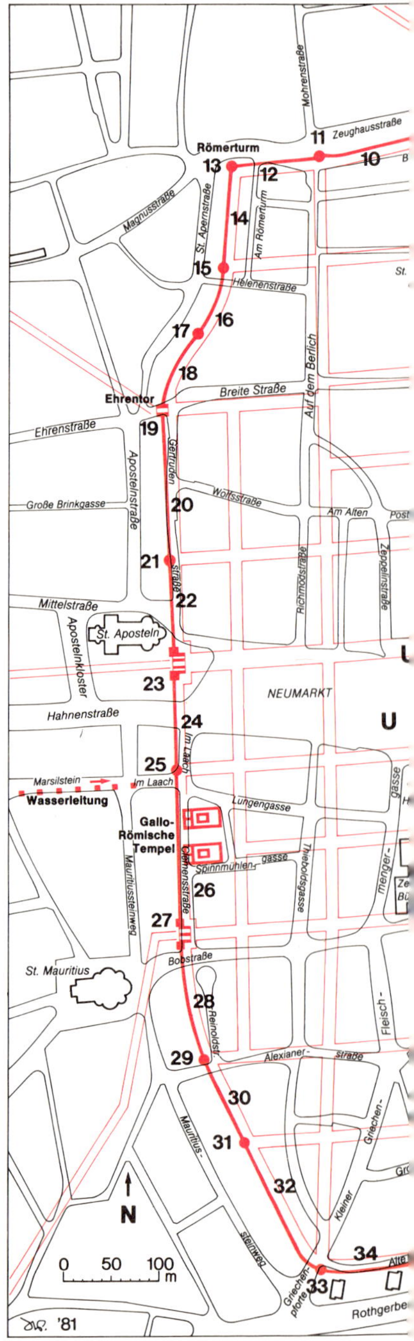

Abb. 1. Das Römische Köln. Der Grundriß der CC
Kölner Innenstadt eingezeichnet. An den beider
Hauptstraßen, dem Cardo Maximus zwischen No
Hohe Pforte) und dem vom mittleren Westtor (23
Maximus (heute Nordseite Neumarkt/Schildergas
ßenzüge. Die Stadtmauer erscheint kräftig rot.